A TRAVERS L'AFFAIRE DREYFUS

HENRY ET VALCARLOS

ANDRÉ EHRHARDT

A TRAVERS L'AFFAIRE DREYFUS

HENRY ET VALCARLOS

KLINCKSIECK
PARIS

ISBN 252-01978-6

A MA FEMME

PRÉFACE

Cette étude, comme son titre l'indique, n'est pas une Histoire de l'affaire Dreyfus.

Que l'on se figure une telle Histoire comme une vaste table de marbre à travers laquelle on distingue le parcours d'une veine, tantôt fortement prononcée, tantôt disparaissant presque. C'est ce parcours que l'auteur a voulu retracer, en prenant dans ce qui l'environne juste assez pour présenter un récit suivi.

On ne trouvera donc pas ici d'hypothèse nouvelle sur le mystère des origines de l'Affaire — mystère qui réside peut-être en ce qu'il n'y en a point.

Pas davantage n'y paraîtront tant d'incidents si célèbres : la dictée, l'entrevue de Montsouris et la rocambolesque invention de la femme voilée, les faux télégrammes, et tant d'autres.

Essayer de montrer comment Henry, l'ancien sous-officier à la stature puissante, devenu commandant et colonel, le paysan ignorant des langues étrangères entré au Service des renseignements, auteur d'un faux sur lequel se casseront les dents généraux et ministres, et qui, sans même le lui dire, utilise un pauvre grand d'Espagne sans grand esprit, abuse de son amitié, le fait passer pour un sycophante, et, ayant lui-même disparu, le laisse déconsidéré, séparé de tout ce qu'il aime, devant une vie abrégée, a semblé pouvoir constituer un travail se suffisant à lui-même, tout en ouvrant quelques vues nouvelles sur l'Affaire.

CADRE ET PERSONNAGES

Cette étude a été écrite à l'intention de lecteurs possédant déjà une connaissance assez approfondie de l'affaire Dreyfus. Pour ceux qui l'aborderaient par le biais du présent travail, il nous a paru nécessaire de le faire précéder de quelques indications sur le Service des renseignements de l'Etat-major de l'armée, et sur divers personnages qui apparaissent dans le récit sans avoir été préalablement introduits.

Le Service des renseignements.

l'Etat-major général de l'armée se compose de quatre Bureaux (1er : Personnel et matériel ; 2e : Armées étrangères ; 3e : Opérations ; 4e : Transports).

Il comporte aussi un Service des renseignements, privé, en quelque sorte, d'existence officielle : dans l'Annuaire, les noms des officiers qui y appartiennent sont mélangés avec ceux des officiers du 2e Bureau.

Mais dans la réalité, le chef du 2e Bureau n'a aucune autorité sur le chef du Service des renseignements. Ce dernier a pour chef hiérarchique immédiat le sous-chef d'Etat-major général dans les attributions duquel entrent les renseignements, au-dessus de celui-ci le chef d'Etat-major général et enfin le ministre.

Le chef du Service des renseignements est reçu tous les jours par le ministre ; tous les deux ou trois jours il lui adresse un Bulletin de renseignements, directement et sans le visa du sous-chef ou du chef d'Etat-major.

Pas plus qu'à l'extérieur son existence, à l'intérieur du ministère ne doit paraître le nom du Service des renseignements (que pourtant tout le monde appelle ainsi, ou encore : Bureau des renseignements) : il porte le titre de « Section de statistique ».

Service des renseignements, Bureau des renseignements, Section de statistique sont une seule et même chose.

En 1894 :

Ministre	Général Mercier
Chef d'Etat-major général	Général de Boisdeffre
Sous-chef d'Etat-major général	Général Gonse

Service des renseignements :

Chef	Lieutenant-Colonel Sandherr
Sous-chef	Commandant Cordier
Officiers	Commandant Henry Capitaine Lauth Capitaine Matton
Archiviste	Officier d'administration Gribelin

Dreyfus (Alfred).

Né à Mulhouse en 1859. Elève de l'Ecole polytechnique en 1878. Officier d'artillerie en 1880. Capitaine en 1889. Entré à l'Ecole de guerre en 1890, il en sort en 1892 breveté d'Etat-major. En raison de son numéro de classement (9e sur 81), est affecté à l'Etat-major général de l'Armée, où, avant d'être titularisé, et comptant encore pour ordre au 14e d'artillerie, il effectue les stages réglementaires de six mois par Bureau (1er semestre 1893, 1er Bureau ; 2e semestre, 4e Bureau ; 1er semestre 1894, 2e Bureau ; 2e semestre, 3e Bureau — Le 1er octobre 1894, il est, réglementairement, envoyé en stage au 39e régiment d'infanterie).

AUTRES PERSONNAGES

(suivant leur ordre d'apparition dans le récit)

Pages

15 *Bastian* (Madame). Femme de ménage française à l'ambassade d'Allemagne à Paris. Vidait la *corbeille* à papiers de l'attaché militaire et en remettait le contenu, dans des *cornets,* à Henry.

15 *Panizzardi* (colonel). Attaché militaire à l'ambassade d'Italie à Paris.

15 *Schwartzkoppen* (lieutenant-colonel, puis colonel Maximilien de). Attaché militaire en premier à l'ambassade d'Allemagne à Paris.

15 *Henry* (commandant). Officier du Service des renseignements

18 *Boisdeffre* (général de). Chef d'Etat-major général de l'armée.

21 *Rochefort* (Henri). Le pamphlétaire de la *Lanterne* sous le second Empire. Ecrivait à l'*Intransigeant.*

22 *Reinach* (Joseph). Homme politique. Député. Ecrivain. Auteur d'une *Histoire de l'Affaire Dreyfus* en six volumes.

25 *Huehne* (de). Ancien attaché militaire allemand à Paris, prédécesseur de Schwartzkoppen.

28 *Miribel* (général de). Chef d'Etat-major général, prédécesseur de Boisdeffre.

33 *Sandherr* (lieutenant-colonel). Chef du Service des renseignements.

33 *Picquart* (commandant, puis lieutenant-colonel). Chef du Service des renseignements après le départ de Sandherr (1895), il découvre (1896) l'innocence de Dreyfus. Son action en faveur de la revision du procès de 1894 lui vaudra d'être incarcéré (1898).

39 *Mercier* (général). Ministre de la Guerre.

40 *Münster* (comte de). Ambassadeur d'Allemagne à Paris.

40 *Gonse* (général). Sous-chef d'Etat-major général ayant dans ses attributions le Service des renseignements.

44 *Roget* (général). S'étant beaucoup intéressé, à titre privé, à l'affaire Dreyfus, a été le chef du cabinet du ministre de la Guerre.

48 *Fabre* (colonel). Chef du 4e Bureau.

48 *d'Aboville* (lieutenant-colonel). Sous-chef du 4e Bureau.

48 *du Paty de Clam* (commandant, puis lieutenant-colonel, marquis). Officier du 3e Bureau. Boisdeffre lui délégua ses fonctions d'officier de police judiciaire dans l'affaire Dreyfus.

59 *Cordier* (commandant). Sous-chef du Service des renseignements.

59 *Gribelin* (officier d'administration). Archiviste du Service des renseignements.

60 *Demange* (avocat à la Cour d'appel de Paris). Défenseur de Dreyfus devant le Conseil de guerre.

62 *Brisset* (commandant). Commissaire du gouvernement au procès Dreyfus.

66 *Junck* (capitaine). Officier du Service des renseignements.

73 *Drumont.* Polémiste antisémite. Ecrit à la *Libre Parole.*

75 *Lauth* (capitaine). Officier du Service des renseignements

97 *Ranc.* Homme politique. Député.

102 *Paléologue* (Secrétaire d'ambassade). Chargé, au ministère des Affaires Etrangères, des relations avec le Service des renseignements.

118 *Mornard* (avocat au Conseil d'Etat et à la Cour de cassation). Occupe pour Dreyfus à la Cour de cassation.

123 *Méline.* Président du Conseil des ministres.

125 *Pellieux* (général de). Commandant le département de la Seine. Officier de police judiciaire dans l'affaire Esterhazy.

Chapitre Premier

LA MAROTTE D'HENRY

I

Entre le 10 et le 15 février 1894, la Bastian fit parvenir, entre autres, au Service des renseignements, déchirée en morceaux, une lettre par laquelle Panizzardi mettait Schwartzkoppen au courant de l'état de son information sur les appels partiels de réservistes, en terminant ainsi :

« J'ai écrit encore au Lt Colonel Davignon et c'est pour ça que je vous prie si vous avez l'occasion de vous occuper de cette question avec votre ami de le faire particulièrement en façon que Davignon ne vient pas à le savoir du reste il répondrai pas, car il faut jamais faire voir qu'un attaché s'occupe de l'autre ».

Ce dernier alinéa fit froncer les sourcils à Henry : qu'est-ce que c'était que cet ami de Schwartzkoppen — quelqu'un de l'Etat-Major bien certainement — avec qui il ne devait s'entretenir qu'à l'insu de Davignon, le sous-chef du 2e Bureau ? Ne serait-ce pas un officier félon, aux gages de l'Allemand ?

L'une des deux branches du Service était le contre-espionnage, et, dans ces attributions, il était chargé de la surveillance, du point de vue de la sécurité, des officiers de l'Etat-Major. La hantise de l'agent de l'étranger l'habitait. Nul n'était au-dessus de tout soupçon. Henry, sorti du rang, fruste, plein de méfiance paysanne, se persuada sans peine qu'il tenait la preuve qu'un de ces officiers trahissait.

C'est pour cela que le document dont nous venons de reproduire les dernières lignes devait être amené, plus tard, à entrer dans l'affaire Dreyfus et à y fournir une longue carrière sous le nom de « lettre Davignon ».

Il faut bien convenir que cette pièce avait quelque chose de troublant : un « ami » mystérieux, qui paraît être sous la dépendance de Davignon, et qui se cache de lui pour informer l'attaché allemand, il y a là, de prime abord, de quoi inquiéter.

Pourtant Henry avait conclu trop vite. Relisons le texte, et il nous apparaîtra que si l'« ami » eût été un homme à la solde de Schwartzkoppen, Panizzardi n'aurait pas eu besoin de recommander à l'Allemand de ne communiquer avec un ami d'un genre si spécial que « particulièrement », c'est-à-dire dans un entretien privé. C'eût été estimer vraiment bien bas la sagacité de son collègue, et le lui faire voir.

Ce raisonnement si simple suffit, à notre sens, pour chasser l'idée qu'on puisse trouver dans la « lettre Davignon » l'indice de la trahison d'un officier de l'Etat-Major.

Il faut donc chercher ailleurs l'explication de l'énigme que pose ce document. Bien que cette recherche n'entre pas dans le cadre de la présente étude, nous nous y livrerons — à titre de hors-d'œuvre — avec quelque détail, ce qui nous apportera, au passage, quelques indications utiles.

Et d'abord, qui était l'« ami » ?

Le dernier alinéa de la « lettre Davignon » n'aurait aucun sens si l'« ami » n'était pas quelqu'un avec qui les attachés militaires pouvaient avoir des entretiens « particuliers » et pouvaient aussi en avoir d'autres, c'est-à-dire d'officiels. Or, au ministère de la Guerre, c'était le 2e Bureau qui était chargé des relations avec les attachés militaires, et, dans ce bureau, seuls avaient qualité pour recevoir leurs demandes de renseignements le chef, colonel de Sancy, et le sous-chef, lieutenant-colonel Davignon. Autrement dit, l'« ami » est nécessairement Sancy ou Davignon, et comme ce n'est, évidemment, pas Davignon, c'est Sancy.

Et, de fait, Sancy était très lié avec Schwartzkoppen. Il l'avait connu à Berlin, du temps où il y était attaché militaire, et les deux hommes avaient sympathisé. Ils avaient été heureux, par la suite, de se retrouver à Paris, dans des postes qui les mettaient fréquemment en contact. Leur amitié s'était renforcée. Ils se voyaient souvent, se recevaient, et tout cela était bien connu à l'Etat-Major.

L'« ami » n'était donc pas le subordonné, mais le chef de Davignon.

Sancy avait pour principe d'informer le plus largement possible les attachés étrangers. A cette fin, il avait réservé un jour, le mardi, où il les recevait, longuement parfois, prenait des notes sur ce qu'ils désiraient savoir. Puis il passait ces notes à Davignon, pour suite à donner. Il y avait donc un lien organique entre les questions posées à l'« ami » Sancy et la connaissance qu'en avait Davignon.

Il faut ajouter que celui-ci n'approuvait pas les mardis, auxquels il n'assistait pas, et qu'il supprimait quand il faisait l'intérim, étant d'avis qu'il fallait se montrer circonspect vis-à-vis des attachés. Mais il était bien obligé de faire ce qu'on lui demandait, se réservant parfois, comme suite à donner, de ne pas répondre.

Avec ces indications, nous sommes à même de comprendre la « lettre Davignon ».

Lorsque Panizzardi s'intéresse à la question des appels, Sancy est absent, Davignon le remplace. C'est donc à lui que l'Italien s'adresse, par le moyen — qui est la voie normale des demandes de renseignements — de deux lettres, l'une du 4 février (1894), l'autre du 9 (qui est celle dont il est question dans la « lettre Davignon »).

Mais en même temps il songe que si Schwartzkoppen se préoccupe, lui aussi, des appels partiels, il pourrait, au retour de Sancy, aller lui en parler à l'un de ces mardis où il est très assidu. Davignon l'apprendrait aussitôt, se rendrait compte que les deux attachés s'intéressent à la même question, qu'ils travaillent ensemble ; c'est ce qu'il est absolument nécessaire d'éviter. Il ne faut pas que Schwartzkoppen se livre à cette démarche.

De là la « lettre Davignon ». Panizzardi prie Schwartzkoppen, s'il veut parler de la question des appels à Sancy, de le faire « de façon que Davignon ne vienne pas à le savoir », c'est-à-dire pas à un mardi, mais « particulièrement », faute de quoi il apparaîtrait au 2e bureau que l'Italien et l'Allemand travaillent la main dans la main, « ce qu'il ne faut jamais faire voir ». Et, pour mieux convaincre son collègue, pour faire bon poids, Panizzardi ajoute : « Du reste, il [Davignon] ne répondrait pas », ce en quoi il exagère, car il n'en sait rien.

Qu'est-ce que Panizzardi vise par « particulièrement » ? De toute évidence, pour nous, ce mot signifie « en dehors du ministère », où les entretiens ont toujours quelque chose d'officiel. Ce n'est pas sans but, nous semble-t-il, que l'Italien ne dit pas : « avec Sancy », mais « avec votre ami », rappelant ainsi à Schwartzkoppen que ses relations personnelles avec l'ancien attaché militaire français à Berlin doivent lui permettre de causer avec lui de questions de service loin des bureaux, loin de Davignon.

Telle est, à notre sens, l'explication du document qui nous occupe.

Il ne s'agissait pas que Sancy en dise à Schwartzkoppen plus long qu'il ne devait (d'un gros mot, qu'il trahisse), il s'agissait qu'il le lui dise « entre amis ». La cachotterie à l'égard de Davignon, c'est Sancy qui doit la consentir, à la sollicitation de Schwartzkoppen.

L'attaché militaire allemand se prêta-t-il à cette démarche délicate ? Sancy l'admit-il ? L'histoire ne le dit pas.

La « lettre Davignon » fut, à la Section de statistique, tapée à la machine en plusieurs exemplaires. L'un d'eux fut inséré dans le Bulletin de renseignements pour le ministre du 16 février, un autre adressé à l'Etat-Major, un autre au 2e bureau. Boisdeffre plaisanta Davignon sur la rigueur que lui prêtait Panizzardi. Demanda-t-on en haut lieu à Sancy des explications ? Lui donna-t-on des conseils de prudence ? Nous ne pouvons qu'en évoquer la possibilité.

En tout cas, nul soupçon ne se porta sur aucun des officiers du 2e bureau. Ceux qu'Henry appelait « les chefs » avaient très bien compris de quoi il s'agissait, et ne prescrivirent nulle enquête pour découvrir qui était l'« ami ».

Lui, cependant, s'indignait de leur passivité. A ses yeux, l'affaire était claire. Les deux attachés trafiquaient ensemble, et à ce trafic était mêlé un officier de l'Etat-Major, probablement du 2e bureau — un traître.

Pour le moment, il connaissait seulement l'existence de ce traître. Il n'avait pas en mains de fait de trahison. Il crut l'avoir trouvé lorsque se produisit l'incident du voyage de Mendigorria.

II

Mendigorria n'est pour rien dans l'affaire Dreyfus. Seulement, il prit un soir le train pour la Suisse et, sur ce voyage, Valcarlos se livra à des commentaires si hasardés que ledit Valcarlos fut entraîné dans cette Affaire à son insu, puis à son corps défendant, et qu'il en sortit déconsidéré.

Le commandant de Cordova, marquis de Mendigorria, grand d'Espagne, était attaché militaire en premier à l'ambassade d'Espagne à Paris.

Le commandant Güell y Borbon, marquis de Valcarlos, grand d'Espagne, était attaché militaire en second à la même ambassade.

Mais cela ne signifiait pas que Valcarlos fût le bras droit de Mendigorria, bien au contraire, et puisqu'aussi bien Valcarlos est une figure centrale dans le présent travail, nous dirons ce que nous avons pu savoir de lui.

Son père, Güell y Renté (selon la mode espagnole, Güell du nom de son père, Renté du nom de sa mère, rejoints par un y qui signifie et) était d'une famille originaire de Catalogne, fixée depuis longtemps à Cuba. Après avoir fait ses études secondaires à la Havane, il vint à Barcelone prendre ses grades en droit. En même temps il publiait des poèmes, s'intéressait à la politique. Après avoir passé quelque temps dans ces occupations, il retourna à Cuba. Là, il tomba amoureux et demanda la main de la jeune fille. Elle était riche, il fut évincé comme étant un trop petit personnage. Alors il secoua sur l'île la poussière de ses souliers, déclarant qu'il rentrait dans la mère patrie, et qu'il y épouserait une princesse.

Ce qu'il avait dit, il le fit. Il composa des vers pour l'infante Josefa, cousine germaine de la reine, la charma, l'enleva, l'épousa.

Le scandale fut immense. La reine priva l'infante de ses droits, la Cour jeta l'interdit sur le jeune couple, qui n'eut d'autre ressource que d'aller se terrer en France, avec l'enfant qui lui naquit, le petit Raymundo — Raymundo Güell y Borbon (Borbon est la forme espagnole de Bourbon) — qui est celui qui nous occupe.

Ces choses se passaient en 1848. En 1852, Güell revint en Espagne, plus que jamais, en même temps que de poésie, s'occupant de politique, et presque républicain. En 1854, il fit partie d'un mouvement qui réussit, en 1855 il était élu aux Cortès, et de nouveau en 1857. Dès lors, tout en continuant d'écrire des poèmes, et aussi des études d'histoire, il est constamment présent dans la vie politique de son pays.

Cependant l'infante n'avait pas suivi son mari. De tout le reste de sa vie, qui fut fort longue, elle remit à peine les pieds en Espagne, vivant presque constamment à Paris avec Raymundo, et le frère qui lui était né.

C'est donc en France que notre homme ouvrit les yeux au monde, qu'il eut ses premiers amis, fit ses premières études. Pourtant son père veillait à l'établir. Sa position politique, le temps passé, avaient effacé les rancunes du trône. En 1863, Güell fit entrer Raymundo, alors âgé de 14 ans, au collège militaire de Valladolid. Pendant qu'il s'y trouvait, la reine le créa marquis de Valcarlos et grand d'Espagne (son frère devait devenir marquis de Güell).

Valcarlos est un municipe de Navarre, dans une vallée au pied des Pyrénées, formant saillant en territoire français, sur la route d'Alfaro à Saint-Jean Pied de Port, un peu plus haut que Roncevaux. Cette bourgade est-elle ainsi nommée en souvenir du passage du grand empereur ? Et la souveraine, en donnant ce titre à son jeune neveu, fils d'une Bourbon, voulait-elle se souvenir que les premiers Capétiens, ses aïeux, prétendaient justifier leur usurpation par le fait qu'un des leurs avait épousé une fille des derniers Carolingiens ? N'insistons pas.

Valcarlos (nous appellerons désormais ainsi le nouveau marquis) fut fait sous-lieutenant en 1867. Il exerça pendant une dizaine d'années le métier des armes, ce qui le fit guerroyer contre les carlistes.

En 1876, capitaine, il fut nommé attaché militaire en second à l'ambassade d'Espagne en France. Il est constamment admis que, dès lors, il ne quitta plus l'ambassade. Aussi ne nous inquiéterons-nous pas plus longtemps du fait qu'il ne figure pas à l'Almanach National Français — partie corps diplomatique étranger — pour les années de 1878 à 1884. Il y reparaît en 1885, et cette fois d'une façon suivie, capitaine, puis commandant, chevalier de la Légion d'Honneur (en 1890).

En 1892, un accroc se produit. Alvear, qui était attaché en premier depuis de longues années, s'en va, et est remplacé par Mendigorria. Aussitôt Valcarlos déclare qu'il prend sa retraite. Tout nous dit qu'il ne pouvait souffrir le nouveau venu. Etait-ce à cause de vieilles querelles personnelles, inexpiables ? Ou parce que Mendigorria était un germanophile avéré ? Ou, plus simplement, parce qu'il était le poulain du général Pavia, celui qui jadis avait appuyé de son artillerie le pronunciamiento par lequel avait été chassée du trône la reine Isabelle, protectrice de Valcarlos ? Toujours est-il que dans l'Almanach pour l'année 1893, ce dernier disparaît — pour revenir il est vrai en 1894. C'es tqu'entre-temps il s'est ravisé, a renoncé à prendre sa retraite, se contentant d'un congé d'un an. Fin 1893, il revient à son poste, obligé de cohabiter avec Mendigorria. Ce voisinage, heureusement pour lui, ne durera pas trop longtemps. Au début de 1895, Mendigorria est rappelé.

C'est Echagüe y Santoyo qui lui succède. Echagüe n'est que capitaine, alors que, rappelons-le, Valcarlos est déjà commandant depuis plusieurs années. Le fils de l'infante ne sera jamais attaché en premier. Mais, comme il ne convient pas que lui, officier supérieur, soit « en second », d'un capitaine, on le nomme attaché militaire honoraire, tout en lui accordant le grade de lieutenant-colonel. C'est à titre civil qu'il demeure attaché à l'ambassade — il y sera fait officier de la Légion d'honneur en 1898 — pour la quitter en 1899, en prenant sa retraite de l'armée.

Attaché militaire, il l'avait été, d'ailleurs, bien peu, effectivement. En vingt ans, nous dit-il, je n'ai jamais mis les pieds au ministère de la Guerre, sauf une fois, pour une remise de décorations. Ce n'est certainement pas lui qu'on voyait aux mardis de Sancy, même quand l'attaché en premier était absent. Il professait que pour connaître l'armée française, il lui suffisait de suivre les manœuvres. Là, nous le tenons de sa bouche, se bornaient ses travaux. Lorsqu'il eut reçu l'honorariat, il commença par aller passer à Dieppe deux ans entiers, pendant lesquels il se fit construire à Paris le petit hôtel dont il sera question plus loin, et il ne semble pas que ses supérieurs s'en soient émus. En réalité, sans aucun talent, plus que médiocre, il était à l'ambassade une inutilité, qu'on ne maintenait là que parce qu'il se plaisait en France, et par égard pour la famille royale.

Ses fonctions n'étaient donc pour Valcarlos qu'un prétexte pour habiter la France, où il avait toutes ses affections et ses intérêts. Il avait épousé en effet la fille d'un banquier italien — d'origine levantine, nous dit M. Marcel Thomas — dont les trois sœurs étaient femmes d'officiers français (Mmes de La Cornillière, de Brémond d'Ars et de Franclieu). L'Espagne ne l'attirait pas : il passait toutes ses vacances à Dieppe. Après sa mise à la retraite, il demeura en France jusqu'à sa mort.

Il n'était pas sans moyens. La solde des officiers espagnols, c'est connu, n'est guère élevée, mais Mme de Valcarlos lui avait apporté un titre de 35 000 francs de rente sur l'Etat, capital qui ne fut pas dissipé, puisque le titre se trouvait encore dans son coffre au Crédit Lyonnais en 1904. C'est à cette date, en effet, que Valcarlos, attaqué par Rochefort, prit comme défenseur Labori, qui voulut, étant donné la nature des accusations portées contre son client, être mis au courant exactement de la situation pécuniaire de celui-ci. Outre le titre de rente, il trouva pour 300 000 francs de valeurs de tout repos — comme on disait alors — un petit hôtel rue de Prony, libre de toute hypothèque, un compte en banque qui n'avait jamais été débiteur, et d'où les retraits s'élevaient annuellement, en moyenne, à 40 000 francs. En somme, les Valcarlos « vivaient sur le pied de quarante mille », selon le langage du temps, ce qui n'était pas la fortune, mais permettait tout de même de faire quelque figure à Paris.

Et de fait, Valcarlos était assez répandu dans le monde, où sa qualité de membre du corps diplomatique, et même son titre de marquis, lui ouvraient bien des portes. Il assistait à des dîners, des réceptions, des chasses, où se trouvaient des gens fort en vue (Boisdeffre par exemple). Tant qu'il fut attaché militaire en activité, il ne manqua pas, bien entendu, les invitations auxquelles le conviaient ses collègues, ni leur dîner mensuel au Grand Hôtel, où peut-être, n'étant qu'attaché en second, il se trouvait en bout de table avec Süsskind, l'attaché en second allemand, qui lui racontait ce qu'était la vie d'un véritable attaché militaire, dont il ignorait tout.

Nous le voyons grand et fort — physiquement, « il était difficile à cacher », a-t-on dit de lui — magnifique et magnanime, ou se voulant tel, très imbu de son titre, grandiloquent et mégalomane — sa signature, que nous reproduisons par ailleurs, nous semble le dépeindre superbement — matamore même parfois, et en même temps, comme les grands en Espagne avec ceux qui sont moins haut, d'abord facile, débonnaire et familier.

A quoi occupait-il ses journées ? N'allant guère au bureau, recherchant les compagnies, il fréquentait les cercles, les salles d'escrime, mais surtout, hélas, le café. Il avait établi une véritable permanence — à partir de 5 h — dans un café des boulevards, « où il y a maintenant un bouillon » (disait-il en 1904), et là il parlait, étant de ces gens qui racontent leur vie au premier voisin de terrasse venu ; il connaissait « une masse de monde », il « causait avec tout le monde, sans y attacher aucune importance ».

Son interlocuteur le plus assidu était Guénée.

Cet homme, vieux policier, ancien des « mœurs », retraité depuis 1890, était un agent du Service des renseignements de l'Etat-Major, plus particulièrement affecté au service d'Henry, le bras droit d'Henry, l'homme d'Henry. Valcarlos, qui l'avait vu à Dieppe, bien des années auparavant, le rencontra un jour sur le boulevard, et aussitôt Guénée, qui s'était donné comme occupant une situation importante au ministère de la Guerre, devint un de ses familiers.

On peut penser si Guénée, qui avait pour compagnie habituelle les concierges, les gérants d'hôtel, les garçons de café, les domestiques, les filles, les barmans, les inspecteurs de salles de jeux et autres gens de même, fut flatté de ce commerce avec un marquis, au surplus attaché militaire, placé à la source de nouvelles qui intéresseraient ses patrons. Il se rendait fréquemment à la permanence, et, de dehors respectables, paraît-il, s'introduisit dans les bonnes grâces de Valcarlos, qui l'invita chez lui, le présenta à des amis.

Qu'est-ce que le descendant des Bourbons racontait à Guénée ? Toutes sortes de choses, les potins du monde des attachés militaires (et de l'autre), leurs histoires personnelles, les propos de ceux qui daubaient sur la France, les intrigues de ceux qui agissaient contre elle en sous-main, et, du temps qu'il faisait encore partie du service de l'attaché militaire, quelques vagues renseignements touchant à des choses de l'armée, ou à des officiers, du genre de ceux qu'on va voir. Reinach le traite de « sycophante espagnol ». Mais non ! Reinach devrait se souvenir qu'il était incrusté en France depuis des années, qu'il avait devant les étrangers la réaction d'un Français, qu'il était bavard, qu'il aimait se rendre important, oubliant même — et c'est précisément ce qui fut sa faute — qu'il n'était pas Français, qu'il y avait des choses qu'il ne devait pas dire, et des affaires dont il ne devait pas se mêler.

Il ne se privait pas de parler même lorsque la personne en cause était un compatriote, un membre de l'ambassade, Mendigorria par exemple. Au contraire, lorsque son animosité contre l'autre marquis l'incite à trouver dans les faits et gestes de celui-ci quelque chose de suspect, il le confie aussitôt à Guénée, lequel brode et enjolive en transmettant à ses employeurs.

Le 28 novembre 1892 — Mendigorria vient d'arriver — le policier remet au Service des renseignements une note où il est dit que, d'après « un correspondant » (Valcarlos) le nouvel attaché aurait fait une demande en vue d'obtenir l'autorisation de suivre les troupes françaises dans la province d'Oran, en observation sur la frontière du Maroc. « Le correspondant » se dit convaincu que Mendigorria aurait l'intention d'insinuer, pendant sa présence en Algérie, que ce sont les Français qui passent des armes et des munitions aux Kabyles du Maroc. « Se trouvant sur les lieux ses affirmations n'en auraient que plus de poids aux yeux de la presse européenne ». (C'est Guénée sans doute qui intercale ce stupide commentaire.) La fin de la note traduit une idée fixe de Valcarlos : il croit savoir que ce sont les Allemands qui ont poussé Mendigorria à cette démarche.

Peu de temps plus tard, Valcarlos, on l'a vu, prend un congé d'un an. Il rentre à son poste fin 1893. Fin mars 1894, un voyage que fait Mendigorria en Suisse lui inspire de nouveaux soupçons contre l'attaché en premier. On revient ici aux prodromes de l'affaire Dreyfus.

Les commentaires que ce voyage provoqua de la part de Valcarlos ont été suivis, nous y avons déjà fait allusion, d'un incident qui confirma Henry dans sa conviction qu'un officier de l'Etat-Major trahissait.

Avant d'exposer en quoi consista l'incident, il convient de dire quels furent les commentaires.

Ils sont relatés dans deux longues notes de Guénée des 28 et 30 mars 1894, insérées dans les Bulletins de renseignements pour le ministre n° 35 et 36 des 30 mars et 2 avril, intitulées, la première : « Indications sur les agissements des Attachés militaires allemands et du Commandant de Mendigoria [sic], attaché espagnol. Renseignements sur quelques autres diplomates », et la seconde : « Indications sur les agissements des attachés militaires allemands et du Commandant de Mendigorria, attaché militaire espagnol (Suite de la note du 28 mars 1894) ».

L'existence même de ces deux documents est restée inconnue du public et des historiens pendant tout le temps qu'a duré l'affaire Dreyfus. Puis ils ont été protégés de toute curiosité par la loi qui veut que les pièces conservées dans les archives publiques restent incommunicables pendant cinquante ans. Il est certain que s'ils n'étaient pas demeurés ainsi dans l'ombre bien des jugements portés sur le rôle de Valcarlos dans l'Affaire eussent été différents : on se serait aperçu qu'il n'avait, contrairement à ce qu'Henry fit croire plus tard, pas dit un mot de la présence d'un traître à l'Etat-Major.

Passé le délai de cinquante ans, ce fut M. Marcel Thomas qui découvrit les deux notes aux Archives Nationales, et en donna une analyse dans son livre : « *L'Affaire sans Dreyfus* ».

Nous en reproduisons en annexe (Annexes I et II) le texte intégral. Suivant la règle absolue du Service des renseignements, ces notes sont entièrement anonymes, c'est-à-dire que, non signées, elles ne mentionnent pas non plus les noms des informateurs (qui étaient, bien entendu, communiqués verbalement au Service). Il n'y est question que de « nous » (l'auteur) et de « quelqu'un », ou « on », ou, on l'a vu, « un correspondant » (le ou les informateurs). Ici, il n'est pas hasardé de mettre sous ces vocables Guénée et Valcarlos, s'agissant d'affaires espagnoles, et quand on connaît les relations des deux personnages. Du reste, ces attributions seront confirmées par la comparaison avec des documents ultérieurs, où les noms seront donnés.

Nous allons parler assez longuement de ces deux notes de Guénée, bien plus longuement qu'il ne faut pour expliquer l'incident qui suivit, parce qu'il n'est pas sans intérêt d'essayer de se rendre compte de la façon dont étaient fabriqués de tels documents, ainsi que de la part qui en revient en propre à Valcarlos, de la manière dont Guénée l'accomode et y ajoute.

Le début de la première note est consacré à Schwartzkoppen, à ses habitudes, aux collègues et amis allemands qu'il voit à Paris, à leurs réunions dans des lieux moins faciles à surveiller que l'Ambassade.

Nous en retiendrons le passage suivant : « Tout dernièrement, il [Schwartzkoppen] devait encore s'absenter ; tout était préparé pour son départ ; mais, au dernier moment, le voyage fut ajourné ».

De l'attaché allemand, une transition conduit à Mendigorria : Schwartzkoppen a fait un travail sur les infanteries allemande et française comparées, qu'il a envoyé à plusieurs de ses collègues, dont l'attaché espagnol en premier. « Quelqu'un » ayant vu sur le bureau de celui-ci un tableau comparé des infanteries française et espagnole, lui a demandé d'où il tenait ses renseignements, et Mendigorria a répondu que c'était : du Lt-Colonel de Schwartzkoppen, « son ami ».

Ayant ainsi introduit Mendigorria, tout de suite Guénée le caractérise :

« Voici quelques détails sur le Commandant de Mendigorria, un germanophile avéré, qu'on soupçonne très fort d'avoir succédé au capitaine Borup, comme agent militaire « secret » des attachés militaires allemands ».

Pour comprendre l'importance de cette accusation, il faut savoir qu'en 1891 et 1892, Borup, attaché militaire des Etats-Unis, servait d'intermédiaire entre son collègue allemand et un nommé Greiner, agent civil au ministère de la Marine, qui livrait des documents fort importants. Greiner, pris sur le fait, fut condamné à vingt ans de travaux forcés, et, sur la demande de la France, Borup fut rappelé par le gouvernement des Etats-Unis qui le raya des cadres et présenta des excuses au gouvernement français.

Puis la note donne un *curriculum vitae* de Mendigorria. Nous en extrayons les passages suivants :

« Le Commandant de Mendigorria a peu de fortune. Ses appointements mensuels, frais compris, sont de 500 francs, et il reçoit de ses rentes, par mois, environ 300 francs. C'est donc une somme de 9 600 francs par an, alors que ses « amis », les allemands, touchent plus de 30 000 francs par an, plus leur solde ».

Mendigorria, qui n'est pas marié, a une liaison avec « une sorte d'aventurière ».

« On est à peu près certain qu'elle a été la maîtresse du Major de Huene [*sic* — Huehne était un des prédécesseurs de Schwartzkoppen] ; on les a vus jadis ensemble, et on croit qu'elle se livre à l'espionnage. Cette femme, nous a-t-on dit, semble avoir été jetée dans les bras de Mendigorria par les allemands ».

Lui habite en pension de famille, rue Galilée, elle a loué un petit hôtel, avenue de la Grande Armée. « Nous vérifierons ces deux adresses » dit Guénée, qui ne manque pas de penser aux « recoupements », si chers aux services spéciaux.

On voit encore Mendigorria faire des dépenses, rémunérer un secrétaire, donner « pas mal d'argent à sa maîtresse. Où le prend-il ? ».

Puis c'est le récent voyage.

« Il [Mendigorria] annonçait, depuis quelque temps, qu'il se préparait à aller faire un séjour de trois mois en Suisse pour accomplir une mission, et, dimanche soir 25 mars, il est parti pour la Suisse, pour étudier, dit-on à l'ambassade d'Espagne, l'armée helvétique.

« On croit plutôt que ses amis et protecteurs, les germanophiles espagnols, ont obtenu un congé, masqué sous la fausse étiquette « mission » et qu'il va opérer pour le compte des Allemands, qui lui accordent plus d'aptitude et de science qu'il n'en a, car il est vaniteux et creux.

« On ne serait pas éloigné de croire qu'il remplace le Lt Colonel de Schwartzkoppen dans le voyage projeté par ce dernier et qu'il n'a pu faire. En tout cas, que l'on tienne pour certain qu'il ne va pas étudier l'armée suisse pour son pays ».

Guénée poursuit en qualifiant Mendigorria de vaniteux, aimant à se mettre en lumière. Il rapporte ses mauvais procédés envers la France, rappelle sa propre note d'il y a dix huit mois sur le projet de voyage en Oranie, ajoute que Mendigorria aurait détourné vers l'Allemagne une commande d'armes que l'Espagne voulait passer à l'industrie française.

Suivent des informations sur trois membres de l'Ambassade non moins germanophiles que Mendigorria.

Puis Guénée passe à Süsskind, qui se rend fréquemment en Angleterre, où il a un « ami nommé « Noebel ou Loebel » (la terminaison du nom est entièrement exacte) avec lequel il aurait visité plusieurs fois les usines Armstrong », et où il s'est même rencontré avec Borup, venu de Baltimore.

Vient ensuite l'histoire de l'attaché naval des Etats-Unis, Rodgers, qui « sachant que le commandant de Valcarlos n'avait pas de domestiques », lui a envoyé le sien, un Allemand, muni d'un bon certificat. Sans doute y a-t-il été poussé par les attachés allemands, ses grands amis, « mais l'attaché militaire espagnol n'a pas donné dans le panneau ».

Il est question encore du ministre du Pérou à Paris, qui renseigne l'Italie.

La note se termine par un couplet à la louange de la reine Isabelle, redoutée des germanophiles, et qui a, par son énergie, détourné l'Espagne d'entrer dans la Triplice. (Evidemment il ne faut pas que la royale exilée, à qui Valcarlos dit « ma tante » quand il lui rend visite à la Maison de Castille, soit confondue dans le parti allemand.)

On peut se demander à quoi rime cette note de plusieurs longues pages, alors que la nouvelle qu'elle annonce — le départ de Mendigorria et les soupçons de Valcarlos — y tient en les trois petits alinéas que nous avons reproduits.

C'est que ce renseignement ouvre aux yeux de Guénée une magnifique perspective, au bout de laquelle il se voit ramenant dans sa nasse, comme d'autres l'ont fait pour Borup, lui aussi un attaché militaire étranger, Mendigorria. De là vient que, présentant son personnage, d'entrée de jeu, et pour frapper l'esprit du lecteur, il l'assimile à l'attaché américain espion pour l'Allemagne contre la France, en une phrase qu'il met dans la bouche de « on », c'est-à-dire Valcarlos, et que celui-ci — cela nous paraît du moins fort probable — n'a pas prononcée. De là la vaste fresque que brosse le vieux policier, faite de tous les éléments susceptibles — il le croit du moins — d'appuyer cette thèse : germanophilie des Espagnols, habitudes d'espionnage des attachés militaires — éléments fournis pour la plupart par Valcarlos, jadis ou naguère, dans ces conversations auxquelles il n'attachait « aucune importance ». La disposition même du texte de la note montre que tout ce que Valcarlos a dit à Guénée entre le départ de Mendigorria (25 au soir) et la date de la note (28), c'est ce que contiennent les trois alinéas dont nous parlions plus haut, et sans doute le suivant (Mendigorria est un vaniteux... il cherche à se mettre en lumière... rappel de l'affaire d'Oranie... commande de fusils détournée). Rien ne prouve dans tout cela que Valcarlos pense à des actes aussi graves que ceux dont Borup s'est rendu coupable.

Cependant, Guénée, aussitôt remise au Service des renseignements sa note du 28 mars, se lance à la poursuite des recoupements annoncés. Il se rend au domicile de la maîtresse, à la pension de famille, retourne voir Valcarlos, et, le 30, dépose sa seconde note, dont la composition désordonnée fait assez voir la hâte dans laquelle elle a été écrite.

Nous n'analyserons pas ce document point par point.

Guénée y prend maintenant à son compte l'affirmation que Mendiogrria est devenu l'« agent » des Allemands ; « nous allons essayer de le prouver », ajoute-t-il.

Mais sa récolte a été plus que maigre : la dame en question a reçu pendant un temps quelqu'un qui était sans doute Süsskind ; durant une certaine période elle se rendait au Terminus Hôtel, où elle « devait recevoir » les communications des agents allemands pour Mendigorria ; celui-ci clamait beaucoup trop fort, chez la dame, à la pension, à l'Ambassade, qu'il allait à Berne, pour qu'il n'y eût pas quelque chose de suspect là-dessous ; d'ailleurs, avant de partir pour la Suisse, il n'a touché que 500 francs, bien peu pour un voyage de trois mois.

Tout cela, comme preuves, est plus que pauvre. Mais Guénée a mieux à dire. Nous ne pouvons que le citer.

« Quelle est la mission dont le commandant de Mendigorria a été chargé par les attachés militaires allemands ?

« Disons, tout d'abord, que Berne, où serait allé le commandant de Mendigorria, doit être un point intéressant pour les allemands ; ils doivent y avoir de sérieuses accointances. Le capitaine de Susskind [*sic*] y est allé plusieurs fois.

« Il est certain que le commandant de Mendigorria est muni d'un questionnaire, qu'il est accrédité près des agents qui servent l'Allemagne. S'il n'en était pas ainsi, il ne pourrait, la canne à la main, se livrer à l'étude dont nous allons parler, et dont on le prétend chargé.

« Les attachés militaires allemands ont dit à leurs collègues de la Triple Alliance qu'il existait une lacune dans leurs renseignements sur les ouvrages de défense de notre frontière, dans la région comprise entre Toul et Pontarlier. La marge est large, on le voit, mais le voyage du Commandant de Mendigorria à Berne prouverait que son étude doit se porter sur une partie de la frontière française.

« On croit que c'est là l'étude à laquelle devait se livrer le Lt-colonel de Schwartzkoppen, mais que l'ayant trouvée quelque peu dangereuse, il a choisi le commandant de Mendigorria pour le remplacer.

« En effet, à ce dernier il ne peut rien arriver de fâcheux : il représente un pays ami de la France, il voyage en touriste, il est couvert par l'immunité diplomatique, et si un agent français le surprenait sur notre frontière examinant de trop près nos ouvrages militaires, il arguerait de sa bonne foi, se ferait connaître, et tout serait dit ».

Devrons-nous critiquer une à une ces insanités ? La seule question qu'elles posent est pour nous de savoir si Valcarlos les a proférées, comme les « on » de Guénée le laissent entendre. Quelque sot qu'on le suppose, nous ne le croyons pas.

Cette histoire d'ouvrages fortifiés français que Mendigorria serait allé reconnaître par-dessus la frontière suisse nous rappelle plutôt que, pendant plusieurs années — et nous retrouverons ceci plus loin — les attachés allemands — et aussi, un temps, Panizzardi — achetèrent des plans directeurs de nos forteresses à un individu dont l'identité n'a jamais été établie.

Dans un brouillon de janvier 1893, où il prépare une commande au fournisseur, Schwartzkoppen inscrit entre autres « Toul, 17 et 24 ».

Dans un memento de juin 1893, le même Schwartzkoppen notait « Restituerai » — car il restituait les plans au fournisseur après qu'ils eussent été copiés à Berlin — « les feuilles 24 et 17 de Toul, déjà livrées en noir, demandées en couleur ». Au reçu de cette pièce, Miribel lui-même, accompagné d'Henry, se rendit de sa personne chez le général Directeur du Génie, et lui demanda de procéder à une enquête sur la disparition de ces deux feuilles.

Le 29 décembre 1893, Schwartzkoppen, au moment de partir en permission pour Berlin, laisse une note d'instructions pour Süsskind, qui va faire son intérim. « L'homme des fortifications de la Meuse », lui dit-il, « m'a laissé complètement en plan ; s'il devait venir pendant mon absence et s'il apporte quelque chose, vous pouvez sur sa demande lui donner une avance de 300 francs au maximum, sans cela pas un sou. Il faut qu'il apporte au moins 1° le reste des forts de la Meuse 2° les deux plans de Toul », etc.

L'intérêt des Allemands pour les plans directeurs de Toul, dont ils possédaient la plupart, était donc une chose bien connue de la Section de statistique.

D'autre part, dans aucun des papiers provenant de la corbeille, on ne trouve rien qui soit relatif à des places situées en Lorraine plus bas que Neufchâteau, ou en Franche-Comté ou plus au sud encore. De là l'apparence [1] d'une immense lacune dans la documentation de l'Allemagne sur nos fortifications du centre-est.

Mais cette lacune a une limite : en 1891, le Service du Génie de Pontarlier a signalé la disparition de plans directeurs, disparition dont la Section de statistique a été informée.

Guénée avait-il appris ces divers faits, en vrac, dans ses conversations avec Henry, et en aurait-il tiré ce vide dans les renseignements des Allemands sur les fortifications entre Toul et Pontarlier, qui devait être comblé par la ridicule promenade de trois mois d'un attaché militaire étranger sur les sentiers douaniers suisses, se haussant sur la pointe des pieds pour mieux voir par-dessus la frontière ? Ou est-ce Henry qui, trouvant la première note de Guénée trop peu corsée, et ses recoupements insignifiants, lui suggéra — il ne reculait pas, comme on sait, devant les inventions les plus grossières — l'idée de cette absurde expédition ?

On ne saurait qu'évoquer de telles possibilités, mais le fait qu'on puisse y songer sérieusement permet de douter, pour le moins, que ce soit « on » qui ait « prétendu » Mendigorria chargé de cette étude frontalière.

---

1. Nous disons « l'apparence d'une immense lacune » parce qu'évidemment l'État-Major allemand ne pouvait pas se désintéresser des plans de places telles qu'Epinal, Besançon, Belfort. Mais il n'avait pas donné mission à Schwartzkoppen de porter ses recherches dans ce secteur-là, cela n'eût pas manqué d'apparaître dans les cornets. A notre sens, il en chargeait d'autres agents, et, si des disparitions ont été constatées à Pontarlier, cela n'exclut pas qu'il s'en soit produit ailleurs.

Quoi qu'il en soit, Guénée, par cette histoire, se trouve en quelque sorte dispensé d'apporter les preuves qu'il avait annoncées au début de sa deuxième note ; il les remplace, sans en voir la stupidité, par une présomption plus énorme que les soupçons formulés dans la première : l'homme qui allait en Suisse pour y opérer pour le compte des Allemands devient celui qui, là-bas, espionne contre la France. Son image se rapproche de celle du fascinant Borup.

Après ces passages, les plus importants, de la seconde note, nous en retiendrons encore un :

« A l'ambassade d'Espagne, on dit que son absence [de Mendigorria] durera trois mois, et pas un des attachés militaires ou civils ne croit que le commandant de Mendigorria va étudier l'armée suisse. Tous ont un sourire goguenard lorsqu'ils parlent de cette mission ».

Telles sont les deux notes de Guénée des 28 et 30 mars 1894, et il est à peine besoin de faire remarquer que ni Valcarlos n'y dit, ni Guénée ne lui fait dire, qu'il existe à l'Etat-Major un officier qui trahit. Il n'y est question que d'officiers espagnols ou allemands. On recherche un nouveau Borup.

Les deux documents furent tapés à la machine à la Section de statistique, en plusieurs exemplaires. Celui de la première note qui fut adressé au ministre, et dont nous avons déjà parlé, porte l'indication des autres destinataires : Président (de la République), Etat-Major, 2e Bureau, Affaires étrangères. L'exemplaire pour le ministre de la deuxième note n'indique pas de destinataires. l'Etat-Major en fut bien certainement, ainsi que le 2e Bureau : l'on retrouva plus tard les deux notes — qui avaient été adressées ensemble à ce dernier par un Bulletin du 31 mars.

Que pensèrent de ces documents les gens de l'Etat-Major, ceux du Quai d'Orsay, de l'Elysée ? Quelle en fut la vérité à leurs yeux ? Après une si longue analyse, disons ce qu'ils signifient pour nous.

Il ne nous paraît pas douteux que Mendigorria s'embarqua en effet pour la Suisse, nanti par son Etat-Major d'une mission secrète dont son ambassadeur lui-même — sachant seulement que le gouvernement en était d'accord — ne connaissait peut-être pas l'objet exact. Pour se débarrasser des questions des importuns et des curieux, Mendigorria leur répondait qu'il allait étudier l'armée helvétique. La chose était si bouffonne que l'on comprenait qu'il valait mieux ne pas insister, et chacun souriait quand on parlait du voyage mystérieux de l'attaché militaire en premier : « ah oui, oui, l'armée suisse ! » Mais Valcarlos, lui, avait pris la boutade de Mendigorria pour un prétexte officiel, émanant de Madrid lui-même, et, son idée fixe aidant, il avait vu dans l'affaire la main des germanophiles de l'armée et du gouvernement espagnols et Mendigorria opérant pour l'Allemagne, effectuant le voyage que n'avait pas pu faire Schwartzkoppen. Il l'avait dit naturellement à Guénée, qui, avec des souvenirs divers, avait fait le reste.

Les nouvelles qui parvinrent dans les jours suivants le départ de Mendigorria confirmèrent, s'il en eût été besoin, que le but du voyage de celui-ci n'était nullement l'armée suisse. Il n'avait passé que quatre jours à Berne, sans y voir le chargé d'affaires, puis était parti pour Montreux, lieu de rencontre, comme chacun sait, de toutes sortes d'agents plus ou moins louches.

Guénée ne devait pas être enchanté d'apprendre cette péripétie — venant de Berne, Montreux n'est guère la direction de Pontarlier — lorsque — c'est ici l'incident — le Service des renseignements fut avisé que Schwartzkoppen (accompagné peut-être de Süsskind) était venu au 2e Bureau pour y déclarer que son pays n'était pour rien dans le voyage de Mendigorria, et se plaindre des gens qui répandaient des bruits pareils.

Une telle nouvelle fit bondir Henry. Comment ! Valcarlos avait glissé dans le tuyau de l'oreille de Guénée les soupçons qu'il avait sur le rôle de l'Allemagne dans le voyage en Suisse, et quelques jours plus tard, Schwartzkoppen venait protester contre ces soupçons ! D'où a-t-il pu les apprendre, sinon de ce 2e Bureau, qui a malheureusement reçu copie des notes de Guénée, et où la présence d'un traître s'est révélée il y a quelques semaines par la lettre de Panizzardi sur Davignon ? Voilà le fait qui prouve la trahison consommée.

Entendons-nous bien. Henry s'est parfaitement rendu compte, par la visite de Schwartzkoppen, que les soupçons Valcarlos-Guénée sont sans valeur. Mais la question n'est pas là. Fondés ou non, ils ont été formulés dans le secret, confiés par écrit au Saint des Saints qu'est le Service — et Schwartzkoppen les a connus ! Henry tient son traître aux actes.

Le nouveau Borup n'existe plus, mais il y a bien mieux : la trahison à l'Etat-Major, jusqu'ici soupçonnée, est prouvée.

Soulignons-le : ce ne sont pas les notes de Guénée, c'est la visite de Schwartzkoppen qui fait croire à Henry, de bonne foi, à cette trahison.

Il le proclame aussitôt, mais l'accueil que « les chefs » accordent à sa conviction le déçoit. Ils trouvent délicates ces sortes d'affaires. Puis ils ne sont pas sans se méfier de Valcarlos (car Gonse et Boisdeffre savent qui est « on »), cet attaché militaire qu'on ne voit jamais. Il peut y avoir du vrai dans le fait que Mendigorria a été chargé, en Suisse, d'une mission secrète, mais cette histoire d'un attaché longeant la frontière pendant trois mois pour inspecter les fortifications françaises leur a paru burlesque. Au surplus, pourquoi faut-il nécessairement que ce soit un officier du 2e Bureau qui ait transmis à Schwartzkoppen les propos de Valcarlos ? Celuici ne les a-t-il pas tenus à d'autres qu'à Guénée, à des collègues en particulier, qui se seront empressés, bonnes âmes, de les rapporter à l'Allemand ? (C'est évidemment ce qui s'est passé). « Les chefs », donc, ne suivent pas. Comme après l'arrivée de la « lettre Davignon», ils ne prescrivent aucune enquête.

Au contraire, leur mécontentement se porte vers la Section de statistique. La visite de Schwartzkoppen a été désagréablement ressentie. Déjà ils avaient annoncé à l'Elysée, au Quai d'Orsay, qu'on était sur la piste d'un nouveau Borup, et l'affaire tombe à l'eau. Le 2e Bureau s'est plaint. Qu'est-ce que c'est que ces informateurs du Service des renseignements ?

Le reproche descend donc la voie hiérarchique, jusqu'à Guénée. Mais Henry, peut-être chargé d'admonester le policier, se sentant lui-même en cause, lui conseille de se défendre.

De là une troisième note de Guénée sur le voyage de Mendigorria.

Ce document a disparu. Nous ne le connaissons que par des textes qui y ont trait. Avant de les produire et de les commenter, nous croyons utile de former en un faisceau les renseignements qu'ils nous apportent, par le moyen d'une reconstitution. Ce travail n'a nullement la prétention de restituer une pièce manquante. Son but est de présenter au lecteur le résultat d'ensemble de nos constatations, comme guide à travers leur exposé de détail.

Paris, le 6 avril 1894.

Nous nous référons à nos deux notes des 28 et 30 mars 1894, dans lesquelles nous indiquions que le commandant de Mendigorria, attaché militaire espagnol, était parti pour la Suisse le 25 mars, alléguant qu'il se rendait dans ce pays en mission pour y étudier l'armée helvétique, et en réalité pour s'y livrer à d'autres activités, n'ayant rien à voir avec ses fonctions d'officier espagnol.

Nous apprenons que MM. les attachés militaires allemands ont présenté à ce sujet des protestations et des doléances.

On pensera de ces représentations ce que l'on voudra. Nous n'en affirmons pas moins que le commandant de Mendigorria ne s'est pas rendu en Suisse pour y étudier l'armée. Et la preuve que sa prétendue mission n'était bien qu'une frime, c'est qu'il est resté quatre jours à Berne, n'a pas vu le Chargé d'Affaires espagnol, puis s'est rendu directement à Montreux, au bord du Lac Léman, près de Vevey.

Cette station, on le sait, abrite chaque saison, et presque toute l'année, une foule d'aventuriers, d'étrangers de toutes sortes, et les diplomates et les Attachés militaires allemands s'y rendent presque tous chaque saison.

Nous croyons devoir dire que la personnalité par laquelle nous avons appris ces faits a été élevée en France, a fait ses études dans un collège de Paris, et connaît très bien les dessous de nos Ambassades étrangères et leur personnel ; de plus, c'est un ami sincère de notre pays, ses affirmations peuvent donc être prises en considération.

Sandherr se souciait probablement peu de revenir devant le ministre et le 2e Bureau avec cette histoire qui avait été un échec. La troisième note de Guénée fut considérée comme un document intérieur à la Section de statistique, qui se borna à en prendre copie (il ne fallait pas que même l'écriture d'une note en décelât l'auteur) et détruisit l'original. Gonse, cependant, sans doute, et peut-être Boisdeffre, l'avaient vu.

L'affaire des « révélations » de Valcarlos sur le voyage de Mendigorria fut classée, et les notes de Guénée des 28 et 30 mars 1894, après retour, comme c'était l'usage, du Cabinet du ministre, enfouies dans les archives de la Section de statistique.

Le moment est venu de dire d'où nous tenons les faits que nous venons d'exposer après l'analyse des deux premières notes de Guénée, et surtout d'après quoi nous avons reconstitué la troisième.

Nos sources ont été : Picquart et Guénée lui-même.

Dans sa lettre au Garde des Sceaux du 14 septembre 1898 (le Mémoire), écrite de la prison de la Santé, Picquart expose comment, en 1896, étant chef du Service des renseignements, il prit connaissance de l'enveloppe bulle contenant entre autres le dossier communiqué secrètement aux juges de 1894 (que nous appellerons dans le présent travail : le « petit dossier », par opposition au volumineux Dossier Secret constitué au ministère de la Guerre en 1898). Ce dossier « se composait de quatre pièces accompagnées d'un commentaire explicatif, rédigé, à ce que m'a assuré le colonel Sandherr, par du Paty de Clam ». Et voici ce qu'il dit de la 4e pièce :

« 4e pièce : c'est un rapport d'où il ressort, si je m'en souviens bien, que l'attaché militaire espagnol était parti en 1894 en mission en Suisse sans que sa situation fût régulière. Les attachés allemands l'ont su et s'en sont plaints au 2e Bureau.

« Or, dit le commentateur, le 2e Bureau a su le départ de l'attaché espagnol dès qu'il s'est produit ; Dreyfus a donc pu le savoir, et il n'y a que lui qui ait pu en avertir si vite les Allemands ».

C'est donc dans cette « 4e pièce » que nous avons trouvé la démarche allemande au 2e Bureau, dont Picquart est le seul à avoir jamais parlé (nous l'appellerons : la visite de Schwartzkoppen).

Nous remarquons d'autre part que Picquart ne nomme pas l'auteur de ce document — qu'il qualifie de rapport, et qui est aussi bien une note [1]. La « 4e pièce » est donc anonyme. Mais, s'agissant du voyage en Suisse, elle ne peut guère émaner que de Guénée, comme d'ailleurs, plus tard, Picquart dira le penser. Aussi nous nous sommes cru autorisé à poser que, contenant des éléments qui ne figurent pas dans les deux premières notes de l'ex-policier, cette « 4e pièce » est une troisième note de Guénée sur le voyage de Mendigorria.

Dans les propos du « commentateur », nous voyons, ce que nous savions déjà, que le 2e Bureau a été aussitôt averti du départ pour la Suisse (allusion aux deux premières notes de Guénée), mais également que, de la visite de Schwartzkoppen, mise en relation avec ces deux notes, il a été conclu à la trahison. Ce n'est pas Guénée qui a fait ce rapprochement, puisque celui-ci ne figure pas dans la « 4e pièce ». Ce n'est pas nécessairement le « commentateur ». Nous pensons que c'est Henry, dès qu'il apprit la visite.

On remarquera l'imprécision du texte de Picquart sur ce que Mendigorria est allé faire en Suisse. Il y est parti « en mission... sans que sa situation fût régulière ».

Il n'y a rien de surprenant à ce que, quand il décrit, dans le Mémoire, les pièces du « petit dossier », deux ans après les avoir vues pour la dernière fois, Picquart n'en ait pas conservé un souvenir exact jusque dans les détails. On peut s'en convaincre en comparant celles qui n'ont pas disparu avec ce qu'il en dit dans le Mémoire. Il n'y a pas de raison pour qu'il n'en ait pas été de même en ce qui concerne la « 4e pièce », ou « troisième note » de Guénée (qu'on veuille bien excuser ces complications numériques).

Il semble cependant que si, dans la « troisième note », Mendigorria était apparu comme un agent allemand, Picquart ne l'aurait

1. Le mot « Note » était d'une acception très étendue, pouvant s'appliquer à des demandes de renseignements et à leurs réponses, à des exposés de questions, à des *rapports* sur des faits appris ou des propos entendus, etc. Guénée faisait des notes qui étaient des rapports.

pas oublié. Or, il n'en est pas question dans ce qu'il rapporte de ce document. Nous pensons donc que dans les mots : « parti... sans que sa situation fût régulière », il faut voir le souvenir déformé de ce que disait la note sur le caractère fictif de la mission de Mendigorria, qui prétendait aller étudier l'armée helvétique et faisait tout autre chose.

C'est pourquoi, dans la reconstitution que nous avons tentée de sa troisième note, Guénée glisse sur la qualité d'émissaire allemand de Mendigorria, se contentant de se référer aux deux précédentes, tandis qu'il insiste sur ce que la prétendue mission de celui-ci est une façade.

Cela n'a d'ailleurs rien que de vraisemblable. Pour Guénée, la visite de Schwartzkoppen a été un démenti aux dires de ses deux premières notes sur le rôle allemand dans le voyage en Suisse. Comme beaucoup de gens qui relèvent un démenti, il s'abstient de reprendre expressément ceux de ses propos qui en ont fait l'objet, le rejette d'un mot vague, affirme au contraire énergiquement ce qu'il peut encore maintenir ; et il en donne des preuves nouvelles, qu'il vient de recueillir.

C'est ici que nous passons à la part de notre reconstitution qui vient de Guénée.

En une époque où Dreyfus était depuis longtemps à l'Ile du Diable, Guénée fut invité à refaire ses notes sur le voyage de Mendigorria pour les transformer, d'annonciatrices d'un nouveau Borup qu'elles étaient, en dénonciatrices de la présence d'un traître parmi les officiers de l'Etat-Major et peut-être d'autres ailleurs. Il le fit sous la forme, non plus de notes anonymes, mais de deux rapports [1] signés de lui, faussement datés des 28 mars et 6 avril 1894, et qui se présentent comme des comptes-rendus de ses conversations avec « M. le Commandant, Marquis de Valcarlos ». Ces deux pièces, sur lesquelles nous reviendrons [2], sont reproduites intégralement en annexes (Annexes III et IV).

Ce qui indique immédiatement, dans le premier Rapport (dit du 28 mars 1894), qu'il s'agit d'une transformation (c'est-à-dire suppression de certains passages, maintien de certains autres, ajouts), c'est qu'on y trouve onze alinéas copiés mot pour mot [3] de la note de Guénée de ce même jour.

---

1. Pour l'emploi, en l'occurence, de ce titre, v. p. 158-159.
2. Voir ci-après p. 107 et 112.
3. Sous la réserve de l'emploi du style direct (Guénée cite Valcarlos entre guillemets et le nomme) au lieu de l'anonymat et du style indirect de la note.

De la seconde note du policier (30 mars 1894), il n'est rien repris dans aucun des deux Rapports [1].

Par contre, dans le second Rapport (dit du 6 avril 1894), nous montrerons, quand nous étudierons ce document [2], que les derniers alinéas y ont été copiés d'une note de l'époque du voyage. Comme ce n'est ni de la première ni de la seconde, cela ne peut être que de la troisième : nous avons donc repris dans notre reconstitution — outre la date du Rapport (6 avril) — ces alinéas, sauf ce qui y désigne clairement Valcarlos, qui ne pouvait se trouver dans l'anonyme troisième note. Et de fait, ils y sont parfaitement cohérents avec les passages reconstitués d'après le Mémoire de Picquart, tandis que, dans le second Rapport, on le verra, ils apparaissent comme plaqués sur une autre histoire [3].

Ainsi, comme nous l'avions indiqué, cette fin de notre reconstitution n'est pas un texte de nous, c'est un texte de Guénée.

Quant au contenu de ce texte, il est assez clair que Guénée y plaide sa cause [4]. Sans doute, après la visite de Schwartzkoppen, il a admis que Mendigorria n'était peut-être pas un agent allemand, encore n'est-ce pas bien sûr. Mais en tout cas, cet attaché espagnol en premier n'est pas un chargé de mission pour l'étude de l'armée helvétique, c'est un agent d'espionnage, comme les faits (le départ pour Montreux) le démontrent, et c'est un renseignement qui peut intéresser l'Etat-Major. Lui donc Guénée n'apporte pas des informations fantaisistes. Il est un indicateur sérieux. Et celui qui l'a renseigné, en l'occurrence, était quelqu'un d'entièrement digne de foi, haut placé et bien placé pour savoir, ami de la France,

Quand on se livre à semblable mise au point, c'est qu'on a été attaqué. D'où la supposition, dans notre récit, qu'en haut lieu on n'avait pas été satisfait des deux premières notes transmises par le Service des renseignements sur le voyage de Mendigorria, et qu'on le lui avait fait sentir.

En résumé, la troisième note de Guénée représente sa défense contre les reproches faits aux deux précédentes, à la suite de la visite de Schwartzkoppen.

Nous nous serons longtemps attardé sur ce document qui, à l'époque où il parut, fut sans doute considéré comme d'un intérêt secondaire.

---

1. Cette note, on s'en souvient, avait essentiellement pour but de préciser que le nouveau Borup travaillait en Suisse contre la France. Comme il n'y a plus de nouveau Borup, elle n'est pas reprise dans la transformation.
2. Voir ci-après, p. 117.
3. *Ibid.*
4. Voir la reconstitution, p. 32.

Ces développements étaient nécessaires, si l'on songe que cette pièce a été ignorée des historiens de l'Affaire, et qu'il convenait d'autant plus de lui rendre son identité qu'elle a, plus tard, comme nous l'avons vu, figuré parmi les documents communiqués secrètement aux juges de Dreyfus. Les trois autres pièces du « petit dossier » existent encore. Nous savons exactement ce qu'elles étaient. Il valait bien la peine d'essayer de se figurer, au plus près possible, ce que disait la quatrième.

Et pourtant il faut faire une remarque : élaguée de l'accusation selon laquelle Mendigorria était, en Suisse, un agent des Allemands, on ne voit pas ce que prouve la troisième note à l'égard de ceux-ci.

Cela ressort non seulement de notre reconstitution, qui ne fait que suivre, mais de ce qu'en dit Picquart lui-même. Relisons le Mémoire :

«... l'attaché militaire espagnol était parti en 1894 en mission en Suisse sans que sa situation fût régulière. Les attachés allemands l'ont su et s'en sont plaints au 2e Bureau ».

Ils se sont plaints de quoi ? En quoi cela les regardait-il que Mendigorria fût parti pour la Suisse, même si sa situation n'y était pas régulière ?

Picquart n'a jamais rien compris à la visite de Schwartzkoppen suivant le voyage de Mendigorria. Nous savons qu'elle avait pour but de protester contre l'imputation faite aux Allemands d'avoir commandité cette expédition. Pour lui, qui n'a jamais vu les deux premières notes de Guénée, elle n'était qu'une plainte contre le voyage lui-même, et son irrégularité, sans qu'il pût jamais s'expliquer, ni expliquer, quels rapports il pouvait y avoir entre le voyage et les Allemands. On verra l'« histoire » du voyage en Suisse l'agacer, l'exaspérer, lui paraître « absurde », à éliminer.

Et de fait, dans la troisième note de Guénée, si l'on ignore les deux précédentes, la visite de Schwartzkoppen est quelque chose d'incompréhensible.

Pour Henry, cette pièce, qu'il avait probablement conseillé à Guénée d'écrire, pour leur commune défense, n'offrait qu'un intérêt relatif. Lui connaissait les deux notes exposant les soupçons de Valcarlos sur le rôle allemand dans le voyage en Suisse ; il savait qu'elles avaient été communiquées au 2e Bureau ; il savait la protestation de Schwartzkoppen. Le lien était évident. La trahison du 2e Bureau était là.

Cependant, ses chefs ne le suivaient point. Il s'en irritait, et bientôt il se livra à un éclat.

III

Ce nouvel incident se produisit à propos d'une de ces fuites de plans directeurs dont nous avons déjà parlé.

Le trafic de ces plans était fort ancien, puisque nous trouvons dans les papiers de la corbeille la trace de son fonctionnement en 1890. Il subit, apparemment, un accroc en 1892, car dans les derniers jours de cette année-là, le Service des renseignements allemand suggérait à Schwartzkoppen de « renouer avec l'ancien fournisseur ».

Nous avons vu plus haut [1] une série de documents à ce sujet, provenant des cornets de 1893.

A la mi-janvier 1894, nouvelle commande de Schwartzkoppen : il veut cette fois les plans de Mézières, Longwy, Givet et autres places de la région, les feuilles neuves des deux rives de la Moselle et de la Meurthe, et, d'autre part (sans doute pour Panizzardi, qui avait rompu les relations avec le fournisseur), les plans d'Albertville et de Briançon.

Les livraisons de plans que tous ces documents faisaient apparaître comme s'étant produites ou pouvant se produire provoquèrent naturellement à l'Etat-Major — on en a vu l'exemple par la démarche de Miribel — des demandes d'enquête, en vue de découvrir le ou les fournisseurs.

On surveilla des gardiens de bureau, des plantons, et surtout des employés civils du Service géographique de l'Armée. Des limiers de la Préfecture de Police furent même mobilisés à cette fin. Les dossiers nous offrent encore des listes de dessinateurs, colorieurs, imprimeurs, dont il convenait de surveiller les faits et gestes.

Aucune de ces enquêtes ne donna aucun résultat.

Vers la fin d'avril 1894 arriva la pièce dont suit le texte, et qui devait devenir une des plus célèbres de l'affaire Dreyfus.

P. 16.4.94.

Mon cher ami

Je regrette bien de ne pas vous avoir vu avant mon départ. Du reste je serais de retour dans huit jours. Ci-joint 12 plans directeurs de Nice que ce canaille de D. m'a donné pour vous. Je lui ai dit que vous n'aviez pas l'intention de reprendre les relations. Il prétend qu'il y a eu un malentendu, et qu'il ferait tout son possible pour vous satisfaire. Il dit qu'il

1. Voir plus haut, pp. 28 et 29.

s'était entêté et que vous ne lui en voulez pas. Je lui ai répondu qu'il était fou et que ne je croyais pas que vous voudriez reprendre les relations avec lui.

Faites ce que vous voudrez ?

Au revoir, je suis très pressé

ALEXANDRINE.

(Rappelons que l'identité de l'auteur de cette lettre a changé au cours de l'Affaire. Au moment où elle parvint, venant des cornets et signée d'un prénom très voisin de celui d'Alessandro Panizzardi, elle fut considérée tout naturellement par la Section de statistique comme une lettre de Panizzardi à Schwartzkoppen. Par la suite, on se souvint que, dans leur correspondance, les deux attachés non seulement féminisaient, mais échangeaient leurs prénoms ; on estima que l'Italien était beaucoup plus désigné que l'Allemand pour porter intérêt aux plans de Nice (on aurait pu s'apercevoir dès l'abord que l'écriture n'était pas la sienne) et il fut définitivement admis que la pièce « canaille de D. » était une lettre de Schwartzkoppen à Panizzardi non envoyée. Pour nous, il est clair qu'elle doit être rattachée à la commande des plans d'Albertville et de Briançon passée par Schwartzkoppen en janvier évidemment pour le compte de son collègue : le fournisseur congédie par Panizzardi a vu là le signe que son ancien client s'intéresse toujours à sa marchandise, et, comme des fleurs que l'on envoie à une femme qui vous a délaissé, mais qui peut-être songe encore à vous, il lui fait cadeau de douze plans de Nice pour rentrer en grâce).

A l'arrivée de la pièce « canaille de D. » le Service des renseignements constitua pour le ministre un dossier — daté du 4 mai 1894 — sur les fuites des plans directeurs, qui contenait :

1. le memento de Schwartzkoppen de juin 1893,
2. la note dite « de l'homme des fortifications de la Meuse »,
3. le brouillon de Schwartzkoppen de janvier 1894,
4. le plus récent de ces nombreux décomptes des sommes dépensées pour l'achat des plans directeurs qu'avaient apportés les cornets (janvier 1894),
5. la pièce « canaille de D. », ainsi désignée : « Lettre du colonel Paniz.. (16 avril 1894) ».

En même temps, probablement, que ce dossier, fut soumise à Mercier une lettre du général Derrécagaix, chef du service géographique de l'Armée, du même 4 mai 1894, par laquelle, répondant sans doute à une question posée par l'Etat-Major (elle débute simplement par : « Mon Général ») il rendait compte que les deux collections de feuilles parues du plan directeur de Nice en possession de son service étaient au complet. A la suite de quoi il signalait six autres services où des recherches pourraient être faites utilement, trois à Nice, deux à Marseille, un à Paris.

De l'ensemble de ces pièces, une retint l'attention de Mercier : la note dite « de l'homme des fortifications de la Meuse ». Au Quai d'Orsay, en effet, on considérait d'un œil fort soupçonneux les papiers (dont on recevait copie) prétendûment, pensait-on, venus de la corbeille, peut-être fabriqués. Or, ladite note ne contenait pas seulement les instructions de Schwartzkoppen à Süsskind devant faire son intérim sur la conduite à tenir vis-à-vis de l'homme en question, mais aussi des indications sur des papiers qu'il venait de recevoir de Sancy, et auxquels il répondrait de Berlin, où il se rendait en permission. Une simple conversation avec Sancy devait permettre de vérifier que la note dite « de l'homme des fortifications de la Meuse » n'était pas une fabrication, et que Schwartzkoppen se livrait bien à l'achat des plans directeurs. Mercier préleva donc la pièce pour aller la montrer au Président du Conseil, ministre des Affaires Etrangères, afin de lui prouver que, malgré les promesses du comte de Münster, Schwartzkoppen s'adonnait à l'espionnage autant que ses prédécesseurs.

Pour le reste des documents du 4 mai, Mercier les renvoya suivant l'usage à la Section de statistique, en faisant apposer (par Gonse ?) au bas de la lettre de Derrécagaix la note suivante :

« Colonel Sandherr — le Ministre désire que l'affaire soit signalée à la 3e et à la 4e Dons » (Artillerie et Génie).

De toute l'affaire, on le voit, ce qu'avait retenu Mercier, c'était un document intéressant diplomatiquement ; la pièce « canaille de D. » l'avait laissé calme. Le mot « enquête » ne figurait même pas dans les prescriptions qu'elle lui avait inspirées.

On enquêta cependant, sans succès d'ailleurs, à Nice, mais pas, semble-t-il, à Paris ou Marseille.

Bien que Mercier s'en soit donné les gants plus tard, il est peu probable que ce soit lui, mais bien plutôt la Section de statistique, qui ait songé qu'on pouvait tout de même tirer parti de l'initiale D pour orienter de nouvelles investigations. On retint les noms de Dubois, un graveur qui figurait déjà sur les listes de « suspects » auxquelles nous avons fait allusion, et de Duchet (ou Dacher), un gardien de bureau dont les allures louches avaient fait demander, en 1892, par le Ministère, une enquête à la police. Le premier était inoffensif, le second un ivrogne. Les recherches furent abandonnées.

C'est alors qu'Henry entra dans une grande colère. Que, lors des précédentes fuites, on ait fait porter l'enquête uniquement sur du petit personnel des bureaux ou des employés civils, passait encore ! Mais, depuis lors, lui Henry avait prouvé qu'une trahison avait été commise par un officier de l'Etat-Major, une nouvelle fuite grave venait d'être constatée, et on ne s'était pas tourné de ce côté-là ! C'était inconcevable, et il ne se gêna pas pour le dire.

Lui-même raconte l'incident dans une note datée du 30 avril 1898, sorte d'historique des origines de l'Affaire (reproduite en Annexe VI), en s'y présentant comme une personne généralement bien renseignée. Citons-le (il s'agit des fuites de plans) :

«... en avril ou au commencement de mai 1894, un agent du Service fit connaître qu'une personne généralement bien renseignée, était d'avis que les enquêtes faites au Ministère de la Guerre, resteraient illusoires, tant que l'on ne se déciderait pas à faire surveiller le personnel autre que les garçons de bureau et les huissiers ».

Nous sommes sans doute le premier à avoir identifié en Henry le personnage, dont il a été si souvent question dans l'Affaire, qui avait dit qu'il fallait « chercher plus haut ». Aussi devons-nous nous justifier.

Et tout d'abord il faut dissiper la confusion qu'Henry créera lui-même quelque temps après la note du 30 avril 1898 — nous verrons pourquoi — entre ce personnage et Valcarlos [1].

La personne « généralement bien renseignée » n'est pas Valcarlos.

Car Valcarlos lui aussi paraît dans cette note, où il est qualifié de « personne appartenant au monde diplomatique », tout à fait distincte de la « personne généralement bien renseignée ». Qui donc est celle-ci ?

Quelle est cette personne si bien renseignée, qui est étrangère au Ministère, puisqu'elle ne communique avec lui que par le truchement d'« un agent du service » (lequel ne peut être évidemment que Guénée), et qui sait cependant qu'il y a eu des fuites de plans, et comment les enquêtes ont été conduites ?

Ce pourrait être, certes, quelqu'un de la Préfecture de Police, qui, elle, était au courant des recherches, puisqu'elle y avait participé. Mais dans ce cas, comment admettre qu'un fonctionnaire de cette Préfecture, porteur d'un renseignement aussi considérable (trahison probable d'un officier de l'Etat-Major), ait choisi, pour en informer le Service des renseignements de l'Armée, de

1. Voir ci-après, p. 156.

le confier à un simple Guénée ? Henry était en contacts fréquents avec la Préfecture. C'est à lui au moins qu'on l'aurait dit, si même, de là-bas, on n'avait pas envoyé quelqu'un pour prévenir Sandherr.

Et ce personnage, policier ou non, on ne le fait pas venir, on ne le presse pas de questions, on ne lui demande pas d'où viennent ses soupçons, on se contente de quelques mots qu'il a dit à Guénée, et toute la suite qu'on leur donne, c'est de « recommander » aux bureaux de l'Etat-Major général « les plus grandes précautions à l'égard des pièces confidentielles et secrètes, et une surveillance rigoureuse sur le personnel » ?

Henry, lui, était « bien renseigné », il était persuadé qu'un officier de l'Etat-Major trahissait, il l'avait dit, il remplit toutes les conditions pour être celui qui s'est exclamé, à l'échec des recherches sur l'identité de « ce canaille de D. », qu'il fallait chercher plus haut que les plantons et les huissiers.

Pourquoi alors, dans sa note du 30 avril 1898, ne se donne-t-il pas lui-même comme l'auteur de cette accusation, la présente-t-il comme venant de l'extérieur, et par Guénée ? C'est ce que nous ne pourrons expliquer convenablement que quand nous en arriverons à la confection de ce document [1].

La « sortie » d'Henry causa, dit-il, « un sérieux étonnement » — euphémisme, pensons-nous, pour signifier qu'elle fut mal accueillie. Non que l'on jugeât impossible la trahison d'un officier de l'Etat-Major — une des attributions de la Section de statistique était de les surveiller, et elle le faisait — mais elle ne se produirait pas dans un domaine de ce genre. Schwartzkoppen, on le savait, payait les plans directeurs 10 francs pièce, et le ton de la lettre « canaille de D. » montrait assez en quel mépris les deux attachés tenaient le pauvre hère qui les vendait. Qu'est-ce que c'était alors que cet olibrius, cet ancien sous-officier, qui s'était mis dans la tête qu'un officier d'Etat-Major s'était fait marchand de plans directeurs ?

Henry avait fait une gaffe. Mais il ne renonçait point à son idée. Il pensa qu'il pourrait confondre les sceptiques et les réprobateurs s'il parvenait à savoir le nom du traître.

IV

Valcarlos, pensa Henry, saurait peut-être qui trahissait. On disait que les attachés militaires échangeaient leurs secrets. Peut-être, dans la chaleur communicative des banquets, l'un ou l'autre

---

1. Voir ci-après, p. 135.

parlait-il trop. Henry, qui n'avait encore jamais vu Valcarlos, lui fit demander par Guénée une entrevue, où il se donna comme venant de la part du ministre de la Guerre, dont il était un officier d'ordonnance.

La date de cette rencontre n'est pas certaine : « Vers le mois de juin 1894 », dit Henry, et Valcarlos n'y contredit pas absolument. Où eut-elle lieu ? Chez Ledoyen, paraît-il.

Après une conversation sur des sujets militaires, Henry attaqua la question des attachés, s'ils étaient satisfaits des informations qu'on leur donnait. Valcarlos, qui ne s'était jamais préoccupé d'une chose pareille, ne put que s'en reférer à ce que lui avait dit Süsskind, lequel n'avait pas manqué de lui vanter les mérites exceptionnels de Sancy, à cet égard, aux yeux des attachés étrangers. « Oui, dit-il à Henry, j'ai appris par M. de Süsskind que le chef du 2e Bureau actuel renseigne très libéralement les attachés militaires ». Henry poussa plus loin. Il exprima sa crainte, sa conviction même, que les attachés étrangers n'étaient pas renseignés seulement par le 2e Bureau. Il y avait eu, il y avait encore des fuites à l'Etat-Major. Le ministre s'en inquiétait, l'avait chargé de suivre cette affaire. Malgré tous ses efforts, il n'arrivait pas à mettre la main sur le traître.

Que pouvait répondre Valcarlos ? Il n'imaginait pas qu'il n'avait pas affaire à un envoyé du ministre, mais à un malheureux isolé cherchant une branche à laquelle se raccrocher. Il ne mettait pas en doute qu'il y eût un traître à l'Etat-Major, puisqu'un tel personnage le lui affirmait. S'il avait su ce que son interlocuteur attendait de lui, il aurait répondu — ou, en tout cas, bien fait de répondre — « J'ignore tout de cela, je n'ai jamais entendu parler d'une telle trahison ». Mais, par politesse, pour paraître porter intérêt à ce qu'on lui disait, il fit comme tant de gens à qui l'on confie ses soucis et qui n'en ont cure, il donna à Henry de bonnes paroles : « Cherchez, lui dit-il, vous trouverez sûrement », et, comme Henry continuait à se montrer préoccupé : « Cherchez, lui répétait Valcarlos, je ne saurais trop vous le répéter, cherchez toujours » (Ah, comme ce « Cherchez » devait devenir célèbre !).

Alors Henry posa carrément la question : « Est-ce que vous ne savez pas le nom du traître ? Est-ce que vous ne pourriez pas me le dire ? Et Valcarlos répondit qu'il ne le savait pas.

Henry, semble-t-il, ne conçut pas de là de ressentiment à l'égard de Valcarlos, et il faut croire, au contraire, que ce premier contact avait laissé les deux hommes satisfaits l'un de l'autre, car, à la suite de cette première rencontre, de bonnes relations s'établirent entre eux.

Il n'existe pas de document de l'époque sur ce que nous appellerons désormais l'entrevue de Juin. Mais chacun des deux interlocuteurs nous fournit des éléments à son sujet.

C'est Valcarlos qui nous apprend (en 1904) qu'Henry se présenta comme officier d'ordonnance envoyé à lui par le ministre ; mais Henry lui-même nous dit (dans sa note du 30 avril 1898 précitée) que c'est lui qui aiguilla la conversation sur les attachés militaires.

Etant donné cette indication, il n'est pas téméraire de penser, comme nous l'avons fait, qu'il demanda si ceux-ci étaient satisfaits des renseignements qu'ils recevaient, ni que Valcarlos, ignorant tout de ce sujet, ait répété ce que lui en avait dit un collègue informé, pour qui le fait saillant en la matière, à l'époque, était le libéralisme du 2e Bureau. Nous avons mis sur ce personnage le nom de Süsskind, parce qu'il nous apparaît comme tout à fait susceptible d'avoir joué ce rôle, et qu'il a été désigné comme l'ayant joué, dans des documents émanant d'Henry ou inspirés par ce dernier, même si ces documents sont des fabrications.

Enfin, nous verrons plus loin [1] comment Roget nous fait connaître le conseil donné par Valcarlos à son visiteur : Cherchez et vous trouverez.

Dans les dernières répliques de l'entretien, s'il est constant qu'Henry demanda le nom du traître, la réponse que lui fit Valcarlos pose à notre avis un problème.

D'après Henry, toujours dans sa note du 30 avril 1898, Valcarlos aurait répondu : « Je ne sais pas le nom, et, le saurais-je, je ne vous le dirais pas ». Et Valcarlos lui-même, déposant devant la Cour de cassation en 1904, affirme avec véhémence avoir fait cette même réplique : si je le savais, je ne vous le dirais pas.

En présence de cet accord, il semble que la réalité de ces paroles de Valcarlos doive être acquise.

Nous n'en sommes pas certain pour autant.

D'abord, ce refus, semblant inclure une certaine méfiance, aurait eu quelque chose de blessant, et on ne voit pas bien comment, de là, serait née l'amitié qui lia, en effet, les deux hommes.

D'autre part, lorsque nous examinerons la confection de la note du 30 avril [2], nous verrons quel était, à ce moment, l'intérêt d'Henry à montrer un Valcarlos refusant de « dire le nom ».

Quant à Valcarlos, il faut se souvenir que dans son rapport dit du 28 mars 1894, Guénée l'avait représenté comme ayant dit

1. Cf. ci-après, p. 111.
2. Cf. ci-après, p. 137.

au policier : Si je savais le nom, je vous le dirais. La publicité donnée par la suite à cette phrase lui avait cruellement nui dans l'opinion. Il nous paraît excusable d'avoir, pour se laver de cette tache, non seulement démenti les propos à lui prêtés par Guénée, mais voulu profiter des affirmations d'un Henry lui-même pour prouver qu'il avait expressément refusé la délation.

Nous croyons qu'il est plus simple de conclure de tout ceci que ni Henry n'a demandé, ni Valcarlos n'a dit spontanément, ce qu'il ferait s'il venait à apprendre « le nom ».

L'entrevue de Juin n'avait pas apporté à Henry ce qu'il en escomptait ; il en revint déçu, mais n'abandonna pas pour autant l'idée qui le poursuivait, et dans laquelle Valcarlos l'avait, somme toute, encouragé.

Il ne renonçait pas, mais n'était pas plus avancé par sa tentative. Il n'était pas question qu'il en rendit compte aux « chefs ». Mieux valait qu'il gardât désormais le silence, pour faire oublier son algarade de mai.

Il ne pensait peut-être plus guère lui-même à son histoire d'officier d'Etat-Major qui trahissait et qui vendait des plans directeurs, quand arriva, fin septembre, le bordereau.

CHAPITRE II

LE PROCÈS

I

Le bordereau est remis à Henry, qui l'apporte à la Section de statistique, selon toute vraisemblance le 27 septembre (1894). Tous les officiers à qui il y est montré y reconnaissent, spontanément, et sans hésitation, l'œuvre d'un officier de l'Etat-major. Et l'impression est la même partout, lorsque le document remonte la voie hiérarchique, jusqu'au ministre [1]. Ainsi Henry avait vu juste, il existait bien un traître dans la maison.

Henry, cependant ne triomphe pas, car tout n'est pas joué. Trouvera-t-on ce traître à l'Etat-major, et si l'on n'arrive pas à

---

1. Texte du bordereau

Lettre non signée, non datée, écrite sur du papier pelure quadrillé en filigrane, adressée à Schwartzkoppen.

Quatre pages dont le texte n'occupe que deux.

Sans nouvelles m'indiquant que vous désirez me voir, je vous adresse cependant, Monsieur, quelques renseignements intéressants :
1° une note sur le frein hydraulique du 120 et la manière dont s'est conduite cette pièce.
2° une note sur les troupes de couverture (quelques modifications seront apportées par le nouveau plan).
3° une note sur une modification aux formations de l'artillerie.
4° une note relative à Madagascar.
5° le projet de manuel de tir de l'artillerie de campagne (14 mars 1894).
Ce dernier document est extrêmement difficile à se procurer et je ne peux l'avoir à ma disposition que très peu de jours. Le ministère de la guerre en a envoyé un nombre fixe dans les corps et ces corps en sont responsables. Chaque officier détenteur doit remettre le sien après les manœuvres. Si donc vous voulez y prendre ce qui vous intéresse et le tenir à ma disposition après, je le prendrai. A moins que vous ne vouliez que je le fasse copier in-extenso et ne vous en adresse la copie.

Je vais partir en manœuvres.

le saisir, ne finira-t-on pas par penser qu'après tout le bordereau pourrait bien avoir pour auteur un officier de troupe ? Ce serait, de nouveau, une mauvaise note pour lui.

Le 5 octobre, Fabre et d'Aboville après des comparaisons d'écriture [1] lancent le nom de Dreyfus. Henry ne peut que se réjouir de ce que l'initiale en est la même que celle du nom du marchand de plans directeurs, en qui il avait, sous la désapprobation générale, déclaré voir un officier de l'Etat-major.

Mais cela ne le tranquillise pas. Que Dreyfus soit accusé, et ensuite reconnu innocent, ce sera, au ministère, l'immense esclandre, dont les chefs ne se gêneront pas pour faire de lui l'humble commandant, leur bouc émissaire : « C'est vous qui nous avez engagés dans cette voie... » Il ne sera plus question du cinquième galon, ni de la rosette. Si Mercier poursuit, il faut que Dreyfus soit condamné. Pour des raisons jusqu'à ce jour non encore élucidées, Mercier décide l'arrestation.

Caché derrière un rideau, Henry assiste anxieusement — c'est le 15 octobre — à l'opération, menée par du Paty dans le cabinet de Boisdeffre. Or, le Juif se défend. Il se défend mal ; c'est un consciencieux, un discipliné, qui ne sait pas esbroufer, intimider, menacer — mais il se défend. Henry sait maintenant ce qu'il lui reste à faire : par tous les moyens, perdre Dreyfus, produire, inventer s'il le faut tout ce qui peut l'accabler, cacher, supprimer ce qui est en sa faveur.

Il se met à l'œuvre immédiatement : dès le lendemain de l'arrestation, c'est son rapport sur les prétendus mensonges de Dreyfus au cours de la conversation qu'il a eue avec le malheureux dans le fiacre où il le conduisait au Cherche-Midi.

Puis ce sera la suppression, par lui, du rapport — favorable — de la Préfecture de Police sur la vie privée de Dreyfus.

Ce sera la mise en piste, pour « enquêter » sur ce sujet, de Guénée, dûment stylé sur ce qu'il doit rapporter.

Nous ne citons ces actes, qui ne sont pas proprement de notre sujet, que pour rappeler l'acharnement, dès la première heure, d'Henry sur sa victime. Ils dépassent le zèle d'un subordonné, ils sont de quelqu'un qui sauve sa peau.

Ce qui nous intéresse par contre directement, ici, c'est le rôle d'Henry dans la confection du « petit dossier ».

Du Paty a remis son rapport d'officier de police judiciaire le 31 octobre. La lutte contre Dreyfus n'a rien donné. Le rapport

1. Une photographie du bordereau avait été communiquée à chacun des chefs des quatre bureaux et au Directeur de l'Artillerie.

n'aligne, en dehors des expertises d'écriture, qui sont contradictoires, que des présomptions misérables.

Mercier qui est décidé à obtenir la condamnation à tout prix, va user des mêmes procédés qu'Henry.

Suivant l'usage en ces sortes d'affaires, la Section de statistique a extrait de ses dossiers toutes les pièces qui peuvent se rapporter à l'auteur du bordereau. C'est Henry qui a été chargé — par Sandherr — de ce travail. Il a apporté — dira-t-il, une quinzaine de pièces. Sur ce nombre — s'il est exact — un tri a encore été opéré, soit par Sandherr, soit plus haut. Il en sera retenu quatre.

Peu importe si certaines d'entre elles ont été jugées inoffensives lorsque, de février à mai, Henry les brandissait pour crier à la trahison dans l'Etat-Major. Aujourd'hui qu'un traître y existe, on ne barguigne pas à les accueillir.

Il n'échappe cependant pas à Mercier qu'elles sont loin d'être décisives. Aussi ne les fera-t-il pas verser à l'instruction ni produire aux débats, où elles risqueraient d'être mises à néant par l'accusé et la défense. Il décide, en violation de la loi, de ne les faire montrer qu'aux juges seuls, en Chambre du Conseil, et assorties d'un commentaire prouvant qu'elles se rapportent à une trahison, indiquant Dreyfus comme l'auteur de celle-ci.

Ainsi est né le « petit dossier ».

Parmi les quatre pièces qui le composent se détache la lettre « canaille de D », dont nous avons donné le texte plus haut. L'unique raison pour qu'elle y figure est que — prouvant par elle-même un commerce criminel (la vente des plans directeurs) — l'initiale qu'elle donne du nom du coupable est la même que celle du nom de l'homme qu'il s'agit de faire condamner. Elle nomme Dreyfus.

La pièce présentait d'ailleurs un inconvénient : ou bien D n'était pas Dreyfus, ou bien Dreyfus était ou avait été l'agent conjoint de Schwartzkoppen et de Panizzardi. L'Italie allait donc devoir être érigée au rang de partie prenante dans la trahison. Il ne faudrait jamais oublier de dire : l'Allemagne et l'Italie, les attachés militaires allemand et italien, etc.

Mais on passa par-dessus cette petite complication. La pièce « canaille de D », avec sa providentielle initiale, était trop précieuse pour qu'on l'abandonnât à cause d'un si mesquin défaut : tout ce qu'on avait pu trouver en dehors d'elle contre Dreyfus, n'était que de l'ordre de la présomption, elle seule était de l'ordre de la preuve, incomplète, imparfaite, mais preuve.

D pourrait être n'importe qui. Il ne sera élevé, dans le « petit dossier », au rang d'officier d'Etat-Major que parce que D c'est

Dreyfus, et que Dreyfus l'est. Les trois autres pièces de la collection, par contre, sont là pour montrer que l'attribution du bordereau à un officier de l'Etat-Major ne résulte pas seulement de son texte, mais s'appuie sur une série de faits bien antérieurs. La marotte d'Henry au printemps ayant été validée par le bordereau, les soupçons qu'il avait conçus alors confirment à leur tour la qualité de l'auteur du bordereau.

La première de ces trois pièces n'est toutefois pas de celles que nous avons vues éveiller les soupçons. C'est celle qui est connue sous le nom de « memento de Schwartzkoppen ». C'est le canevas, de la main de l'attaché allemand, d'une lettre qu'il a adressée au Service des renseignements de Berlin, pour l'informer qu'il a reçu des offres de documents d'un individu se disant officier français, et lui exposer les réflexions que cette démarche lui suggère (le canevas n'est consacré qu'à ces réflexions) [1]. Ce document a été retenu pour le « petit dossier » parce que, par un contresens dans l'interprétation de la pensée de Schwartzkoppen, formulée naturellement de façon assez elliptique, on lui fait dire qu'il ne veut pas avoir de rapports avec un officier de troupes, alors qu'il dit que le Bureau de renseignements n'a pas de rapports avec la troupe, et, par une pétition de principe sur le sens d'un mot qui manque, qu'il ne veut employer le candidat traître que si c'est un officier « sortant du ministère », tandis que bien plus probablement il dit qu'il n'attache d'importance à ce que pourra lui livrer ce personnage que si ce sont des documents « sortant du ministère ».

Ce memento n'est pas daté. A quel moment est-il arrivé ? Tout ce qu'on peut en dire, c'est que sa copie ne figure pas, à l'encontre de ce qui est le cas pour la « lettre Davignon », dans le dépouillement qu'a opéré en 1904 la Cour de cassation de l'ensemble des Bulletins de renseignements pour le ministre des années 1892

---

1. Texte du *Memento de Schwartzkoppen* (une partie du bord droit manque, crayon noir, dernière ligne en rouge).

Zweifel. Beweise. Patent	Doute. Preuves. Lettre de service.
Gefährliche Lage für mich mit	Situation dangereuse pour moi avec
franz. Offz. Nicht selbst Unter	offc. franç. Ne pas moi-même
handlungen führen. Bringen was	conduire tractations. Apporter ce qu'
er hat. Absolute Ge	il a. Absolue
Bureau de renseignem	Bureau de renseignem
Keine Verbindungen	Pas de liaisons
der Truppe. Werth nur	la troupe. Valeur seulement
aus Minist.	du Minist.
Schon wo anders	Déjà quelque part ailleurs

Nota. L'idée exprimée par les mots en rouge n'est pas destinée à figurer dans la lettre dont le « memento » est le canevas. C'est une réflexion de Schwartzkoppen pour lui-même.

à 1899. La Cour n'aurait pas manqué de la retenir, si elle l'y avait trouvée.

Pour notre part, nous pensons que c'est une pièce ancienne, antérieure à 1892, afférente peut-être à une tentative de trahison qui n'a pas abouti. Lorsque Henry est revenu au Service des renseignements en 1893 (on sait qu'il y avait déjà passé deux ans longtemps auparavant), elle se trouvait déjà dans les archives et c'est seulement en dépouillant celles-ci pour chercher des preuves qu'il l'a rencontrée.

Nous arrivons, avec les deux pièces du « petit dossier » dont il nous reste à parler, à ce qui représente les soupçons, la conviction d'Henry de l'existence d'un traître à l'Etat-Major au printemps 1894, que nous avons longuement exposée plus haut. L'une est la « lettre Davignon [1] » sur laquelle nous ne reviendrons pas.

L'autre, on s'en doute, est afférente à Valcarlos.

Ce n'est pas une pièce extraite des dossiers du Service, c'est une déclaration d'Henry.

Henry, on s'en souvient, avait eu — ou cru avoir — la révélation d'une trahison au 2e Bureau, par la visite de protestation de Schwartzkoppen suivant les soupçons exposés par Valcarlos à Guénée, fin mars 1894, sur le rôle de l'Allemagne dans le voyage de Mendigorria. Seul, selon lui, un officier de ce bureau avait pu informer l'attaché allemand de ces soupçons.

Il tenait beaucoup à cette révélation, il tenait beaucoup à ce qu'elle figurât parmi les preuves de la présence, au printemps, d'un traître à l'Etat-Major. Mais pas un moment il ne lui vint à l'esprit de joindre au dossier qu'il préparait les pièces d'époque

1. Texte intégral de la « lettre Davignon » (sans date).

Mon cher Bourreur

Je vous envoie ce que vous savez
Dès que vous êtes partis [?]
j'ai étudié la question [des]
appels et j'ai vu que certaines
questions du domicile etc sont
toutes subordonnées à celle
principale dont voila la diction.
[Po]ur un appel partiel
[c'est à] dire limité seulement
[à quel]ques régions les manifestes
[sont] publiés seulement dans
les régions intéressées où
dans tout l'état ?

J'ai écrit encore au [Lt]
Colonel Davignon et c'est
pour ça que je vous prie
si vous avez l'occasion
[de vo]us occuper de cette
[ques]tion avec votre ami
de le faire particulièrement
en façon que Davignon
ne vient pas à le savoir
du reste il répondrai pas,
car il faut jama[is]
faire voir qu'un at[taché]
s'occupe de l'autre
Adieu mon bons
e petit chien Ton
A

d'où il l'avait déduite — les trois notes de Guénée que nous avons analysées plus haut.

Notons ici ce caractère d'Henry. Cet homme était le principe d'autorité incarné. La discussion était hors de sa nature. En lui-même, comme tout le monde, il rapprochait des éléments, concluait. Mais pour faire partager sa vérité, il ne connaissait qu'un moyen : l'asséner. Il n'était pas de ceux qui aiment à exposer le pour et le contre, à passer en revue des hypothèses, en les éliminant successivement pour ne garder que la bonne. Sous-officier, quand il faisait pivoter les bleus, il ne leur donnait pas d'explications. Aux chefs, il savait qu'il fallait répondre d'une façon nette et simple. Toute discussion affaiblit. Les preuves mêmes sont souvent dangereuses, on les discute. L'affirmation *sua mole stat.* Que peuvent y opposer ceux qui ne savent rien ?

Or, pour un homme d'un tel état d'esprit, les trois notes de Guénée, pour prouver la trahison à l'Etat-Major, étaient mal utilisables. Déjà les deux autres pièces retenues à cet effet étaient loin de constituer des preuves-massues. Mais tout de même, dans le memento, il y avait : pas de rapport avec un officier de troupes et, dans la « lettre Davignon » figurait un « ami » de Schwartzkoppen à l'Etat-Major. Dans les trois notes de Guénée, au contraire, on se le rappelle, il n'était pas même question d'un officier français tout se passait entre officiers espagnols et allemands. Pour montrer qu'elles révélaient la trahison au 2e Bureau, il fallait donner des explications, se livrer à des raisonnements. Henry jugea qu'il y avait mieux à faire. Lui était certain de la trahison. Il n'y avait qu'à l'affirmer simplement, non pas d'une façon plus ou moins directe, comme le memento ou la « lettre Davignon », mais en termes explicites, carrément, fortement. Comme il ne pouvait pas l'affirmer de lui-même, il donnerait quelqu'un d'autre comme le lui ayant affirmé, et qui pourrait être ce quelqu'un d'autre, sinon Valcarlos, celui dont les discours avaient entraîné la protestation de Schwartzkoppen, révélatrice de la trahison ? Plus besoin de produire le voyage en Suisse, et les inductions qu'Henry en a tirées. Une bonne affirmation, bien catégorique, de Valcarlos, fera beaucoup mieux l'affaire.

C'est ici, en ces jours où Henry rassemble les pièces qui constitueront le « petit dossier », que se place l'instant crucial de l'histoire qui nous occupe : C'EST A CE MOMENT QUE VALCARLOS DEVIENT, PAR LA GRACE D'HENRY, CELUI QUI A RÉVÉLÉ AU PRINTEMPS DE 1894 QU'IL EXISTAIT UN TRAITRE A L'ETAT-MAJOR ; c'est à cause de cela qu'il sera, par la suite, le « rastaquouère », le « sycophante espagnol », l'agent à gages du Service des renseignements, le « marquis espion ».

Mais n'anticipons pas. Henry ayant décidé de ne pas faire figurer les notes de Guénée parmi les documents qu'il rassemble, et d'y insérer des affirmations qu'il prête à Valcarlos, on voit la raison pour laquelle la dernière pièce du « petit dossier » ici examinée ne sort pas des archives de la Section de statistique, mais est une note d'Henry où il relate les propos de celui qu'il fait parler.

De ces propos, l'entrevue de Juin ne lui fournit-elle pas, d'ailleurs, le cadre ? N'a-t-il pas eu, en effet, lui-même, une conversation avec Valcarlos sur ce sujet ? Il a dit que des fuites se produisaient à l'Etat-Major : Valcarlos l'a-t-il nié ? Il a demandé le nom : Valcarlos lui a-t-il répondu qu'il n'y avait pas de nom ? Bien mieux, Valcarlos ne lui a-t-il pas déclaré tenir de Süsskind que Sancy (donc un officier du 2e Bureau) renseignait libéralement les attachés étrangers (donc Schwartzkoppen et Panizzardi — car il ne faut pas oublier, nous l'avons vu, de lier l'Allemand et l'Italien dans le bénéfice de la trahison) ? Voilà qui fournit tous les éléments pour faire de Valcarlos celui qui a révélé l'existence du traître, avec le contreseing (qui pourrait mieux le donner ?) d'un attaché allemand lui-même.

Cependant Henry a présent à la mémoire que, dans sa recherche d'une preuve de la trahison, Valcarlos a paru deux fois ; la première lors du voyage en Suisse, la seconde à l'entrevue de Juin. Toute falsification emprunte quelque chose à la vérité. Valcarlos étant transformé en celui qui a fait des révélations, celles-ci auront lieu à deux reprises. Le fait qu'il les a réitérées ne peut que leur donner plus de poids. Ce sera donc d'abord en mars (époque du voyage) que Valcarlos aura avisé le Service des renseignements des propos de Süsskind — et ceci a l'avantage de faire paraître le Service informé de la collaboration Schwartzkoppen-Panizzardi dès avant la pièce « canaille de D » arrivée fin avril ; il aura ensuite (c'est l'entrevue de Juin, placée « récemment ») confirmé son dire, et cette fois devant témoin. Henry ajoute à l'histoire ce personnage, parce qu'il sait tout l'intérêt qu'il y a à pouvoir invoquer l'existence d'un témoin. Et ce témoin, il ne le crée pas *ex nihilo*. Valcarlos sera censé avoir fait ses révélations et confirmations au Service des renseignements. Lui-même, Henry, n'est pas allé à l'entrevue de Juin comme agent de Service, mais de son propre mouvement, à titre particulier en quelque sorte : le témoin, c'est lui.

Le document dont nous venons d'essayer de retracer la formation dans l'esprit d'Henry n'existe plus. Mais nous sommes renseignés sur lui par ce qu'en dit du Paty dans le brouillon de son commentaire qu'il remet à la Cour de cassation le 26 mars 1904 et où il l'appelle une note (ailleurs il le qualifie de déclaration).

Voici le passage dont il s'agit (non dans le texte de la copie du brouillon que du Paty versa à la Cour pendant sa déposition dudit 26 mars, qui est celui qu'on rencontre généralement dans les livres, mais dans le texte de l'original, qu'il apporta au président de la Chambre criminelle le soir de ce même jour).

« Son ami [l' « ami » de Schwartzkoppen de la « lettre Davignon »] ne peut être autre que l'officier dénoncé par V qui au mois de mars 1894 a avisé secrèt^{t} notre S. des renseign^{ts} que ses collègues all^{d} et ital. (V étant Att esp^{l}) ont un officier à leur dévotion au 2 Bureau EMA. Il tient le rens de S K 2° A M all^{d} et a confirmé son dire devant témoin tout récemment (note jointe D). »

On dispose rarement d'un texte aussi clair.

Le memento, la « lettre Davignon », la pièce « canaille de D », la déclaration d'Henry, telles étaient donc les quatre pièces qui devaient former le « petit dossier ».

Quant au commentaire, Mercier l'avait commandé à Sandherr, en lui adjoignant du Paty, à qui ce travail était présenté comme devant servir à l'édification personnelle du ministre, tous deux opérant à la Section de statistique même (afin que les pièces ne quittassent pas les lieux où elles devaient être gardées). Il s'agissait de montrer en quoi les quatre documents se reliaient entre eux, en quoi ils étaient applicables à Dreyfus.

Du Paty, qui tenait la plume, ne jeta pas, on s'en doute, son texte définitif, du premier coup, sur le papier. Une fois qu'il y fût parvenu, il le copia au net et le remit à Sandherr, qui le porta au ministre.

Le seul vestige qui subsiste de ce travail est un brouillon — dont nous avons déjà parlé — que du Paty remit à la Cour de cassation lors de la deuxième revision le 26 mars 1904 (ci-dessous : le brouillon).

Cette note — car tel est son titre — débute par un court préambule, puis viennent *trois* développements présentant et commentant chacun une pièce, dans l'ordre chronologique : le memento (pièce A), la « lettre Davignon » (pièce B), la lettre « canaille de D. » (pièce C). Quant à la note ou déclaration d'Henry (D), elle n'avait pas besoin d'être commentée, puisque composée pour la circonstance. Elle ne fait donc pas l'objet d'un développement spécial, le passage qui lui est afférent (et qu'on a vu plus haut en son entier) est simplement inséré sous forme d'incidente dans le développement consacré à la « lettre Davignon » — où, on s'en souvient, il est question d'un « ami » de Schwartzkoppen — pour prouver que cet « ami » est bien au 2e Bureau comme la lettre le faisait pressentir.

Un résumé clot le document.

Quel rapport ce brouillon peut-il avoir avec le commentaire inclus dans le « petit dossier » qui fut communiqué aux juges du Cherche-Midi ?

Selon la commune renommée, et selon beaucoup d'auteurs qui se prémunissent toutefois du bénéfice de la clause de style du genre : « Sauf quelques légères différences rédactionnelles » — le brouillon de du Paty *est* le commentaire qu'ont vu les juges de 1894.

Or, il l'est si peu « sauf quelques légères différences... », qu'entre le moment où il a été établi et celui de la communication aux juges, la composition même du « petit dossier » auquel il se rapporte a changé. La déclaration d'Henry en a été retirée, et remplacée par une autre pièce qui, elle, avait à être expliquée. Le commentaire montré aux juges comprenait, comme l'affirme Boisdeffre à la deuxième revision, non plus trois, mais *quatre* développements.

Henry, en rédigeant sa déclaration, avait oublié une chose. Il y faisait dire par Valcarlos en mars qu'il y avait un traître au 2e Bureau, et le lui faisait répéter « tout récemment », écrit du Paty en novembre. Or, depuis le début de juillet, Dreyfus n'était plus au 2e Bureau. La déclaration ne valait rien.

Quelqu'un s'aperçut de cela, quelqu'un (Boisdeffre ?) qui pensa aussi qu'il était préférable de ne pas mettre dans le « petit dossier » de pièces postérieures au bordereau. Henry avait décelé une trahison au 2e Bureau à propos du voyage de Mendigorria, les pièces d'époque relatives à cet incident existaient encore. Pourquoi ne pas, tout bonnement, s'en servir ?

On fit donc ce qu'Henry n'avait pas voulu. On introduisit dans le « petit dossier » les notes de Guénée, ou plutôt on y en introduisit une. Le « petit dossier » en effet — et c'est pour cela que le nom lui en est resté — ne devait pas être volumineux, il fallait que les juges pussent en prendre connaissance rapidement. Le memento, la pièce « canaille de D. », la « lettre Davignon », ne sont chacun qu'une feuille de papier de petit format. Il n'était donc pas question d'y joindre la première note de Guénée (28 mars), forte de sept longues pages, et dont nous n'avons pas, de loin, donné tout le détail en l'analysant plus haut (on peut se reporter au texte intégral en annexe), encore moins l'inepte seconde note (30 mars) de six pages. On se borna donc à insérer dans le « petit dossier » la troisième note de Guénée, qui contenait l'essentiel, la visite de protestation de Schwartzkoppen à la suite du voyage de Mendigorria, dont le Service avait été informé par les deux précédentes notes de Guénée. A vrai dire, et nous l'avons assez souligné, cette troisième note ne faisait pas mention, comme les deux premières, de la commandite allemande du voyage en Suisse, et dès lors la protestation de Schwartzkoppen s'expliquait mal. Mais on passa sur cette lacune : quel qu'en eût été le motif, la protestation avait eu lieu. Parallèlement à ce remplacement de la déclaration d'Henry par la troisième note de Guénée, on ajouta au commentaire un développement nouveau pour expliquer comme quoi la nouvelle du voyage avait été communiquée par le Service du 2e Bureau où se trouvait Dreyfus, et que c'était par lui que Schwartzkoppen en avait été informé.

Et c'est ainsi qu'on en arrive à la composition du « petit dossier » que nous montre le Mémoire de Picquart [1], où il ne se trouve rien qui ressemble de près ou de loin à la déclaration d'Henry mais bien une « 4e pièce », dans laquelle nous avons reconnu une troisième note de Guénée sur le voyage, assortie comme les trois autres d'explications du « commentateur ».

Tel est donc l'historique du choix des pièces qui formaient le «petit dossier». Dans un premier temps, il contenait des révélations de Valcarlos fabriquées par Henry ; dans un second temps, celles-ci ont été retirées, et remplacées par un texte authentique de Guénée, où il n'était nullement question de trahison, mais d'où Henry avait cru pouvoir tirer la preuve qu'elle existait.

Le mensonge formel a été écarté. On n'a pas franchi le pas du faux.

Nous avons tenu à souligner ceci, à cause de la légende simpliste qui reparaît encore de nos jours de temps en temps, sous la plume de journalistes ou d'écrivains rapides, selon laquelle le dossier communiqué secrètement aux juges de 1894 était « bourré » de faux, si même il n'en était pas entièrement composé. Il semble que cela fasse partie de l'innocence de Dreyfus.

Eh bien non, il n'y avait pas de faux dans le « petit dossier », pas même un seul.

Le memento, la « lettre Davignon », la pièce « canaille de D. », et aussi la note de Guénée sur le voyage de Mendigorria, toutes ces pièces étaient authentiques, et antérieures de plusieurs mois au bordereau, et il n'y avait pas autre chose, comme *pièces*.

Ce qu'il faut dire, c'est que ces pièces étaient inapplicables, que le memento ne visait pas un officier d'Etat-Major, que l'« ami » de la « lettre Davignon » n'était pas un traître, que « ce canaille de D. » était vraisemblablement un employé civil de l'armée, qu'Henry s'était trompé en voyant dans la visite de Schwartzkoppen la preuve d'une trahison.

La fraude, dans le « petit dossier », c'est le commentaire, par lequel Mercier peut présenter aux juges des interprétations mettant

1. Voir plus haut, p. 33.

les pièces à la charge de Dreyfus, interprétations que, si perfides ou si imbéciles soient-elles, ils ne peuvent apprécier, et qui, venues de haut, s'imposent à eux.

Quelle a été la part de responsabilité de du Paty dans ce travail [1], où les dreyfusards ont voulu voir une de ses actions les plus noires ?

Nous ne possédons pas le texte du commentaire qui a été soumis aux juges. Mais il n'est pas douteux que les raisonnements qu'il contenait sur le « memento », la « lettre Davignon », la pièce « canaille de D. », tels que Picquart les reproduit de souvenir dans son Mémoire, rappellent parfois d'assez près ceux du brouillon.

Du Paty cependant rejette la paternité du document qu'il a écrit ; celui-ci est, dit-il, en réalité de Sandherr, qui en a imposé la substance ; lui-même n'a été qu'un porte-plume, admis sans doute à discuter, mais seulement sur la mise en forme.

C'est ce qu'il dit. Et de fait, nous retrouvons assez bien dans le brouillon à la fois la complication d'esprit de du Paty, et sa prudence dans les conclusions : elles ne vont jamais, ici, qu'à affirmer des probabilités, des possibilités.

On a peine à croire que Mercier se soit contenté d'un verbiage aussi inefficace, et l'on en vient à se demander si le véritable rôle de du Paty dans cette affaire n'a pas été de fournir un alibi.

Il ne nous paraît pas exclu que Sandherr, prié par Mercier d'établir le commentaire, ait jugé préférable qu'un document aussi scabreux ne parût pas être l'œuvre de la Section de statistique, et ait obtenu du ministre la collaboration de l'ancien officier de police judiciaire. Lorsque celui-ci aurait remis son travail, s'il était insuffisant, on le corserait, on en rendrait les conclusions plus catégoriques, ce qui n'empêcherait pas de dire, comme Sandherr le fit à Picquart : le commentaire est de du Paty.

On a vu les ordres qu'avait donnés Mercier pour que la rédaction du commentaire ne sortît pas, topographiquement parlant, de la Section. Il en donna de même pour que, une fois le texte définitif remis à lui en un unique exemplaire, il n'y restât, de tout le travail, pas le moindre bout de papier.

Mais la gravité de la chose n'avait pas échappé à Sandherr, et il savait que les ministres ne durent pas toujours. Il pouvait

---

1. Notons que lorsque du Paty remit à Sandherr son commentaire au net, le remplacement dans le « petit dossier » de la déclaration de Henry par la note de Guénée n'avait pas encore eu lieu, et li est bien certain qu'on ne lui en parla pas, pour ne pas lui donner l'impression qu'on l'avait fait travailler sur une pièce douteuse. On ne peut donc lui imputer d'avoir rédigé dans son entier le texte final inséré dans le « petit dossier ».

craindre que Mercier détruisît tout le « petit dossier »[1]. Aussi prit-il copie non seulement du commentaire, mais encore des pièces, dont il inséra le texte en tête des paragraphes où elles étaient commentées.

Mercier, cependant, après le procès, se borna à détruire le commentaire, en présence de Sandherr, à qui il ordonna de réintégrer les pièces dans les dossiers où elles avaient été prises. Sandherr désobéit encore une fois ; il plaça les pièces dans une enveloppe avec la copie du commentaire, et conserva le tout dans le coffre dont Henry avait la clé.

En décembre 1897, Mercier, ayant appris l'existence de cette copie, se la fit, muni d'un ordre de Boisdeffre, remettre par Gonse, qui alors la détenait, et la jeta au feu devant lui.

Il savait que Picquart en avait eu connaissance, mais il valait mieux qu'il ne restât de ce document que les souvenirs de Picquart, que l'on pourrait toujours discuter.

Au terme de cette analyse de la formation du « petit dossier », nous en retiendrons deux traits qu'il faut mettre en relief : c'est le moment où Henry fait affirmer par Valcarlos ce que lui-même s'est persuadé de la présence d'un traître à l'Etat-Major ; c'est encore le moment où une pièce suspecte est refusée.

Henry dut avoir la rage au cœur en voyant rejeter sa déclaration fausse et brutale, mais qui aurait été tellement plus efficace sur l'esprit des juges que la note de Guénée.

Il se promit de réparer cette faute si l'occasion s'en présentait. Mais il avait reçu une leçon qu'il n'oublia pas : il fallait prendre garde aux dates, et se souvenir que les stagiaires d'Etat-Major changent de bureau tous les six mois.

II

Henry déposa à l'instruction, confiée au commandant d'Ormescheville, le 9 novembre (1894). Il s'y borna à confirmer sous serment sa note mensongère du 16 octobre sur les prétendus mensonges de Dreyfus pendant son transfert au Cherche-Midi.

III

Le procès commença le 19 décembre. Le huis clos fut aussitôt prononcé. Seuls furent admis à assister aux débats le Préfet

---

1. Voir plus bas p. 79 la surprise de Boisdeffre à la nouvelle que le « petit dossier » existe encore.

de Police, Lépine, et l'officier délégué par le ministre pour suivre les débats, Picquart, alors sous-chef au 3e Bureau.

Le premier des témoins à charge fut Gonse. Vers la fin de sa déposition, il commit une maladresse qui permit à Dreyfus de le faire quinaud. Puis vinrent Fabre et d'Aboville, et ce fut le tour d'Henry, non à titre personnel, mais en qualité de délégué désigné par le ministre pour déposer au nom du Service des renseignements. Ce délégué devait être désigné parce qu'une tradition bien établie voulait que, dans les procès d'espionnage, le Service ne fût pas représenté par son chef. Il revenait donc à Cordier, le sous-chef, de jouer ce rôle. Mais Cordier n'était pas présentable. C'est à cette circonstance fortuite qu'Henry, suivant de liste, dut d'être désigné.

Sa déposition fut d'un ton neutre, sans passion. Il n'apporta rien qui ne fût déjà au dossier. Il répéta ses mensonges de l'instruction. Dreyfus rectifia. Cela n'intéressa point. Henry ajouta que trois experts sur cinq avaient reconnu l'écriture de Dreyfus identique à celle du bordereau, et déclara Dreyfus coupable. Autant, dans la coulisse, il avait agi, autant, sur la scène, il désirait ne pas paraître l'ouvrier de la perte de Dreyfus ; il laissait ce rôle à du Paty.

Du Paty fut lamentable. Officier de police judiciaire qui n'avait pas obtenu d'aveux, ni aucun résultat dans une perquisition à domicile, sa situation n'était pas enviable. Il aurait pu se dispenser de la rendre pire en apportant comme preuves de culpabilité des mouvements de bras ou de pied de Dreyfus lorsqu'il lui faisait écrire une dictée ou l'interrogeait. Dans la discussion sur le bordereau, pour répondre à des objections de Dreyfus, il ne trouva d'autre issue que de changer la date de mai qui lui était alors attribuée par l'Etat-Major, pour celle d'août (d'ailleurs la vraie), ruinant ainsi une partie de l'acte d'accusation, et, là encore, Dreyfus le mit en échec. L'effet n'était pas brillant.

Gribelin ne le releva pas en venant débiter les faux renseignements qu'Henry avait commandés à Guénée sur la vie privée de Dreyfus (femmes, jeu), et qu'il s'était bien gardé d'énoncer lui-même.

Ce fut pire encore lorsque, le lendemain, défilèrent les officiers appelés, comme témoins à charge, à répéter leurs petites délations contre l'accusé, ses furetages, ses questions indiscrètes, son avidité de renseignements. La plupart flanchèrent. L'un d'eux reconnut que la curiosité qu'il avait reprochée à Dreyfus à l'instruction avait consisté à lui demander, sur la plateforme d'un tramway : « Quoi de neuf dans votre bureau ? » Plusieurs même parlèrent pour lui : Tocanne, qui, à l'instruction, l'avait qualifié de vantard, déclara : « Je le crois incapable d'une félonie. »

L'accusation s'effondrait. Henry décida d'intervenir.

S'il ne faisait pas quelque chose, que resterait-il pour empêcher le procès de rouler sur la pente de l'acquittement ? Les bavardages des experts, les élucubrations de Bertillon ? Billevesées ! Il y avait bien le « petit dossier », et c'était lui-même qui l'avait constitué. Mais serait-il seulement montré aux juges ? Mercier s'était réservé de ne le leur communiquer que si les débats prenaient mauvaise tournure. Il ne pourrait, là-dessus, que s'en rapporter au jugement de Picquart. Que lui dirait Picquart ? Et même si le dossier était communiqué, ce n'étaient jamais que des grimoires, du papier, des raisonnements, surtout depuis qu'on en avait retiré sa déclaration.

Ah, on la lui avait fait ravaler, cette déclaration ! Eh bien, on allait voir, il allait la ressortir, il allait de nouveau faire parler Valcarlos à deux reprises, et cette fois en les mettant à des dates où Dreyfus était au 2e Bureau, puisque dates il y avait ! Et ce ne serait plus un papier que les juges auraient devant eux, ce serait un soldat, désigné par le ministre, qui leur parlerait les yeux dans les yeux, et leur dirait la vérité du chef, qu'on ne discute pas !

Il allait donc donner. Mais il ne fallait pas qu'il parût voler de son propre chef au secours d'une accusation chancelante. Il s'arrangea donc, avec la complaisance d'un intermédiaire — Gonse probablement — pour se faire rappeler à la barre par un des juges, qui lui demanda si l'on n'avait pas eu connaissance, au printemps, de la présence d'un traître au 2e Bureau.

Alors, d'une voix forte : « Une personne absolument honorable, proféra-t-il, m'a affirmé dès le mois de février qu'un officier du ministère de la Guerre trahissait, et au mois de mars la même personne a renouvelé son affirmation, en disant que c'était un officier du 2e Bureau. »

Dreyfus, qui avait été au 2e Bureau pendant le premier semestre, se leva, et demanda avec violence que ce dénonciateur fût appelé devant le Conseil. Demange, plus calme, le soutint de toute son énergie, rappelant à Henry qu'il avait juré de dire *toute* la vérité.

Mais Henry ne se troubla point : « Quand un officier a dans la tête un secret redoutable, s'écria-t-il, il ne le confie même pas à son képi. »

Ce refus n'était pas une défaite, mais une nouvelle manœuvre. Par-delà la « personne absolument honorable », Henry évoquait ce Service des renseignements qui sait tout, les secrets formidables qu'il possède, et dont le moindre, divulgué, ferait éclater la guerre. Il y a des choses que vous ne savez pas, qu'on ne peut pas dire ici. Quand le Service parle, il sait. N'insistez pas pour forcer un domaine interdit. Et, se livrant enfin tout entier à son horreur de la discussion, il se tourne vers Dreyfus, tend le bras vers lui: « J'affirme, moi, que le traître, le voilà ! »

L'effet fut immense. D'un seul coup, la situation était retournée. Lancées de toute la force de sa voix et de sa stature puissantes, les paroles d'Henry avaient supprimé tout esprit critique dans l'auditoire ; on ne raisonnait plus, on ne voyait plus clair.

Ni les juges abasourdis, ni Dreyfus, ni Demange eux-mêmes dans l'aveuglement de leur indignation, ne saisirent qu'Henry avait créé une équivoque, en laissant croire, sans le dire, que le mystérieux personnage avait désigné nommément Dreyfus. C'était là qu'il fallait l'appréhender, essayer de le forcer dans ses retranchements, de lui barrer les échappatoires, de lui faire dire oui ou non. Si la personne honorable n'avait pas nommé Dreyfus, pourquoi le témoin disait-il : le traître, le voilà ? Si elle avait nommé Dreyfus, le capitaine était suspect depuis le printemps, lui seul, et pourquoi, alors, à l'arrivée du bordereau, en avait-on cherché l'auteur dans toutes les directions pendant plusieurs jours, comme cela résultait de l'acte d'accusation lui-même ?

Il est vain, certes, d'écrire l'histoire de ce qui aurait pu se passer. Mais quand on y songe, on mesure quel coup de poker avait été l'intervention dramatique d'Henry.

On ne doit point, toutefois, s'en exagérer le résultat. Il était parvenu à redresser une accusation qui s'en allait à la dérive, mais ce qu'il avait apporté ne pouvait être compté comme preuve. Les juges ne doutaient pas de sa parole, ni que des raisons impérieuses empêchassent la personne honorable de paraître à la barre. Mais ils ne l'avaient point vue, ils n'avaient pas entendu de sa bouche ses révélations, ils n'avaient pu lui poser de questions, et cette absence ne pourrait être comblée par une affirmation tonnante. On est aveuglé par un coup de poing dans la figure, puis on reprend ses sens.

Après l'intervention pathétique d'Henry parurent les experts en écritures, dont les dépositions se contredisaient. Le lendemain vint Bertillon.

La façon de convaincre de cet anthropométreur n'était pas sans analogies — hormis qu'il était de bonne foi — avec celle d'Henry. Avec toute l'autorité que lui conférait son immense réputation, il donna longuement des explications inintelligibles, ce qui revenait à n'en pas donner, puis termina par une conclusion catégorique : il n'était pas question que le bordereau ait pu être écrit par quelqu'un d'autre que Dreyfus. Les juges ne demandaient pas mieux que de lui faire confiance, mais peut-être auraient-ils voulu comprendre le pourquoi et le comment.

Enfin défilèrent les témoins à décharge, qui ne pouvaient qu'attester la loyauté de l'accusé.

Dans son réquisitoire, Brisset ne fit point état des révélations de la personne honorable, pas davantage Demange dans sa plaidoirie. En une brève réplique, Brisset abandonna toutes les charges dites morales (jeu, femmes, furetage, etc.) pour ne retenir qu'une preuve — selon lui : l'identité des écritures.

Les débats étaient terminés.

Quels pouvaient être, à ce moment-là, les sentiments des juges ? Nous n'en avons que deux témoignages.

Maurel, le président, affirme à Rennes qu'en entrant dans la salle des délibérations, tous étaient convaincus de la culpabilité. Mais on ne peut lui faire foi. Il a trop d'intérêt à minimiser jusqu'à les rendre nuls les effets de la communication secrète et, partant, la gravité de cette forfaiture de Mercier, dans laquelle il a lui-même sa part de responsabilité.

Quant à Freystaetter, qui se repentait d'avoir voté la condamnation, il déclare à la première revision que le geste d'Henry accompagnant ses paroles : le traître, le voilà ! a fait sur lui une impression considérable, mais qu'il a été convaincu de la culpabilité par Bertillon, affirmant que l'auteur du bordereau ne pouvait être que Dreyfus, et conciliant les avis contradictoires des experts (la doctrine de Bertillon, autant qu'on pût y comprendre quelque chose, consistait, on le sait, à dire que le bordereau était de l'écriture de Dreyfus tout en n'en étant pas). Les pièces secrètes n'ont eu, dit-il, sur sa décision, qu'une légère influence. Il oublie qu'avant que le faux Henry ne lui eût ouvert les yeux, il disait à des camarades : « Cette canaille de Dreyfus avait livré les plans des fortifications de Nice, voilà pourquoi nous l'avons condamné. »

Nous ne trouvons rien de très concluant dans tout cela.

Les membres du Conseil de guerre étaient des hommes honnêtes, loyaux, sans passion, tenant à leur indépendance de juges, et qui n'auraient pas toléré qu'on leur dictât une décision. Ils étaient arrivés au procès avec ce préjugé défavorable envers l'accusé qui tenait à ce qu'ils ne pouvaient croire que le ministre l'ait traduit devant eux sans de bonnes raisons. Dreyfus ne leur avait pas inspiré de sympathie. Ils avaient été profondément impressionnés par Henry, et aussi par Bertillon ; mais le premier n'avait pu amener son témoin, ils n'avaient pas compris les raisonnements du second. Ils n'avaient pas de preuve. Ils croyaient Dreyfus coupable, ils n'en étaient pas sûrs. Ils se trouvaient, en se retirant pour délibérer, dans cette situation angoissante de craindre, en appliquant la règle selon laquelle le doute profite à l'accusé, de désavouer Mercier, et du même coup, l'Armée, et de laisser impuni le crime le plus abominable qui existât à leurs yeux.

Picquart n'avait pas partagé l'émotion générale au moment de la deuxième déposition d'Henry. Cet homme cultivé, distingué, l'avait trouvée théâtrale, dit-il, bruyante, vulgaire, pensa-t-il probablement, donc inefficace. Il avait cru à tort que tel avait été le sentiment commun, et était resté sous l'impression du fléchissement de l'accusation qui avait précédé le retour d'Henry à la barre. Aussi, dans son compte rendu, le soir, à Mercier, fit-il simplement mention de cet incident : il conclut en disant au ministre qu'il ne serait pas tranquille s'il n'y avait pas le « petit dossier » (dont il connaissait l'existence, mais non le contenu).

Le lendemain, Mercier faisait porter, par du Paty, le « petit dossier » à Maurel, avec l'ordre de le communiquer aux juges, mais à eux seuls, après la clôture des débats, en Chambre du conseil.

Maurel fit circuler les pièces, lut le commentaire. Trois d'entre elles furent si peu remarquées des juges que, par la suite, ils ne se rappelèrent même plus quelles elles étaient. Une seule retint leur attention : la lettre « canaille de D » ; c'était la preuve, la signature. Ils déclarèrent Dreyfus coupable à l'unanimité.

Comme on a pu le voir, nous ne pensons pas que la déposition dramatique d'Henry soit ce qui a déterminé le verdict des juges.

A lui, elle devait coûter fort cher, car, sachant que Valcarlos ne lui avait jamais dit qu'il existait un traître à l'Etat-Major, il avait fait sciemment un faux témoignage, qui pouvait briser toute sa carrière, non seulement future, mais acquise. C'est cette crainte qui devait le hanter à partir du moment où fut découvert le vrai coupable de la trahison, et le faire entrer dans la voie des faux, dont le plus célèbre entraîna sa perte.

Nous n'en sommes pas encore là. Pour le moment Henry, qu'aucun remords n'habite, se félicite du résultat de ses efforts : plus jamais on ne viendra lui reprocher d'avoir prétendu qu'un officier de l'Etat-Major trahissait. Il en éprouve un profond soulagement.

Quelques jours plus tard, encore avant la fin de l'année (1894), Henry se fit remettre par Gribelin 49 F, 50, et, comme l'autre lui demandait quel nom il devait inscrire sur le registre en face de la somme, il répondit : « Mettez : Commandant Henry, affaire V.C. »

49 F, 50, c'est un prix de magasin, le prix d'un cadeau pour le Jour de l'An. A qui Henry fit-il envoyer, pour le Jour de l'An 1895, un cadeau de 49 F, 50 ?

Jamais on ne le saura, sans doute, et, au surplus, il nous paraîtrait téméraire de tirer des conséquences significatives de ce qui ne fut qu'un simple cadeau d'amitié.

On se tromperait, par contre, si l'on pensait qu'Henry, qui venait de remporter devant le Conseil de guerre un gros succès en mettant en avant Valcarlos, n'aurait pas songé à employer ce paravent dans un autre domaine.

Chapitre III

HENRY ET LES FONDS SECRETS

I

Au début de 1895, Henry eut besoin d'un pseudonyme en vue de versements dont le destinataire devait être particulièrement bien camouflé pour la raison majeure que nous verrons, et de nouveau ce fut le brave Valcarlos derrière qui il s'abrita.

Fin mars, ce furent 800 F remis à Henry, que Gribelin inscrivit dans ses livres comme ayant été versés à « V.C. (Service de Paris) », fin avril 400 F, et à partir de ce moment, régulièrement 400 F par mois dont bénéficia, tant qu'Henry fut là, un personnage mythique, dont le pseudonyme lui-même changea d'ailleurs pendant ce temps, mais qui fut réputé être Valcarlos. La dernière « mensualité » est du 27 août 1898, où Henry ne se doutait pas que trois jours plus tard, il coucherait au Mont-Valérien.

Rien ne lui était plus facile que d'opérer ces prélèvements. Le maniement des fonds secrets n'obéit pas aux règles qu'appliquent ordinairement les comptables. Les versements aux parties prenantes ne font l'objet d'aucune décision écrite, la plupart du temps celles-ci ne sont désignées que par des pseudonymes, et ne donnent pas de reçus. Tout repose sur la confiance dans la probité et l'esprit de discipline de ceux qui sont appelés à opérer la distribution.

Dans l'emploi des fonds secrets alloués au Service des renseignements, Boisdeffre n'intervenait, nous dit-il, que pour les « grosses dépenses », ce qui signifie que le chef du Service devait savoir juger de la somme jusqu'à laquelle il pouvait aller sans en référer au chef d'Etat-Major.

En dehors de cela, le chef du Service était, pour l'emploi des fonds, le maître après Dieu. Mais il ne pouvait être question qu'il fût consulté chaque fois qu'il s'agissait de rémunérer un de ces indicateurs de tout poil et de tous les milieux que recrutait Henry. Aussi Sandherr avait-il fixé — et Picquart, après lui, maintint-il — un minimum au-dessous duquel il ne voulait pas être dérangé. Au-dessous de ce chiffre, Henry faisait ce qu'il voulait, et Gribelin lui obéissait aveuglément.

Beaucoup de parties prenantes ne mettaient pas les pieds au Service, leurs rémunérations étaient confiées à tels officiers avec qui elles étaient en rapports, et qui se chargeaient de les leur remettre. Il n'y avait par conséquent rien de choquant pour Gribelin à ce qu'Henry lui fît inscrire une somme au nom — ou plutôt au pseudonyme — de tel bénéficiaire et la mît dans son portefeuille.

Les chefs du Service, d'autre part, semblent n'avoir jamais jeté un coup d'œil aux registres de Gribelin que pour y voir combien il avait été dépensé dans le mois, afin de justifier leurs demandes d'allocation au chef d'Etat-Major pour le mois suivant.

Ils ne descendaient pas à éplucher les chiffres qui se succédaient dans les colonnes du livre ; ils n'auraient pas daigné y apposer, de temps en temps, un visa qui eût été la marque d'un contrôle offensant.

Henry n'avait donc rien à craindre en abusant de leur confiance.

Quand les mensualités « V.C. » commencèrent, en mars 1895, comme nous l'avons vu, le chef était Sandherr. Il n'aimait pas Henry, l'ancien sous-officier ignorant des langues étrangères, qui lui avait été imposé par Miribel. Mais il ne lui aurait pas fait l'injure de fouiller dans les livres pour lui demander des justifications de détail. D'ailleurs, malade, il n'y pensait pas.

En juillet 1895, Picquart lui succéda et, pendant les seize mois qu'il passa à la tête du Service, jamais, dit-il, il n'entendit parler de mensualités versées à « V.C. ».

Après Picquart, en novembre 1896, c'est Henry lui-même qui prend, sinon le titre, du moins les fonctions de Chef de la Section de statistique, et alors il est le maître.

Il paraît superflu, étant donné ce qui précède, de se demander si tout au moins le principe de ces mensualités avait été approuvé par qui de droit. La Cour de cassation, cependant, lors de la deuxième révision, a eu cette curiosité. Gonse, interrogé à ce sujet, répond bien entendu qu'elles ont été décidées par Sandherr — qui est mort. Mais la Cour veut savoir aussi qui a prescrit leur suppression, et elle demande à Junck — qui fut le remplaçant momentané d'Henry — comment il se fait qu'elles disparaissaient au moment précis où il a pris le Service. « Je ne me rappelle pas exactement, répond Junck, que cette question prend de court, mais j'ai dû les supprimer à partir de ce moment. » Quelques instants plus tard, il essaie de se rattraper : « J'ai dû recevoir l'ordre de cesser complètement.

— Qui vous aurait donné cet ordre ?

— Le chef d'Etat-Major ou le ministre. »

On lui demande des précisions et il répond à côté.

Il ne pouvait pas dire que ni le ministre, ni le chef d'Etat-Major, ni lui-même ne connaissaient l'existence de ces mensualités, et qu'elles s'étaient simplement éteintes d'elles-mêmes du fait qu'Henry n'était plus là pour dire à Gribelin : « Donnez-moi les 400 francs. »

C'est seulement bien après le départ, suivi aussitôt de la mort d'Henry, que l'affaire de ces mensualités vint au jour.

Elles ont été le fait d'Henry seul.

A qui allaient-elles ?

« A Valcarlos », déclare Gribelin. Lui-même n'a jamais vu Valcarlos ; c'était à Henry — nous l'avons dit — qu'il remettait l'argent. Mais Henry lui a certifié que le bénéficiaire en était l'attaché en second, et pour Gribelin, cette parole de son ancien chef, à la mémoire de qui il garde un culte, suffit.

Pour nous, il y a tout lieu de croire le contraire. Valcarlos n'a jamais rien vu des fameuses « mensualités ».

Cette question, à vrai dire, ressortit au récit de la deuxième révision, où elle a joué un rôle important. Contentons-nous ici d'indiquer quel chemin pouvaient prendre ces « mensualités », si elles ne tombaient pas dans l'escarcelle de Valcarlos.

En 1904, l'archiviste expose à la Cour qu'Henry avait prélevé sur la caisse du Service des sommes dont lui, Gribelin, connaissait l'existence. Apparemment, il savait où se trouvaient, dans le coffre ou les tiroirs d'Henry, les pièces d'or ou les billets de banque qui les constituaient puisque, à la mort d'Henry, il insista vivement pour que fût mis fin à cette situation. On rassembla toutes ces sommes et on les réintégra — moyennant procès-verbal — dans la caisse régulière : il y en avait pour 25 000 ou 26 000 francs.

C'était là un très gros montant par rapport à ceux dont Boisdeffre se réservait d'autoriser la dépense.

Chez Henry, l'absolu dévouement aux chefs ne supprimait pas le goût et le besoin d'un jeu personnel. Même devenu chef du Service, il ne se sentait pas encore assez libre, et, pour mieux s'affranchir de toute tutelle, il s'était constitué, par le moyen de dépenses fictives, plus ou moins considérables une masse de manœuvre occulte, grâce à laquelle il pourrait se livrer à des actions que ses supérieurs peut-être n'approuveraient pas.

C'est, évidemment, à l'époque où il était pratiquement à la tête du Service que ces ponctions revêtirent la plus grande importance. Mais il n'y a pas de raison de penser qu'il n'ait pas songé dès auparavant à se créer ses réserves propres, dans la mesure relativement limitée que lui permettait la latitude à lui laissée par Sandherr, puis par Picquart, pour les paiements de second ordre. C'est à quoi servirent, sans nul doute à nos yeux, les fausses mensualités de Valcarlos, qui ne furent probablement pas les seuls truquages employés à cette fin.

Nous les avons présentées en ce point de notre récit parce que c'est la date où elles ont commencé. A la vérité elles se sont poursuivies pendant trois ans et demi, à travers les périodes agitées que nous allons bientôt aborder. Mais elles ont été alors tellement souterraines, la connaissance en a été tellement limitée à deux officiers de la Section de statistique, que nous demandons instamment au lecteur de les oublier tant qu'elles ne se rappelleront pas à nous.

II

Les grands chefs avaient arraché la condamnation de Dreyfus à l'unanimité. Ils n'étaient pas rassurés pour autant, car il n'y avait pas de preuves.

Mercier, lui, chercha à s'en procurer une en spéculant sur l'abaissement où, pensait-il, se trouvait réduit le condamné. Il chargea, le 31 décembre (1894), du Paty d'extorquer des aveux à Dreyfus en lui faisant entrevoir un régime de détention adouci et en lui suggérant des circonstances atténuantes (il aurait livré des documents aux Allemands pour en avoir d'autres). Dreyfus déclara qu'il était innocent.

Boisdeffre n'était pas l'homme de tels procédés. Pour lui, il fallait maintenant se mettre à chercher des preuves, ce qui serait peut-être long.

Par sa déposition de 1904, on voit qu'il songea à convoquer Valcarlos — qu'il rencontrait dans le monde et qu'il lui était ainsi facile d'inviter à venir le voir ; il consulta à ce sujet Sandherr et Henry. Sandherr n'était pas de cet avis, considérant l'affaire comme terminée. Pour Henry, l'entretien envisagé par Boisdeffre eût été une catastrophe. L'un des deux (Boisdeffre ne sait plus lequel) lui répondit : « Mon général, si vous avez l'air de le [Valcarlos] considérer comme un homme venant apporter des renseignements, vous le ferez rentrer dans le silence le plus complet ».

Effrayé à la pensée de commettre un impair, Boisdeffre se tint pour dit de ne jamais chercher à faire parler l'attaché espagnol en second.

En juin 1895, Sandherr eut une attaque, et Picquart, depuis longtemps désigné pour le remplacer, lui succéda, un peu plus tôt qu'il n'était prévu (1er juillet 1895). Peu après, il fut nommé lieutenant-colonel, le plus jeune de l'armée française, dont il était l'un des espoirs.

Dès qu'il fut installé, Boisdeffre lui parla de l'affaire Dreyfus. Elle n'était pas finie, dit-il, elle ne faisait que commencer. Il fallait « nourrir le dossier ». On n'avait pas assez éclairci les mobiles de la trahison, pas suffisamment cherché dans la direction jeu, femmes. Picquart devrait reprendre les investigations dans ce sens.

Picquart parla de ces consignes à Sandherr, qu'il voyait encore. Sandherr lui dit qu'il connaissait ces préoccupations de Boisdeffre, qu'il ne les partageait pas. Mais, ajouta-t-il, si on reparle de l'affaire, vous n'avez qu'à demander à Henry le dossier qui a été communiqué secrètement aux juges. C'est lui qui le garde dans son armoire de fer. Vous y trouverez ce qu'il faut pour convaincre les gens.

Ce furent là, dit Picquart, « les derniers instants de lucidité où je le vis ». Après que son intelligence eut sombré, il vécut encore deux ans, pendant lesquels il ne comptait plus.

Picquart, cependant, devait se conformer aux prescriptions de Boisdeffre. Il chargea de nouvelles recherches sur la vie privée de Dreyfus Guénée, dont il venait d'apprendre l'existence. L'ancien agent des mœurs ne lui apporta que des racontars vagues et inconsistants. Picquart n'en put tirer aucun parti, mais il ne s'en émut pas. N'y avait-il pas le « petit dossier » ?

Henry avait écarté — ou vu s'écarter — la terrible menace d'une enquête de Boisdeffre auprès de Valcarlos. Il n'en sentait pas moins la nécessité de se garder, à toutes fins utiles, les bonnes grâces de ce dernier.

Nous avons vu qu'à la suite de l'entrevue de Juin (1894) il avait noué avec lui des relations personnelles ; ils se rencontraient de temps à autre — dans une pâtisserie, affirme Junck.

Lorsque Picquart prit son service, il apprit qu'Henry était en très bonnes relations avec le marquis de Valcarlos, un attaché militaire espagnol, et que c'était celui-ci la personne absolument honorable dont Henry avait apporté les révélations au procès du Cherche-Midi.

En reconnaissance de ce service éminent, Henry lui-même demanda un jour à Picquart de proposer Valcarlos pour la rosette de la Légion d'honneur.

Une telle récompense, pour des services de cette nature, n'était guère du goût de Picquart, qui se faisait, dit-il, « tirer l'oreille ». Il semble pourtant qu'il en ait parlé à Gonse et à Boisdeffre — à moins que ce ne soit Henry lui-même — et qu'ils n'aient pas repoussé cette idée. Henry cependant saisissait toutes les occasions de montrer à Picquart combien Valcarlos était dévoué au Service des renseignements, et, chaque fois qu'il avait vu ce dernier, lui rapportait les informations qu'il en avait obtenues. Mais, comme, en ce temps-là, devenu attaché militaire honoraire, Valcarlos n'avait plus accès aux Services dont il avait fait partie jusqu'alors, celles-ci n'avaient trait qu'aux changements dans le personnel de l'ambassade espagnole, aux réceptions que les attachés étrangers se donnaient entre eux, et autres choses de même. Seulement de banals potins mondains.

Picquart songea pourtant à l'utiliser pour l'enquête que lui avait prescrite Boisdeffre. « Demandez donc à votre ami de Valcarlos, dit-il à Henry, de préciser ses souvenirs. Comment savait-il que quelqu'un trahissait au deuxième bureau ? Qui a-t-il voulu désigner ? » On pense si Henry était peu enclin à poser une pareille question à Valcarlos. Il fit semblant d'être allé le consulter, et revint en disant : « Il n'y a rien à en tirer ; j'ai essayé, il se butte, il ne veut rien dire ».

Picquart ne se faisait donc guère une haute idée de cet informateur que, pour être bénévole, il n'en considérait pas moins comme un informateur, avec un certain dédain.

C'est ce qu'Henry ne comprit pas. Persuadé au contraire de l'importance qu'il avait fait prendre à Valcarlos dans l'esprit de Picquart, il crut que celui-ci trouverait tout naturel d'aider pécuniairement celui-là.

Henry eut en effet un jour besoin du concours de Valcarlos dans une de ces opérations qu'il menait pour son propre compte, et dont il paraît impossible, comme on le verra, d'élucider de façon exacte la nature et le déroulement. Tout ce qu'on peut en dire, c'est qu'Henry versait de temps à autre de petites sommes à Valcarlos — qui affirme les avoir reversées à un tiers.

Il prit ces sommes, bien entendu, sur sa caisse noire, et, comme celle-ci s'en trouvait un peu affaiblie, il songea à la conforter par un prélèvement sur la caisse régulière du Service. Mais le montant qu'il désirait dépassait ce qu'il pouvait se faire remettre par Gribelin sans l'autorisation de Picquart. Il dut donc s'adresser à celui-ci, et inventer un prétexte que, naturellement, il chercha chez Valcarlos.

Il s'en fut donc trouver le colonel et lui dit :

« M. de Valcarlos vient de faire une grosse perte au jeu, il est très gêné, voudriez-vous l'aider ? ».

Picquart fut enchanté de cette demande, qui lui permettrait de mettre fin aux sollicitations d'Henry pour la décoration de l'attaché en second — si cela ne coûtait pas trop cher. « Je veux bien. A combien cela se monte-t-il ? — « A 1 500 francs » — « Je vais vous les faire donner immédiatement, mais il ne sera plus question de la rosette ».

Puis il se rendit chez Gonse, et lui dit : « Le marquis de Valcarlos s'est fait payer, il ne peut être question de la rosette ». Gonse rendit compte à Boisdeffre, qui, lorsqu'il revit Picquart, lui demanda, non sans une nuance de regret : « Alors, Picquart, vous croyez qu'il ne s'agit plus de la rosette ? » — « Non, mon général, du moment qu'il s'est fait payer, il n'y a plus à y songer ».

Ainsi Henry avait ses 1 500 francs, mais il était déçu de l'accueil de Picquart. Il l'avait cru assez bien disposé envers Valcarlos pour lui rendre un service d'argent, et voilà qu'il donnait l'argent pour refuser l'estime.

Henry essaya cependant de corriger sa maladresse. Il ne serait pas dit que Valcarlos avait demandé des subsides mais simplement qu'on lui avait consenti une avance momentanée. Il n'aurait donc point été « payé ». Les livres en feraient foi.

Les 1 500 francs ne furent pas portés dans les registres sous la rubrique : « V.C. », réservée aux fausses mensualités. Pour cette opération particulière (Val)carlos reçut l'ingénieux pseudonyme de Charles, et Gribelin inscrivit : « 4 Décembre (1895) Charles 1 500 francs (Avance remboursable) ». Puis Henry laissa passer un temps, prit 200 francs dans sa caisse noire, les remit à Gribelin, qui porta « 26 Décembre. Remboursement d'une partie de l'avance Charles 200 francs » — et il « rendit compte » à Picquart que Valcarlos remboursait.

Allait-il jusqu'à espérer rattraper *in extremis* la rosette pour son protégé ? Elle ne parut pas à la promotion du Nouvel An.

On conçoit sans peine l'opinion que Picquart put se faire de Valcarlos à la suite de cet incident. Qu'est-ce que c'était que cet Espagnol qui se paraît de son titre de marquis, et qui faisait ses choux gras d'un Guénée, qui jouait dans les tripots, qui racontait toutes sortes d'histoires sur les autres attachés et sur les membres de son ambassade, qui se nourrissait de racontars, qui dénonçait la présence d'un traître en prenant des airs d'ami, et qui finalement tendait le chapeau ? *Un rastaquouère.*

C'est à ce moment, à propos de l'affaire des 1 500 francs, que se fixe dans l'esprit de Picquart cette vue méprisante qu'il aura de la personnalité de Valcarlos, vue qu'il ne songera même pas à reviser lorsqu'Henry se sera révélé comme un faussaire et un fabulateur. Peut-être, tout à fait à la fin, comprit-il qu'il s'était trompé. Mais entre temps, il avait accolé au nom du malheureux marquis la flétrissante épithète qu'ont reprise tant de paroles et tant d'écrits.

Henry ne se livra pas à d'autres « remboursements » partiels de l'« avance » accordée à Valcarlos. Le premier n'avait pas produit sur Picquart l'effet escompté, il était inutile de continuer.

Gribelin, cependant, s'étonna un jour — nous ne savons quand — devant son chef que « Charles » ne poursuivît point ses restitutions. Alors Henry lui apprit qui était Charles, et lui exposa les raisons pour lesquelles Valcarlos n'avait pas continué à se libérer. En vue de la guerre de Cuba [1], Krupp avait été autorisé à vendre à l'Espagne un canon de campagne à tir rapide d'un modèle très voisin de celui qu'il expérimentait pour l'Allemagne, et il avait été stipulé dans les conventions de vente que l'Espagne ferait connaître à l'Allemagne la façon dont ce matériel se serait comporté ; Valcarlos était à même de se procurer ces comptes rendus, et c'était pour lui faciliter son action que les 1 300 francs qu'il restait devoir lui avaient été abandonnés. Henry ne voulait évidemment pas avouer à l'archiviste que l'« avance » et le « remboursement » n'avaient été qu'une fiction, et Gribelin crut qu'il y avait eu deux opérations, d'abord un emprunt de Valcarlos, de 1 500 francs, converti ensuite pour 1 300 francs en un paiement des renseignements sur l'artillerie.

1. Il s'agit de la révolte de Cuba contre la métropole, qui éclata en février 1895. L'Espagne envoya 200 000 hommes pour la mater. Au bout de trois ans, elle n'y était pas encore parvenue, et le président des Etats-Unis avait en vain offert sa médiation quand, comme par hasard, un navire de guerre américain fit explosion dans le port de La Havane. Les Etats-Unis, prenant les insurgés sous leur aile, déclarèrent la guerre à l'Espagne qui, six mois plus tard, déposait les armes. Cuba changea de maître.

CHAPITRE IV

LE « PETIT BLEU » ET LE FAUX D'HENRY

I

La famille Dreyfus n'avait jamais douté de l'innocence du capitaine. Aussitôt la condamnation prononcée, elle entreprit de mettre au jour l'erreur judiciaire. Un des frères du condamné, Mathieu Dreyfus, se consacra tout entier à cette tâche.

Il ne tarda pas à réunir des données suffisantes pour montrer la faiblesse de l'accusation (rapport de d'Ormescheville), le caractère frauduleux du procès (il avait appris la communication secrète aux juges d'une pièce contenant les mots « canaille de D »), et chargea un jeune polémiste juif, Bernard Lazare, d'en faire une brochure, qui fut écrite dans le courant de 1895.

Mais Mathieu voulait attendre, pour la faire paraître, l'occasion d'un incident qui rappellerait l'attention du public sur le procès de 1894. L'attente fut vaine, et, au bout d'un an, il décida de créer l'incident lui-même. Le 3 septembre (1896) il fit paraître, dans un quotidien local anglais, la nouvelle que son frère s'était évadé du bagne, nouvelle qui, aussitôt transmise à Paris, y fut reproduite dans les journaux du soir.

Elle ne tarda pas d'ailleurs à être démentie à la suite d'un échange de câbles avec la Guyane, mais l'effet voulu par Mathieu n'en était pas moins obtenu : l'affaire Dreyfus était redevenue d'actualité. Tous les journaux en parlaient. Le *Figaro* laissait transparaître sa sympathie pour l'homme qui avait toujours protesté de son innocence ; Drumont et Rochefort redoublaient de fureur contre le traître et le Juif.

Le 11, le député Castelin (qui avait des intérêts dans *l'Eclair*) annonçait son intention d'interpeller le gouvernement à la rentrée des Chambres « sur certaines complaisances qu'avait révélées la presse parisienne dans l'affaire Dreyfus ».

Le 14 paraissait dans *l'Eclair* (daté du 15), sous le titre de « Le Traître », un article, fort long, sur le procès, reproduisant (avec des erreurs) le bordereau, racontant la scène de l'arrestation de Dreyfus, révélant la communication secrète — mutilée d'ailleurs, puisqu'elle se limitait à une pièce où il aurait été dit : « Ce canaille de Dreyfus est trop exigeant » — toutes précisions d'où il était conclu à la parfaite infamie du condamné.

Cet article fit à l'Etat-Major — c'est le terme consacré, mais c'est le meilleur — l'effet d'une bombe. Picquart mit aussitôt en chasse Guénée, pour trouver l'auteur des indiscrétions de l'*Eclair*. L'ancien policier revint, le 19 (septembre), avec une note suivant laquelle l'article avait été fait « de chic », d'après les journaux de 1894 et quelques confidences obtenues par-ci par-là. Guénée ajoutait que la campagne de *l'Eclair* avait été montée de toutes pièces par Castelin, qui était « inféodé aux Dreyfus ».

Boisdeffre et Gonse ne mirent pas en doute cette information, et considérèrent dès lors Castelin comme un personnage inquiétant, qui plaidait le faux pour savoir le vrai et dont l'interpellation pouvait réserver bien des surprises.

Ils étaient d'autant plus fondés à craindre que, quelques instants, pourrait-on dire, avant la fausse nouvelle de l'évasion, Picquart leur avait démontré l'innocence de Dreyfus.

II

Six mois auparavant (en mars 1896), Henry avait apporté à Picquart, dans les cornets de la Bastian (que, devant partir en voyage, il n'avait pas eu le temps, comme à l'habitude, de trier chez lui le soir), les débris d'un pneumatique — on disait alors un « petit bleu » — que Schwartzkoppen, au lieu de l'envoyer, avait déchiré en menus morceaux jetés au panier. Le texte, en langage convenu, laissait deviner des rapports suspects entre l'Allemand et le destinataire, qui s'appelait le commandant Esterhazy. Il y avait donc un nouveau traître parmi les officiers français [1].

---

1. Esterhazy était commandant au 74e d'Infanterie. Voici le texte du « petit bleu ».

Monsieur le Commandant Esterhazy
27, rue de la Bienfaisance

Monsieur
J'attends avant tout une explication plus détaillée [que] celle que vous m'avez donné l'autre jour sur la question en suspens. En conséquence je vous prie de me la donner par écrit pour pouvoir juger si je peux continuer mes relations avec la maison R. ou non
C.

Picquart se réserva cette affaire. Les officiers du bureau connaissaient le « petit bleu », puisque c'était Lauth qui l'avait reconstitué et à qui Picquart en avait fait faire des photographies ; mais celui-ci ne les entretint jamais de l'enquête qu'il avait aussitôt ouverte sur Esterhazy (notamment par voie de filature de police, ouverture de correspondance, etc.) ; et il ne dit mot de toute l'affaire à ses chefs, jugeant préférable de ne les alerter que quand son dossier serait suffisamment étoffé. Ses investigations dureront des semaines et des mois. Il lui était en effet difficile de prendre Esterhazy sur le fait, car peu après le « petit bleu », Schwartzkoppen congédia son espion.

Il fut cependant, un jour, obligé de rompre son silence.

Mais il nous faut ici ouvrir une parenthèse, et revenir en arrière.

Les agissements d'Esterhazy avaient, dès le début, fait l'objet d'échos venus d'Outre-Rhin.

Dans les derniers mois de 1894 déjà, Richard Cuers, secrétaire du Bureau de renseignements de l'armée allemande (« le Gribelin allemand ») et agent à notre solde, avait signalé à Lajoux, ancien sous-officier français qui, à Bruxelles, dirigeait, pour le compte de la Section de statistique, un réseau d'agents recrutés par lui, qu'à Paris, un monsieur appartenant au ministère de la Guerre, décoré, âgé de 45 à 50 ans, renseignait Schwartzkoppen et lui remettait fréquemment des rapports. Mais Cuers ne savait pas le nom de cet individu.

Ce fut seulement un an et demi plus tard, et même davantage, que Picquart l'identifia.

En premier lieu, pour une raison ou pour une autre, Lajoux s'abstint de transmettre à Paris ses renseignements sur le « décoré » avant que fût terminée (fin décembre 1894) l'affaire Dreyfus, qui avait éclaté entre temps. Il ne le fit qu'au début de 1895. Sandherr et Henry, peut-être à cause de l'insuffisance du signalement et malgré l'insistance de Lajoux, ne poursuivirent — semble-t-il tout au moins — que mollement la recherche de ce nouveau personnage, et surtout sans se douter un instant que celui-ci pût avoir une relation quelconque avec l'affaire Dreyfus.

Puis, le 10 juillet (1895), Lajoux manda à Paris que, d'après Cuers, on avait fait des recherches au Bureau des renseignements allemand en vue de trouver pour qui Dreyfus avait trahi : en vain, personne ne l'y connaissait. Une telle nouvelle ne pouvait être du goût d'Henry. Que Cuers obtînt des preuves positives de l'innocence du condamné, qu'il les passât à Lajoux, et que Lajoux, qui venait de temps à autre à Paris, les portât à des journalistes, ce pourrait être la catastrophe pour le faux-témoin du Cherche-Midi.

En ce même moment, Picquart venait de prendre la tête de la Section de statistique. Henry l'endoctrina. Il lui représenta Lajoux comme quelqu'un dont Sandherr, à cause de brillants services rendus jadis, ne voulait pas se séparer, mais qui était déchu, n'apportait plus rien, peut-être passé aux Allemands, et qui détenait fâcheusement les lettres par lesquelles divers officiers de la Section lui avaient donné leurs directives. Picquart prit les mesures qui paraissaient s'imposer : Lajoux fut congédié, il lui fut interdit de remettre les pieds en France, son domicile fut cambriolé par un homme de main qui rapporta à la Section ses papiers, y compris les lettres par lui reçues de Cuers.

Picquart et Henry s'étaient ainsi privés d'un précieux moyen d'apprendre qui était le « décoré ». Ils ne continuèrent pas moins à le chercher, et finirent par se convaincre (ou Henry finit par convaincre Picquart) que ce personnage mystérieux n'était autre qu'un certain Guillot, capitaine du train, qui, effectivement, fut condamné plus tard. Picquart en était si bien persuadé que quand il apprit (mars 1896) par le « petit bleu », l'existence et les activités d'Esterhazy, il ne songea pas à faire un rapprochement entre le « décoré » et ce « nouveau traître », qui avait eu 47 ans en 1894, et portait son ruban rouge jusque dans le bureau de Schwartzkoppen.

Et puis, trois mois plus tard, Cuers (fut-ce spontanément, ou sur l'ordre de ses chefs, et pour savoir quoi ?) se présenta fin juin 1896 chez notre attaché militaire à Berlin, le lieutenant-colonel de Foucault. Il lui raconta qu'il avait été mis à pied, et que dans cette situation il craignait un chantage (pourquoi ?) de la Section de statistique. Pour détourner celle-ci d'une telle action, et par vengeance contre ceux qui l'avaient congédié, il désirait instamment une entrevue avec un de ses émissaires. Ayant perdu son intermédiaire habituel avec elle, Lajoux, il était obligé de demander à l'attaché lui-même de lui procurer une telle rencontre. Il avait encore beaucoup à dire. Il ajouta que Schlieffen, le chef d'Etat-Major allemand, avait fait faire des recherches dans tous les services de l'armée allemande pour savoir qui y était le correspondant de Dreyfus ; il n'avait rien trouvé. Lui, Cuers, à son Bureau, n'avait connu comme officier français renseignant l'Allemagne, qu'un commandant, âgé de 40 à 50 ans, décoré, et qui remettait à Schwartzkoppen des rapports sur diverses questions, en particulier l'artillerie.

Picquart apprit ces nouvelles fin juillet. Ainsi le « décoré » était un commandant ! Picquart comprit enfin que, derrière le traître innommé, il y avait Esterhazy. Les révélations de Cuers et leur ancienneté étaient une preuve puissante de la trahison du destinataire du « petit bleu ».

Picquart organisa l'entrevue demandée par Cuers. Lauth, accompagné d'Henry, y représentait la Section de statistique. Elle eut lieu à Bâle (6 août 1896) et fut assez décevante. Cuers, s'il donna quelques renseignements intéressants sur les fournitures du « décoré », ignorait toujours — dit-il — son nom.

Mais surtout, l'événement montrait à Picquart que les grands chefs pouvaient apprendre par d'autres que par lui ce qu'il leur tenait caché, et il s'empressa, au retour de Boisdeffre, qui était à Vichy, de le mettre au courant de l'histoire du « petit bleu » et de l'enquête à laquelle cette pièce avait donné lieu de sa part.

Le 5 août (1896) il a un entretien avec le Chef d'Etat-Major général ; il lui montre le « petit bleu », lui dit les résultats de ses recherches, Esterhazy débauché, endetté, ne reculant devant aucun moyen pour se procurer de l'argent. Boisdeffre lui prescrit de continuer son enquête, et lui permet d'en informer le ministre, qui était alors le général Billot.

Picquart n'avait encore pu se procurer, en ce 5 août, que quelques lignes de l'écriture d'Esterhazy. Une circonstance fortuite allait remédier à cette lacune. Vers la mi-août, Esterhazy, dont le régiment devait quitter Paris, demanda à être affecté au ministère, soit à la Direction de l'Infanterie, soit à la Section de statistique, et y adressa deux lettres à cet effet. Billot, mis au courant de ses tares par Picquart, ne voulait pas de lui, mais il était assailli de recommandations des puissants protecteurs du candidat. Pour se débarrasser de leurs instances, il désira être renseigné à fond sur le personnage. A tout hasard, il fit envoyer les deux lettres à Picquart.

L'effet de ce geste dépassa de très loin le but visé.

Picquart tient en effet en mains une page de l'écriture d'Esterhazy, et celle-ci lui en rappelle une autre : celle du bordereau, dont il possède une photographie. Il les compare : c'est la même.

La condamnation de 1894 a été une erreur.

Entre Dreyfus, riche, menant une vie de famille, dont deux experts ont refusé de reconnaître l'écriture en celle du bordereau, et Esterhazy, besogneux, vivant la moitié du temps chez une fille, jouant en bourse, et dont l'écriture est identique au premier coup d'œil à celle de la lettre criminelle, il n'y a pas d'hésitation possible : c'est le second qui est coupable.

Pourtant, il reste un obstacle : le « petit dossier », communiqué aux juges de 1894, dont Picquart, on l'a vu, ignore le contenu, mais qu'on lui a dit, alors, être écrasant pour Dreyfus.

Picquart se le fait apporter — Henry étant en permission — par Gribelin. Il en prend connaissance et constate avec stupeur l'insignifiance des pièces, l'ineptie du commentaire.

Le memento de Schwartzkoppen s'applique bien mieux à Esterhazy qu'à Dreyfus [1]. Bien d'autres personnes que celui-ci peuvent être l' « ami » de la « lettre Davignon ». Il est monstrueux d'admettre qu'il ait pu dérober — comme le veut le commentaire — des plans directeurs au 1er Bureau.

La 4e pièce n'a pas plus de valeur que les précédentes.

Arrêtons-nous un moment, car ici nous rentrons dans ce qui est proprement l'objet de notre étude. Nous nous trouvons à l'instant — dont nous avons déjà parlé [2] — où Picquart rencontre le voyage de Mendigorria, ladite 4e pièce n'étant autre, comme nous l'avons montré, que la troisième note de Guénée sur ce voyage.

Cette pièce, ou note, rappelons-le, indiquait que Mendigorria était parti pour la Suisse afin de s'y livrer à des besognes peu catholiques, et que Schwartzkoppen était venu au 2e Bureau se plaindre à ce sujet.

Le commentaire ajoutait que le 2e Bureau avait su ce départ dès qu'il s'était produit, et que lui seul (c'est-à-dire Dreyfus, qui y était alors) avait pu en informer l'Allemand.

Picquart, en lisant la pièce, jugea — ce sont les termes qu'il emploiera plus tard — cette histoire absurde. En quoi Schwartzkoppen pouvait-il avoir à se plaindre, devant le 2e Bureau, du départ d'un de ses collègues à l'étranger ? Il y avait là quelque chose d'inexplicable.

Le commentaire ne lui apporta pas d'éclaircissement sur ce point. Mais les conclusions qui y étaient tirées du départ et de l'incompréhensible visite ne lui parurent pas moins absurdes que cette dernière même.

Mendigorria était parti, et le 2e Bureau l'avait su. Bien. Schwartzkoppen était venu protester, ce qui prouvait qu'il l'avait su aussi. Bien. Mais pourquoi le commentateur voulait-il qu'il l'ait su par le 2e Bureau ? Dans le milieu des attachés militaires, on se voit beaucoup, on connaît les faits et gestes, les déplacements les uns des autres. De plus, Schwartzkoppen et Mendigorria étaient liés. Ainsi Schwartzkoppen avait tout bonnement appris le départ de Mendigorria soit par la rumeur publique du monde des attachés étrangers, soit par Mendigorria lui-même. Il était purement gratuit de supposer que l'Allemand n'avait pu être informé de ce départ que par le 2e Bureau, pour en induire qu'il y avait dans ce bureau un traître, lequel était Dreyfus.

---

1. Il ne vient pas à l'esprit de Picquart que le memento puisse n'avoir rien à faire avec l'auteur du bordereau. Voir ci-dessus, p. 51.
2. *Ibid.*

Telles furent les réflexions qu'inspira à Picquart la 4e pièce du « petit dossier », ou troisième note de Guénée. Elles étaient parfaitement logiques, mais elles passaient à côté de ce qui faisait le fond de l'affaire, et dont la troisième note ne parlait pas. Nous avons assez dit, en effet, que cette note ne reprenait pas l'accusation imaginée par Valcarlos et présentée dans les deux premières, suivant laquelle l'objet du voyage de Mendigorriá aurait été de travailler en Suisse pour compte allemand. C'était là ce qui expliquait la protestation de Schwartzkoppen. Et cette démarche à son tour semblait attester que celui-ci avait eu connaissance — par le 2e Bureau nécessairement — de l'accusation, car sans cela pourquoi serait-il venu s'en défendre ?

Tout cela, Picquart, redisons-le, ne pouvait le savoir par le « petit dossier ». Il est vrai que quand il l'apprit... Mais nous avons déjà prévenu le lecteur que Picquart n'a jamais rien compris à l'histoire du voyage de Mendigorria.

Reprenons la suite de notre récit.

Picquart a donc rejeté la 4e pièce du « petit dossier » comme les trois autres. Rien de tout cela ne résiste à cinq minutes d'examen. Les preuves accablantes annoncées par Sandherr n'existent pas, Dreyfus est innocent et Esterhazy est l'auteur du bordereau, le coupable de 1894. Un jour ou l'autre la vérité apparaîtra, la révision du procès du Cherche-Midi s'imposera. Il vaut mieux que l'armée en prenne l'initiative.

C'est dans les tout derniers jours d'août (1896) que Picquart arrive à cette conviction.

Le 1er septembre, il se rend chez Boisdeffre, avec une note, qu'il a rédigée, montrant qu'Esterhazy est le traître d'il y a deux ans. Il a apporté avec le « petit bleu » la photographie du bordereau, les lettres d'Esterhazy, les résultats de son enquête, les pièces secrètes et le commentaire. Pendant tout le temps qu'il expose sa découverte, Boisdeffre — hormis un instant de colère, vite réprimé, lorsqu'il apprend que le « petit dossier » existe toujours (il le croyait « brûlé comme il avait été convenu ») — reste impénétrable, n'élève aucune objection, ne fait aucune remarque — jusqu'au moment où il dit : — Allez voir Gonse.

Le 3 septembre (c'est, notons le en passant, ce soir là que parut dans les journaux la fausse nouvelle de l'évasion), Picquart se rend, avec le dossier qu'il avait apporté à Boisdeffre, chez Gonse, qui se repose à Cormeilles en Parisis. Et c'est la scène de l'avant-veille qui se reproduit. Gonse écoute sans mot dire, puis, quand l'exposé est terminé : — « Alors, on se serait trompé ? » Mais, comme Picquart demande des instructions : « Il faut séparer les deux affaires », répond Gonse.

Séparer les deux affaires, cela signifie : Esterhazy est sans doute un traître. Apportez-nous des preuves contre lui, nous poursuivrons. Mais, comme preuve, n'invoquez pas le bordereau et son écriture. Le bordereau est de Dreyfus. Un conseil de guerre en a jugé ainsi, il n'y a plus à y revenir. Gonse donne l'ordre à Picquart de ne plus parler de l'affaire Dreyfus — sans avoir protesté un instant que Dreyfus est coupable.

En cela, il se savait d'accord avec Boisdeffre. Si l'on avait voulu suivre Picquart, il aurait d'abord fallu faire condamner Esterhazy pour le bordereau, puis les deux condamnations (celle d'Esterhazy et celle de Dreyfus) auraient été automatiquement annulées par la Cour de cassation, qui aurait renvoyé les deux officiers devant un nouveau Conseil de guerre, où le huis clos n'aurait sans doute pas été prononcé. C'eût été un immense déballage, où se seraient révélées les faiblesses de l'accusation de 1894, la communication secrète, forfaiture de Mercier dans laquelle les deux généraux eux-mêmes avaient trempé, et l'inanité des pièces communiquées, qui rendait la forfaiture impardonnable. Il ne pouvait en être question.

Mais Gonse et Boisdeffre ne désiraient pas davantage voir Picquart continuer ses recherches contre Esterhazy. Le « petit bleu » les avait convaincus que le commandant était un traître, la comparaison des écritures, que c'était lui qui avait écrit le bordereau. Le poursuivre, le traduire devant un Conseil de guerre pour d'autres trahisons, c'eût été côtoyer un précipice, risquer à tout instant de voir l'affaire Esterhazy verser dans l'affaire Dreyfus. Mais cela, il fallait que Picquart le comprît sans qu'ils eussent à le lui spécifier. Picquart a dit plus tard que si les chefs lui en avaient donné l'ordre, il aurait cessé son enquête sur Esterhazy. Mais eux n'eurent pas le front de lui dire : ne vous occupez plus de l'homme du « petit bleu ». Et comme ils l'y avaient autorisé (« Séparez »), il continua.

Ici, à vrai dire, nous anticipons un peu, car d'abord, c'est-à-dire aussitôt après son entretien de Cormeilles du 3 septembre, Picquart continua à militer en faveur de Dreyfus.

Le 5 septembre, le 7 septembre, il écrit à Gonse pour lui signaler qu'il a recueilli des indices nouveaux, qu'un fait grave vient de se produire, donnant à craindre qu'une campagne de révision mal engagée ne commence bientôt. Gonse lui répond chaque fois par des paroles lénifiantes, lui recommandant de « marcher avec la plus extrême prudence ». Le 14, Picquart lui écrit encore à propos de l'article de l'*Eclair*, qui, dit-il, confirme ses appréhensions.

Entre temps, il a arraché à Boisdeffre, le 7, l'autorisation d'exposer l'affaire, toute l'affaire, au ministre. Billot n'a jamais vu le bordereau, il ignore la communication secrète. Picquart lui soumet le dossier qu'il a déjà montré aux deux chefs de l'Etat-Major. « Mais c'est l'écriture d'Esterhazy » s'écrie Billot quand, ayant lu les lettres du commandant, il prend connaissance du bordereau. L'espoir que put concevoir Picquart ne fut pas de longue durée. Quand il rendit compte de sa conversation avec le ministre à Boisdeffre, celui-ci sursauta : « Comment ? Vous lui avez montré le petit dossier » ?, et se précipita chez Billot.

Nul n'a jamais su ce qui s'était dit dans cet entretien. De ce qui s'ensuivit, on peut inférer que Boisdeffre convainquit Billot de ne pas encourager Picquart, mais ne le persuada pas que le bordereau n'était pas d'Esterhazy. « J'ai eu des nuits sans sommeil » confessera plus tard Billot. Son attitude fut ce que l'on appelle aujourd'hui l'immobilisme. Au surplus, il ne voulait pas d'agitation dans le pays avant l'arrivée des souverains russes, qui devaient venir en visite officielle en France le mois suivant.

Le 15 septembre, Gonse, rentré de Cormeilles, reçut aussitôt Picquart, et cette fois, n'ayant plus à observer la « prudence » que commande un échange de lettres, il ne se gêna pas pour lui dire brutalement le fond de sa pensée. C'est la scène célèbre :

— « Qu'est-ce que cela peut vous faire que ce Juif reste à l'Ile du Diable ? »

— « Mais s'il est innocent ? »

— « Si vous n'en parlez pas, personne n'en saura rien ».

— « C'est abominable ce que vous dites là, mon général, »[1], etc.

Picquart était désormais fixé : les chefs resteraient volontairement sourds à ses arguments en faveur de Dreyfus. Et il ne tarda pas à comprendre que même son enquête sur Esterhazy, qu'ils feignaient de vouloir le voir poursuivre, ne pourrait aboutir : chaque fois qu'il leur proposait à cet effet un moyen à ses yeux efficace (faire expertiser l'écriture d'Esterhazy comparativement à celle du bordereau, mettre le commandant aux arrêts à raison des désordres de sa vie privée, lui faire tendre un piège par la police), ils le refusaient, Billot compris. Il dut se borner, sans conviction, à quelques investigations auprès des témoins possibles.

Faisant cependant, comme d'habitude, son rapport quotidien au ministre, il lui reparlait de l'affaire, et sentait que la perplexité qu'il avait jetée dans l'esprit de Billot ne s'était pas dissipée.

1. Gonse nia ces propos.

Au milieu de tant d'événements qui s'étaient succédé depuis cette fin d'août où il avait ouvert le « petit dossier », Picquart songeait pourtant de temps à autre à la 4e pièce, et à l'énigme irritante qu'elle posait.

Il avait deviné sans peine que l'auteur de ce document, qui traitait d'affaires espagnoles, émanait de l'ami de Valcarlos, et un jour — c'était en ce 19 septembre où Guénée lui apportait le résultat de son enquête sur l'article de l'*Eclair* — il songea que par lui il pourrait obtenir la clé du mystère.

« J'ai lu » dit-il au policier, « dans le dossier Dreyfus un rapport [1] de vous. Il y a là quelque chose que je ne comprends pas : pourquoi Schwartzkoppen est-il allé se plaindre au 2e Bureau du départ de Mendigorria ? »

Guénée ignorait le « petit dossier ». Mais il ne fut pas surpris qu'il y eût un dossier Dreyfus, et inféra de la question de Picquart que ce dossier ne contenait pas ses deux premières notes sur le voyage en Suisse. Il se mit donc en devoir de donner toutes les explications utiles.

« Nous savions par M. de Valcarlos » répondit-il, « que Mendigorria travaillait contre nous en Suisse pour le compte des Allemands, et le 2e Bureau en a été informé. Schwartzkoppen a appris par celui-ci que nous étions au courant, et c'est pour cela qu'il est venu protester n'être pour rien dans ce voyage ».

« Cette explication est absurde » répondit Picquart. « Si Schwartzkoppen a su, par quelqu'un qu'il avait à lui chez nous, que nous avions été informés secrètement des manigances allemandes contre nous, il ne sera pas venu nous en parler, même pour démentir. C'eût été faire voir qu'il avait un agent secret dans la place. Cela ne tient pas debout ! ».

Guénée essaya vainement d'objecter que Schwartzkoppen, en se désolidarisant hautement du voyage de Mendigorria, avait voulu ôter de la tête de ces messieurs du 2e Bureau que son pays y fût pour quelque chose. Picquart ne répondit même pas.

Son raisonnement était très juste, mais il n'avait pas vu qu'il reposait sur une hypothèse qui n'était pas nécessairement vraie : à savoir que Guénée — et par suite le Service des renseignements et le 2e Bureau — étaient les seuls détenteurs du secret du motif prêté imaginairement par Valcarlos au voyage en Suisse. Picquart voyait Valcarlos comme un agent, qui doit réserver à ses employeurs les renseignements qu'il obtient. Mais Valcarlos n'était pas un agent, c'était un bavard, et l'histoire qu'il avait

1. Voir p. 34, note au bas de la page.

racontée à Guénée, il l'avait dite — nous l'avons déjà vu [1] — à l'un ou l'autre de ses collègues. Elle s'était ébruitée dans le milieu des attachés militaires, elle était parvenue jusqu'à Schwartzkoppen qui, se doutant (à juste titre, l'événement le prouva) qu'elle arriverait jusqu'au 2e Bureau, y était allé pour la démentir.

Picquart avait très bien vu que le *départ* de Mendigorria était, parmi les attachés, une chose publique : il n'imagina pas que le *but prêté par Valcarlos au voyage* était pour eux une chose non moins publique. C'est pourquoi il ne comprit jamais la raison pour laquelle la visite de Schwartzkoppen pouvait à la fois avoir trait à la prétendue intervention allemande dans le voyage et ne pas accuser l'existence d'un informateur que celui-ci aurait eu à l'Etat-Major.

Il sortit donc de son entretien avec Guénée persuadé — mais sans le lui dire — que la qualité d'émissaire allemand de Mendigorria était une invention du policier pour expliquer l'inexplicable visite de Schwartzkoppen, et qu'il n'y avait rien à en retenir.

Nous ne cacherons pas plus longtemps au lecteur que la conversation que nous venons de relater est encore une fois — sauf la première phrase — une reconstitution de notre part.

Nous nous en expliquerons plus loin à propos d'une note où Guénée travestit complètement cette conversation pour rendre inefficaces les objections du colonel.

Car — n'imaginant pas, lui non plus, qu'il n'avait pas été, en la circonstance, l'unique confident de Valcarlos — il avait été impressionné par les raisonnements de Picquart. Il y avait vu une argumentation propre à convaincre les chefs que sa troisième note sur le voyage ne prouvait rien quant à la présence à l'Etat-Major d'un officier qui trahissait. Il alla aussitôt en prévenir Henry, qui était rentré de permission la veille, 18 septembre (1896).

III

Revenons une fois de plus en arrière, à l'arrivée du « petit bleu », qui s'était produite, on s'en souvient, au moins de mars précédent. Nous avons vu qu'il avait été remis à Picquart par Henry, dans les cornets, que celui-ci n'avait pas eu le temps d'inventorier, partant en voyage le soir même. Son absence fut longue, il ne revint au bureau que dans les premiers jours d'avril ; Lauth était alors parti en permission. Ce ne fut donc qu'au retour de ce dernier qu'Henry apprit l'existence du « petit bleu », vit les photographies que Lauth en avait faites.

---

1. Voir ci-dessus, p. 32.

Il eut un choc. Esterhazy avait été son voisin de bureau lors de son premier passage à la Section de statistique — auquel nous avons déjà fait allusion — entre 1877 et 1880. Ainsi cet ancien camarade du Service des renseignements était maintenant un agent de Schwartzkoppen ! Henry ne fut pas autrement surpris de cet avatar, ayant connu le personnage, bête de proie sans scrupules que rien n'arrêtait quand il s'agissait d'obtenir l'argent nécessaire à la vie brillante qu'il menait.

Mais le « petit bleu » montrait que les relations d'Esterhazy avec l'attaché allemand n'en étaient pas à leur début. A quand remontaient-elles ? Henry eut l'intuition que le destinataire de la pièce pouvait être l'auteur du bordereau.

Dut-il se livrer à de longues recherches pour s'en assurer ? Tout ce que nous pouvons dire c'est qu'il se rendit compte bien avant Picquart qu'Esterhazy était le traître de 1894 et que la culpabilité de Dreyfus s'effondrait.

En un instant, il entrevoit l'abîme. Que Picquart ou tout autre vienne à prouver que le crime est celui d'Esterhazy, ce sera la révision du procès du Cherche-Midi, la révélation de son faux témoignage, sa condamnation, sa ruine.

Cette vision ne dure qu'un instant, mais il ne peut s'empêcher de penser à ce qu'il faudra faire quand le péril sera là. Devra-t-il rechercher la connivence de Valcarlos, lui demander d'avaliser la déposition dramatique où il l'a fait parler ? On croira en la parole de ce gentilhomme, de cet ami désintéressé de la France.

Et à ce moment, Henry s'aperçoit de la sottise qu'il a faite en donnant comme pseudonyme au bénéficiaire des fausses mensualités les initiales de l'attaché en second. Il faut tout de suite arrêter cela. « Désormais », dit-il à Gribelin, « vous inscrirez les mensualités de V. C. sous le nom de Vésigneul ». Gribelin, qui n'a pas bien compris, porte, à la fin du mois, « Vésigneul (V. C. Service de Paris) 400 francs ». Mais, la fois suivante, et par la suite, il écrira comme il faut « Vésigneul ».

Cette première inscription de Gribelin « Vésigneul VC » se rapporte à la fausse mensualité de juin. Elle nous donne l'époque à laquelle Henry comprit qu'Esterhazy était l'auteur du bordereau : au plus tard fin juin (1896).

Henry, cependant, tant que Picquart n'avait pas découvert en ce dernier le traître de 1894, ne pouvait pas intervenir dans l'enquête de son chef. C'eût été se démasquer.

Il trouva pourtant une fois l'occasion, sans paraître y toucher, de tenter de le dissuader de poursuivre ses recherches.

On a vu que Picquart tenait les officiers du Service complètement à l'écart de cette affaire. Il ne pouvait toutefois, vis-à-vis d'Henry, feindre de croire que celui-ci n'eût pas appris l'arrivée du « petit bleu », et les investigations auxquelles il se livrait sur son destinataire. Il savait qu'ils s'étaient trouvés tous les deux ensemble, jadis, au bureau. Il pensa qu'il pourrait apprendre quelque chose par Henry.

« Est-ce que vous connaissez Esterhazy ? » lui demanda-t-il.

« Oui » dit Henry, « je l'ai connu autrefois. Il était au Service des renseignements en même temps que moi et que Weil ».

Picquart lui demanda si c'était un homme sujet à caution.

« Je l'ai perdu de vue », répondit Henry, qui se lança aussitôt dans un discours sur Weil.

Ainsi, quand Picquart lui parlait d'Esterhazy, Henry répondait Weil. Ce n'était pas pour changer le sujet de la conversation, comme on pourrait le croire, mais au contraire l'orienter vers son vrai sujet.

Weil était cet officier qui avait dû démissionner de l'armée pour indélicatesse aux courses, et que Saussier, l'ayant fait réintégrer dans la territoriale, avait pris à son Etat-Major. Saussier était l'inamovible gouverneur militaire de Paris, généralissime désigné en temps de guerre. C'était, dans l'armée, un monstre sacré, comme on dirait aujourd'hui, intouchable — et qui s'intéressait beaucoup à Mme Weil. Cette protection n'empêcha pas que Weil, ayant été traité d'espion par la *Libre Parole* et ne s'étant pas défendu, dut à nouveau donner sa démission. Mais cet incident n'interrompit pas l'intimité affichée du ménage avec le gouverneur, que Weil continuait d'appeler « le patron ».

Au moment du procès Dreyfus, Saussier, que l'on avait su défavorable aux poursuites, avait été attaqué à travers Weil, par la même *Libre Parole.*

Apprendre à Picquart, dans les conditions où le faisait Henry, la vieille camaraderie d'Esterhazy et de Weil, c'était lui donner à entendre qu'elle subsistait (ce qui était le cas en effet) c'était lui dire : Attention, si vous vous en prenez à Esterhazy, vous aurez contre vous Weil, et Weil c'est Saussier. Vous vous briserez.

Sous couleur de donner un avertissement qu'un ancien peut se permettre vis-à-vis d'un jeune supérieur, Henry cherchait à éteindre des foudres qu'il redoutait pour lui-même.

Picquart n'avait, d'ailleurs, pas besoin de cet avis, car il faisait — nous l'avons dit — ouvrir le courrier d'Esterhazy, et était parfaitement au courant de son étroite amitié avec Weil. Mais la crainte de Saussier n'était pas de nature à lui faire abandonner la poursuite de celui qu'il considérait encore à cette époque comme le nouveau traître.

Henry, de son côté, se garda bien d'avertir en haut lieu de l'arrivée du « petit bleu » et des conséquences qui en pouvaient résulter. Il n'allait pas remuer l'eau dormante. Il se contenta de prévenir Esterhazy[1].

Il en était là quand arriva l'époque de l'ouverture de la chasse, qu'il ne manquait jamais. Il prit donc, comme tous les ans, sa permission fin août, et partit le 25, sans se douter que pendant ce temps Picquart allait demander à Gribelin le « petit dossier ».

Quand il rentra, le 18 septembre, le paysage était entièrement changé. Par les journaux, il avait appris la reprise de l'affaire Dreyfus, l'interpellation Castelin. Dès son retour au bureau, Gonse l'informa de la découverte de Picquart, de sa proposition de réviser le procès de 1894. Le danger qu'il entrevoyait depuis plusieurs mois s'était donc concrétisé.

Il songea aussitôt à la parade qu'il avait envisagée dès le début : faire confirmer son faux témoignage par Valcarlos. Mais, comme toujours, il ne voulait pas apparaître : il en chargea Guénée. Le policier vint donc un beau jour annoncer à Valcarlos qu'il rendrait un grand service s'il voulait bien affirmer par écrit que celui qui renseignait les attachés militaires était un officier du ministère. Valcarlos refusa de signer une pareille lettre. La démarche de Guénée lui ouvrit les yeux sur ce qu'était le personnage, qu'il considéra désormais comme « mauvais », selon son expression, et qu'il tint dès lors à distance. Il ne soupçonna pas que le coup venait d'Henry — dont il ignorait encore, dit-il, qu'il faisait partie du Service des renseignements — et lui garda toute son amitié.

Après l'échec de cette tentative, dont la réussite lui eût assuré, croyait-il tout au moins, une position personnelle confortable, il ne restait plus à Henry qu'à joindre ses efforts à ceux de Boisdeffre et de Gonse contre l'action de Picquart.

IV

C'est ici que confluent les trois séries concomitantes d'événements que nous avons présentées l'une après l'autre : le retour sur l'eau de l'affaire Dreyfus après la fausse nouvelle de l'évasion,

---

1. Desvernine (l'agent que Picquart employait pour ses filatures d'Esterhazy) note le 24 juin 1896 :

« V [Walsin-Esterhazy] a dit à son concierge : « On nous a « prévenus qu'on faisait dans ce moment des enquêtes sur des officiers ; « si on vient vous demander des renseignements sur moi, vous n'avez rien « à dire ; faites monter chez moi je me charge de répondre. »

l'arrivée du « petit bleu » et l'enquête de Picquart ; les réactions d'Henry à l'apparition du nom d'Esterhazy.

Résumons la situation devant laquelle se trouvaient Gonse et Boisdeffre en ce dernier tiers du mois de septembre (1896) : un chef du Service des renseignements qui ne voulait pas abandonner l'idée que Dreyfus était innocent, et qui pesait sur le ministre ; un ministre en proie à des crises de conscience, et, à l'horizon, une interpellation à la Chambre dont on ne savait quelle serait la tendance. Une mesure s'imposait : éloigner Picquart. Billot n'étant plus catéchisé par cet homme, on pourrait le ramener à la raison, qui commandait de ne pas rouvrir l'affaire Dreyfus, l'affermir suffisamment pour qu'il tînt tête à Castelin au cas où l'interpellateur voudrait remettre en cause la chose jugée.

Mais le moment n'était pas propice. La prochaine arrivée du tsar occupait l'esprit du ministre, et tant que la visite impériale ne serait pas terminée, il se refuserait certainement même à ce qu'on lui parlât d'une question aussi grave que celle du renvoi du chef du Service des renseignements.

Il fallait attendre.

C'est probablement à cette époque que Picquart, toujours taquiné par le mystère de la 4e pièce du « petit dossier », par l'inexplicable visite, essaya une nouvelle tentative pour en trouver la solution. Il était toujours persuadé, non sans candeur, que sa découverte de la culpabilité d'Esterhazy et son insistance pour la révision n'étaient connues que des généraux. Il n'en pouvait pas moins parler du « petit dossier » avec les officiers du bureau, le fait qu'il en avait pris connaissance étant censé s'expliquer à leurs yeux par les vieilles consignes de Boisdeffre de continuer à creuser l'affaire Dreyfus. Il interrogea donc Henry et Gribelin sur la « 4e pièce ». « Je n'y ai rien compris du tout », leur dit-il, et à Henry : « Comment a-t-on pu communiquer une chose pareille ?» Que lui répondirent-ils ? C'est ce qu'il ne nous apprend pas. Certainement ils ne se soucièrent pas de l'éclairer, car ils le savaient déjà condamné.

Les souverains russes partis, Boisdeffre et Gonse se mirent à travailler Billot (mi-octobre 1896) pour obtenir le renvoi de Picquart. Henry collaborait à leur œuvre en fournissant le prétexte. On ne pouvait lui reprocher ouvertement son enquête sur Esterhazy, qu'il ne poursuivait d'ailleurs plus, nous l'avons dit, que mollement. Henry inventa qu'il était obsédé par l'idée de « substituer Esterhazy à Dreyfus » au point de négliger son service. « C'est un dévoyé », disait-il, « un névrosé », « le bureau ne marche plus que cahin caha ». C'est ce que les deux généraux firent valoir au ministre. Il fallait, dans l'intérêt même de Picquart, l'arracher à son idée fixe, l'envoyer se retremper dans une atmosphère saine, rétablir du même coup la paix dans la maison, qu'il troublait.

Boisdeffre voulait qu'on le reversât dans la troupe, et qu'on le fît partir pour le Tonkin, où il s'était distingué jadis. Billot repoussa cette solution trop voyante. Gonse insista, finit par dire : « C'est lui ou moi ». Billot céda, mais en y mettant les formes. Picquart ne cesserait pas d'être le chef de la Section de statistique. Il serait chargé d'une mission d'inspection des services de renseignements dans l'Est. Pendant ce temps, Gonse prendrait personnellement la direction de la Section (dont la surveillance rentrait déjà dans ses attributions), avec, comme bras droit, Henry, qui devenait ainsi, en fait, quoique sans le titre, chef du Service des renseignements. L'ordre de mission fut signé le 27 octobre (1896).

A peine y avait-il apposé sa signature, que Billot décida d'en différer l'exécution. L'inconnue de l'interpellation Castelin l'inquiétait toujours. Il préférait garder Picquart sous la main jusqu'à ce que cette échéance fût passée.

Ce fut, pour Gonse et Henry, la consternation. Quelle parade trouver ? Puisqu'il n'avait pas suffi de représenter Picquart comme obsédé par sa marotte, il fallait le dénoncer comme indigne.

Picquart avait un ami d'enfance, Leblois, strasbourgeois comme lui, qui était avocat au barreau de Paris. Parfois, quand les affaires qu'il avait à traiter posaient des questions juridiques, il le faisait venir à son bureau pour lui demander des avis. On les avait vus ensemble examiner des dossiers. Voilà, le moyen était trouvé. Picquart aurait consulté Leblois sur l'affaire Dreyfus-Esterhazy. Comment le saurait-on ? Mais par Picquart lui-même !

Il n'y a pas de plus grand crime dans l'armée que celui d'un militaire qui met un civil au courant des difficultés intérieures de la maison. Aussitôt que Billot apprendrait une telle nouvelle, il chasserait Picquart d'auprès de lui.

Mais sous quelle forme présenter la chose au ministre ? On ne pouvait pourtant pas lui apporter une note de quelques lignes, où, juste au moment où il venait d'être mis en sursis de départ, on verrait Picquart confesser à tel ou tel qu'il avait entretenu un civil de sa croyance en l'innocence de Dreyfus. La ficelle eût été trop grosse. Il fallait enrober la grave nouvelle dans un ensemble qui ne parût pas fait pour la circonstance. Et qui serait le rapporteur ? Guénée.

Henry imagina donc de se faire adresser par Guénée un compte rendu des propos que Picquart aurait tenus au vieux policier, dans cet entretien du 19 septembre dont nous avons déjà parlé. Comme si Guénée, qui se tenait tous les jours à deux heures dans le petit salon d'attente de la Section de statistique, eût attendu cette fin d'octobre pour apprendre à son patron des révélations importantes recueillies par lui six semaines plus tôt ! Mais Henry n'en était pas à six semaines près. Quand on apporte aux gens des nouvelles succulentes, ils ne regardent pas à la chronologie.

La formule adoptée avait d'ailleurs l'avantage de permettre à Guénée de glisser, dans les délayages qui lui étaient habituels, avant le récit des confidences de Picquart au civil, quelques mises au point chères à Henry.

Ce fut la « note confidentielle » de Guénée à Henry du 30 octobre 1896.

Ce document figure, aux Archives Nationales, à l'inventaire Patry, sous la cote BB^{19}68, dossier I, pièce 64. Mais il n'est plus possible d'y en obtenir communication.

Nous n'en connaissons que des pièces détachées.

M. Marcel Thomas (à l'époque où il poursuivait ses travaux, la « note confidentielle » était encore communicable) dans *L'affaire sans Dreyfus*, nous apprend que la note préludait par un rappel des enquêtes dont Picquart avait chargé Guénée (femmes, article de *l'Eclair*). Ensuite seulement venait l'entretien du 19 septembre.

Nous placerons ensuite, comme « pièce détachée », un renseignement venu de Gonse. Gonse avait l'habitude de coucher par écrit, sur de grandes feuilles de papier blanc, avec le nom de celui dont il les tenait, les informations qu'il recueillait de droite et de gauche sur l'affaire Dreyfus.

Dans la feuille afférente à la période fin octobre-3 novembre (1896), il indique comme venant de la « note confidentielle » que, selon Picquart parlant à Guénée, à l'entrée des délibérations du Conseil de guerre de 1894, cinq officiers étaient pour l'acquittement et deux pour la condamnation.

Il est difficile de croire que Picquart ait dit une chose pareille. C'est bien plutôt Henry qui, en faisant mettre par Guénée ce propos dans la bouche de son adversaire, cherche à minimiser, pour le cas où il serait découvert, l'importance de son faux témoignage : il n'a convaincu que deux des juges sur sept, il n'aurait pas empêché l'acquittement s'il n'y avait pas eu le « petit dossier ». Nous avons déjà vu [1] que plus tard, à Rennes, Maurel se livrera à la manœuvre inverse pour faire paraître anodine la forfaiture de Mercier : il présentera les juges comme étant tous, dès l'entrée en délibération, convaincus de la culpabilité.

Voilà donc une première « mise au point » qu'Henry fait insérer dans la « note confidentielle ».

1. Voir ci-dessus, p. 62.

La seconde — autre « pièce détachée » — va nous retenir un peu plus longtemps, car elle constitue le travestissement, que nous avons annoncé, de cette partie de la conversation entre Picquart et Guénée, du 19 septembre, qui portait sur le voyage en Suisse, et dont nous avons donné plus haut la reconstitution [1]. C'est encore dans *L'Affaire sans Dreyfus* que nous la trouvons.

Picquart, selon la « note confidentielle », interroge Guénée sur le voyage, et voici la question qu'il pose (nous citons le texte de notre auteur) : « Je ne vois pas bien quel intérêt aurait eu Dreyfus d'aviser *la rue de Lille* [2] que la Guerre avait connaissance de la mission dont elle avait chargé Mendigorria en Suisse, ce que j'ai lu dans vos rapports. »

Observons que cette question prêtée à Picquart est proprement idiote. Comment ! Le chef du Service des renseignements de l'armée française ne comprend pas que, si les Allemands ont dans notre Etat-Major quelqu'un à leur solde, il est du devoir, si l'on ose dire, de ce quelqu'un, et par conséquent de son intérêt, de les prévenir chaque fois qu'il apprend que ledit Etat-Major a eu connaissance secrètement de ce qu'ils trament dans l'ombre contre nous ?

Combien plus est-il vraisemblable que Picquart ait demandé à Guénée, comme nous le lui avons fait faire : pourquoi la démarche de Schwartzkoppen au 2e Bureau ? Le motif de cette visite, il ne l'a jamais démêlé. Dans sa déposition à Rennes, on voit qu'il le cherche encore. C'était donc essentiellement la question qu'il devait poser au policier en l'interrogeant sur le voyage.

Les paroles stupides prêtées à Picquart n'ont pour but que de permettre à Guénée de faire sa réponse, que M. Marcel Thomas transcrit textuellement de la « note confidentielle » : « Je fis de mon mieux, écrit le policier, pour faire comprendre au colonel que Dreyfus avait un grand intérêt à aviser « ses amis » que la Guerre connaissait leur supercherie et la preuve c'est que Mendigorria *revint de suite* [3]. Mais je vis qu'un doute subsistait dans son esprit... »

Mendigorria « revint de suite » : voilà la « mise au point » d'Henry.

Reprenons notre reconstitution. Picquart a demandé à Guénée à quoi rimait la visite de Schwartzkoppen. Il n'est pas téméraire de penser, comme nous l'avons fait — et c'est d'ailleurs ce qui se

1. Voir ci-dessus, p. 82.
2. Souligné dans *L'Affaire sans Dreyfus* : la rue de Lille, c'est-à-dire l'ambassade d'Allemagne.
3. Souligné dans *L'Affaire sans Dreyfus*.

trouve dans la « note confidentielle » — que Guénée lui a expliqué que Mendigorria était un agent allemand, que nous l'avions su, que l'Allemand avait appris, par un homme à lui, que nous le savions, et était venu démentir. Il n'est pas davantage aventuré de supposer que Picquart lui a répondu (ce n'est pas nous qui inventons ce raisonnement de sa part, c'est lui qui le fait dans son Mémoire) que Schwartzkoppen ne se serait pas livré à une démarche qui aurait montré qu'il avait à l'Etat-Major quelqu'un à lui.

En apprenant de Guénée cette conversation, Henry se rend compte que la « 4e pièce » ne prouve nullement l'existence d'un traître à l'Etat-Major. Mais, suivant son habitude, il ne discute pas l'argumentation de Picquart ; il la contre en inventant un fait contre lequel se brisent toutes les argumentations : Mendigorria, qui était parti pour trois mois, est revenu « de suite », c'est-à-dire tout de suite après que le Service des renseignements eût été averti (par les notes de Guénée de fin mars 1894) qu'il agissait en Suisse pour le compte des Allemands. Par ces notes, Mendigorria était « brûlé » aux yeux des Français. Schwartzkoppen l'a su, et, selon la coutume, a rappelé immédiatement son homme. Mais comment l'a-t-il su, sinon par quelqu'un du 2e Bureau qui avait vu les deux notes — par Dreyfus ?

Tout l'intérêt de ce passage de la « note confidentielle » est dans la réponse de Guénée. C'est pour la rendre possible que Picquart est représenté comme ayant eu connaissance des deux notes de 1894 (« ce que j'ai lu dans *vos* rapports »), et comme assez bête pour ne pas comprendre que s'il existe un traître à l'Etat-Major, celui-ci a dû informer Schwartzkoppen du contenu de ces notes.

Ainsi Henry, par le moyen de la « note confidentielle », « met au point » la conversation de Picquart avec Guénée du 19 septembre. Il ne repousse pas le fait de la visite de Schwartzkoppen, il n'en parle plus. « On vous a dit, souffle-t-il aux chefs par la voie de la note, que, dans l'affaire du voyage en Suisse, la présence d'un traître à l'Etat-Major était prouvée par la visite de Schwartzkoppen ? Mais il y a bien mieux que cela, que vous ne saviez pas : elle est démontrée par le rappel brusqué de Mendigorria. »

Cette théorie nouvelle n'apparaît que dans la « note confidentielle ». Henry ne s'y tiendra pas, et, aux jours où le danger sera devenu plus sérieux, il en inventera une troisième, où l'on verra Schwartzkoppen, loin de rappeler Mendigorria, s'employer pour qu'il puisse continuer son voyage.

Nous ne savons pas si la note contenait d'autres « mises au point » d'Henry, mais il y a toutes raisons de penser que celle que nous venons d'exposer venait en dernier.

Les mots qui la terminent : « Mais je vis qu'un doute subsistait dans son esprit » préludent en effet à la révélation qui est le véritable objet de la « note confidentielle », et que nous connaissons par Picquart, à qui elle a été montrée beaucoup plus tard. Nous résumons : Picquart demande à Guénée s'il croit à la culpabilité de Dreyfus :

« Absolument, répond le policier.

— Eh bien ! moi, dit le colonel, j'en doute, et quand j'ai des doutes, je vais consulter un vieil ami à moi. »

Ce ne sont que quelques petits mots, mais c'est tout. Si Picquart a parlé du vieil ami à propos de Dreyfus, c'est qu'il l'a consulté sur l'affaire Dreyfus, c'est qu'il a commis le crime de parler au civil. Un peu plus tard, dans une nouvelle note, du 21 novembre, Guénée nommera l'ami : c'est Leblois. Mais dès la première, l'accusation capitale a été lancée.

Voilà ce que nous pouvons dire de cette « note confidentielle » du 30 octobre 1896 — dont on ne s'étonnera pas d'apprendre que Picquart nia en bloc la véracité.

Dès qu'il a la note en mains, Henry la porte à Gonse, en lui disant : « Il a communiqué le dossier. » Gonse note ce propos sur sa grande feuille blanche, et ajoute qu'il a immédiatement copié la note entièrement de sa main, et en a porté l'original au ministre.

Les deux compères s'étaient bien trompés s'ils avaient cru que Billot se laisserait prendre à la mise en scène qu'ils avaient imaginée (rapport de Guénée sur la conversation du 19 septembre). Billot sait bien que Picquart n'aurait pas fait de telles confidences au policier. Tout cela n'est qu'une invention pour le pousser à faire partir Picquart. Il hausse les épaules.

La manœuvre de la « note confidentielle » a donc été un échec.

V

Alors Henry décide d'appliquer à toute l'affaire Dreyfus la méthode qui lui est chère — celle qu'il a employée dans la « note confidentielle » à propos du point relativement mince qu'est le voyage de Mendigorria : apporter un fait qui, brutalement, coupe court à toute discussion. Peu importe si l'écriture du bordereau est celle d'Esterhazy et ressemble seulement à celle de Dreyfus ; si Esterhazy s'intéressait beaucoup à l'artillerie, si Dreyfus avait de la fortune et Esterhazy vivait dans la débauche et dans les dettes : j'apporte un fait.

Et il fabrique, comme venant des cornets, un billet de Panizzardi à Schwartzkoppen, où Dreyfus est nommé en toutes lettres comme leur agent à tous les deux. C'est la preuve absolue. La voie est barrée définitivement à la révision, Picquart est confondu et devra être éloigné sans délai.

Ce faux (le « faux Henry »)[1] porte comme date d'entrée à la Section de statistique : 31 octobre 1896. Mais c'est seulement le 2 novembre qu'Henry l'apporta — sans le montrer à Picquart — directement à Gonse, qui le porta aussitôt à Boisdeffre, et celui-ci à Billot.

Il était étranger à Henry que les gens puissent exercer leur esprit critique. Billot, quand il vit la pièce (rappelons qu'on attendait toujours l'interpellation Castelin) pensa : « Ce document vient bien à point ». Et il persista à garder Picquart près de lui.

On conçoit la déception de Gonse et d'Henry. Pour commencer, sur le conseil d'Henry, Gonse retire à Picquart le « petit dossier ». Henry chauffe contre Picquart Gonse, qui n'en a pas besoin, cherchant lui-même constamment à mettre Picquart en défaut.

Le 6 novembre (1896) paraissait à Bruxelles la brochure de Bernard Lazare, qui n'était plus celle de 1895, mais un texte beaucoup plus nourri. Elle avait été tirée à 3 000 exemplaires, dont beaucoup furent distribués aux membres du Parlement, aux notabilités de la magistrature, du barreau, de l'Université, et aux journaux.

Le 10 novembre, le *Matin* publiait un fac similé du bordereau, dont (on le sut plus tard) un de ses collaborateurs avait obtenu une photographie conservée par un des experts en écritures du procès de 1894.

Ce fut donc dans la presse une nouvelle flambée de l'affaire Dreyfus, elle exaspéra les chefs de l'Etat-Major et la Section de statistique, dont les membres marchaient derrière Henry contre Picquart, accusé de se mettre au service du parti de Dreyfus. C'était lui qui avait livré la photographie du bordereau, documenté Bernard Lazare, ainsi que l'*Eclair* dans son fameux article du 14 septembre.

Billot fut-il ébranlé ? Savait-il, ou ne savait-il pas que le billet où Panizzardi nommait en toutes lettres Dreyfus, la « preuve absolue », à lui apporté quelques jours auparavant par Boisdeffre, avait été caché à Picquart ? Voulut-il précisément s'en rendre compte, ainsi que de l'impression que ferait cette pièce sur le jeune lieutenant-colonel ? On peut se poser ces questions. Il

---

1. Le texte en est donné ci-après, p. 103, n. 1.

demeure que, au moment où nous sommes, il dit à Picquart qu'une pièce était parvenue qui prouvait sans doute possible la culpabilité du condamné. Il ne la lui montra pas (il ne la détenait plus), ne dit pas comment elle était arrivée, lui en donna de mémoire le contenu, parut la trouver bonne. Picquart s'étonna surtout qu'un tel document (qui ne lui semblait pouvoir être venu que par les cornets) eût échappé à son service, et émit respectueusement l'ombre d'un doute sur sa valeur probante. Il n'eut pas le temps d'approfondir, car Billot, jugeant sans doute l'épreuve suffisante, mit fin à l'entretien — et n'éloigna point Picquart.

En sortant du bureau du ministre, celui-ci trouva devant lui Gonse, qui paraissait l'attendre, et qui lui demanda de quoi Billot lui avait parlé. Picquart le lui dit, et ne se gêna pas vis-à-vis de Gonse pour ajouter que le document lui paraissait fort sujet à caution. « Moi », répondit Gonse, « quand un ministre me dit quelque chose, je le crois toujours », et il prévint Henry.

Henry jugea extrêmement dangereux cet entretien du ministre avec Picquart sur son faux. On pouvait craindre que d'autres ne suivissent. Il était plus urgent que jamais que Picquart s'en allât.

Puisque Billot ne voulait pas croire ce que lui disait l'Etat-Major sur les indiscrétions de son chef du Service des renseignements, il fallait lui en faire parvenir une preuve du dehors. Henry se chargea de la fabriquer — en y insérant, en plus, la menace qu'il avait fait entrevoir quelques mois plus tôt à Picquart.

Sur un morceau de papier vulgaire, il écrivit au crayon de couleur orange (sa fausse lettre de Panizzardi était au crayon bleu) ces lignes :

« Vous êtes informé que Castelin va vous dénoncer complice dans l'affaire Dreyfus, vous et M. Esterhazy commandant. Pierre ».

Et il envoya ce billet à Weil.

Weil aussitôt appela à lui Esterhazy. Ils se rendirent ensemble chez un ami commun, Adrien de Montebello, député, qui porta la lettre à Billot.

Ce nouveau coup de poker d'Henry réussit parfaitement. Il lui avait fallu une audace dont peu eussent été capables pour lancer au dehors du ministère — seul lieu où il fût connu, et encore seulement de quelques-uns — comme celui du traître de 1894, le nom d'Esterhazy, dont la révélation pouvait lui être à lui-même si funeste. Mais ni Weil, bien entendu, ni Montebello ne le répétèrent autour d'eux, de sorte que dans le public, il demeura aussi ignoré qu'auparavant.

Billot tomba dans le piège. Qui donc autre que Picquart, seul partisan de la révision parmi les initiés, pouvait avoir informé Castelin, l'ami des Dreyfus, du nom de l'auteur du bordereau, de son amitié avec Weil, peut-être d'une connivence des deux personnages dans la trahison ?

Et Castelin allait porter tout cela à la tribune, toutes ces accusations dont l'opprobre éclabousserait Saussier, son vieil ami, peut-être le généralissime de demain, et, à travers lui, tout le haut commandement !

Les indiscrétions de Picquart, auxquelles il n'avait pas voulu croire, étaient donc réelles, et bien pires que ce qu'on avait supposé. Il était grand temps d'y mettre fin.

Le 14 novembre, Billot convoqua Picquart à son bureau ; en présence de Boisdeffre et de Gonse, il lui montra la lettre Pierre, lui dit que son enquête sur Esterhazy avait été divulguée, qu'elle ne pouvait l'avoir été que par l'une des personnes présentes ou par un officier de son service (ce qui, en fait, revenait à l'en accuser lui-même). Puis, feignant d'être scandalisé de ce que le colonel se fût fait remettre par la poste le courrier d'Esterhazy (ce qui était un scandale en effet, mais une pratique courante à la Section de statistique, connue et tacitement approuvée des chefs d'Etat-Major), il lui notifia qu'il eût à se mettre en route dans les 48 heures pour la mission d'inspection qu'il lui avait confiée.

Le 16 novembre 1896, Picquart partait pour l'Est. C'était l'exil. Il ne s'en doutait pas encore. Pour ne pas éveiller ses soupçons, Gonse lui dit, aimable : « Vous nous reviendrez en décembre ».

L'interpellation Castelin eut lieu le 18 novembre. Lorsque le député eut terminé son discours, Billot constata avec un soupir de soulagement qu'il n'avait pas parlé d'Esterhazy ni de Weil, et qu'il n'était pas « inféodé aux Dreyfus » — au contraire. Le gouvernement obtint la confiance avec une immense majorité.

Après ce dénouement parlementaire, le silence se fit de nouveau dans la presse sur cette affaire Dreyfus qui venait de l'occuper pendant plus de deux mois.

Mais le feu rallumé n'était pas éteint.

Au ministère, pour Henry et Gonse, Picquart, bien qu'éloigné, demeurait un danger tant qu'il ne voudrait pas renoncer à la vérité.

Dans le pays, un certain nombre d'hommes, de ceux dont l'opinion compte, doutaient de la culpabilité du prisonnier de l'île du Diable, et s'inquiétaient.

Chapitre V

LA REPRISE DE 1897

I

Cependant, entre le 16 novembre 1896 où Picquart quitta Paris, et le jour où la presse devait publier pour la première fois le nom d'Esterhazy comme celui de l'auteur du bordereau, un an, jour pour jour, allait encore s'écouler — période incubatoire, si l'on peut dire, de la lutte qui allait diviser, déchirer entre eux les Français pendant si longtemps.

De cette période, suivant notre habitude, nous ne retracerons les événements qu'à grands traits, juste assez pour montrer comment s'encadre dans l'ensemble le développement de l'histoire étroite qui est notre sujet : Henry et Valcarlos.

Les hommes qui, dès avant et depuis la brochure de Bernard Lazare, s'étaient donné pour but de promouvoir la révision du procès de 1894 cherchaient des adeptes, s'adressant à droite et à gauche, accueillis ici, éconduits là. La plus éminente de leurs recrues fut Scheurer-Kestner.

L'un des derniers représentants de l'Alsace dans une assemblée politique française, Scheurer, sénateur inamovible et premier vice-président du Sénat, était un homme universellement respecté.

Déjà en 1895, rencontrant Ranc et Reinach, qui n'avaient jamais accepté la culpabilité de Dreyfus, il avait été prié par eux d'intervenir. Il avait vu divers hommes politiques qui, étant allés aux informations, lui avaient rapporté la même réponse : ne pas toucher à cette affaire.

Après les événements de 1896 (article de l'*Eclair* révélant la communication secrète, brochure de Bernard Lacaze, publication du fac-similé du bordereau) des doutes le reprirent ; les partisans de la révision virent aussitôt en lui l'homme dont l'autorité morale incontestée pouvait la faire aboutir : il ne s'y refusa pas.

Il commença donc son enquête, et, pour bien marquer qu'il entendait agir en toute indépendance, il ne prit aucun contact avec la famille Dreyfus. Ne négligeant nulle occasion de se procurer un renseignement, il en reçut des uns et des autres, tantôt favorables, tantôt contraires à la cause du condamné.

Il flottait, indécis, et avait déjà fait savoir que si, avant les vacances (de l'été 1897), il n'avait pas en mains de preuves décisives, il renoncerait, quand un geste mal calculé d'Henry les lui fournit.

II

Picquart n'était pas resté longtemps dans l'Est. Sa « mission d'inspection » avait été prolongée dans les Alpes, puis en Algérie et en Tunisie, où il arriva dans les premiers jours de 1897. Là, il fut versé dans un régiment local, le 4e Tirailleurs, afin, lui dit-on, que son uniforme d'officier d'Etat-Major n'attirât pas l'attention, et il lui fut notifié qu'une fois sa mission terminée, il pourrait reprendre un service de troupes. C'était l'exil pour un temps indéterminé.

Cependant il n'était pas remplacé à la tête du Service des renseignements, Gonse le comblait de prévenances, et, dans ses lettres, d'expressions de chaleureuse amitié. Cette méthode cauteleuse visait à endormir Picquart, dans la crainte que ce dernier, s'il était bousculé, se révoltât et parlât.

Picquart, qui n'était pas dupe, rongeait son frein, mais, discipliné, ne parlait pas.

Cet état de choses étrange se prolongea plusieurs mois, et ce fut un incident minime qui vint y mettre fin.

Picquart, demeuré officiellement chef de la Section de statistique, continuait à y recevoir des correspondants ou agents qu'il avait eus en cette qualité, des lettres qu'on lui faisait suivre, et auxquelles il était fort gêné pour répondre.

Un beau jour — le 18 mai (1897) — agacé, il adressa à Henry une courte note, cassante, où il le priait de dire « aux gens » qu'il n'était plus chef du Service. Il ajoutait qu'il n'avait pas à en rougir, et que ce dont il rougissait, c'étaient les mystères et les mensonges auxquels sa mission donnait lieu depuis six mois.

Par « mystères et mensonges » Picquart n'entendait pas autre chose que la situation équivoque où il se trouvait.

Mais Henry y vit bien plus. Les révisionnistes n'avaient pas renoncé, et Henry ne pouvait pas penser que Picquart ne ferait pas ce qu'il aurait fait lui-même à sa place : entrer en contact avec les partisans de Dreyfus, leur livrer le nom d'Esterhazy, provoquer la révision et reprendre sa carrière interrompue. Il aperçut dans le billet de Picquart au moins une menace en ce sens. Pour parer au danger, il menaça lui-même Picquart : si celui-ci bronchait, on le tenait, on avait les moyens de le briser.

Depuis qu'il s'était convaincu que l'auteur du bordereau était Esterhazy, dénoncé par le « petit bleu », Henry avait monté patiemment un système, dans lequel il avait endoctriné Lauth, Gribelin et Junck, pour rendre cette pièce suspecte.

Le point de départ en était un de ces raisonnements grossièrement simplistes où il excellait : le « petit bleu » « n'a pas d'authenticité » parce qu'il ne porte pas le cachet de la poste. C'était absurde, puisque le seul intérêt du « petit bleu » était la certitude qu'on avait qu'il venait de chez Schwartzkoppen, et que cette certitude, on ne pouvait l'avoir que précisément parce que l'Allemand n'avait pas mis le « petit bleu » à la poste, l'avait jeté dans sa corbeille. Mais l'apparent gros bon sens d'Henry obnubila les esprits : est-ce qu'une pièce peut être authentique si elle n'a pas un cachet ?

Il se trouvait par hasard que Picquart avait un jour demandé à Gribelin si la poste accepterait de mettre sur une lettre un cachet antidaté. C'était une de ces pratiques répréhensibles que les services de renseignements employaient parfois, dont Sandherr s'était servi (et dont Picquart d'ailleurs, en fait, n'usa point). Cette question du colonel revint en mémoire à l'archiviste quand Henry parla de l'inauthenticité du « petit bleu », et aussitôt Picquart devint, pour les officiers de la Section, l'homme qui avait voulu faire mettre par la poste un cachet sur le « petit bleu » afin de lui conférer une authenticité qu'il n'avait pas.

D'autre part, en faisant, ainsi que nous l'avons vu, photographier le document par Lauth, Picquart lui avait ordonné de faire disparaître sur les clichés la trace des déchirures. Il craignait en effet que celles-ci ne révélassent l'origine de la pièce, le trafic de ramassage des papiers jetés au panier par Schwartzkoppen, trafic qui n'était connu que de la Section et des chefs de l'Etat-Major. Il désirait que, si ces photographies venaient à passer dans les mains des officiers d'ordonnance du ministre, ou d'autres gens qui n'avaient pas à connaître les secrets du Service, ils pussent croire que l'original avait été saisi à la poste. C'est la raison qu'il donna à Lauth lui-même du travail qu'il lui demandait. Il n'en fallut pas plus pour qu'Henry proclamât que Picquart avait essayé de maquiller le « petit bleu » en une pièce prise dans un bureau de poste, toujours pour lui donner de l'authenticité. Idée aussi absurde que la précédente et pour la même raison. Et de plus, à quoi aurait servi un tel maquillage si, comme on reprochait à Picquart d'y avoir poussé, Esterhazy avait été traduit devant un Conseil de guerre ? Il aurait alors fallu produire l'original du « petit bleu » avec ses déchirures, et c'était d'ailleurs ce que Picquart avait fait en le montrant à Gonse, à Boisdeffre, à Billot. Mais, sous l'influence d'Henry, l'esprit des officiers de la Section resta fermé à des réflexions si simples.

Enfin, Picquart avait cru — à tort — que le « petit bleu » était de la main de Schwartzkoppen. Lauth, à qui il le dit, le contesta très vivement. « Eh bien ! lui répondit Picquart, vous serez toujours là (il pensait à un Conseil de guerre où, ne pouvant représenter le Service, il y ferait déléguer Lauth), vous serez toujours là pour certifier d'où vient la pièce » (de la rue de Lille). Il ne fallut pas beaucoup de temps pour que cette phrase se transformât dans l'esprit de Lauth en : « Vous serez toujours là pour certifier que le « petit bleu » est de l'écriture de Schwartzkoppen. »

C'est ainsi qu'Henry forgea, et inculqua aux officiers qui l'entouraient la légende d'un Picquart cherchant à les suborner pour obtenir d'eux, à propos du « petit bleu », des faux témoignages et des truquages, preuves que le document n'était pas authentique.

Nous avons dû, à regret, couper notre récit pour exposer la légende des célèbres « manœuvres louches » de Picquart à l'arrivée du « petit bleu ». C'est qu'Henry ne l'a pas mise au point en un jour. Elle n'a fini de se cristalliser peut-être qu'au moment où nous sommes (rappelons-le, mai 1897). Elle va être formulée pour la première fois — en attendant de causer des ravages.

Elle n'est d'ailleurs, au surplus, pas la seule arme qu'Henry va utiliser pour intimider Picquart qui regimbe contre les « mystères » et les « mensonges » dont il est entouré. Mais les autres armes, nous les connaissons déjà.

Trois semaines après l'envoi de son billet cassant du 18 mai, Picquart recevait une lettre, datée du 31 mai (1897), où Henry l'accusait (nous rendons en clair ses phrases allusives) :

— d'avoir ouvert la correspondance d'Esterhazy, dans un but, ajoutait-il, que personne à la Section n'avait compris ;

— de s'être livré à propos du petit bleu aux manœuvres louches et aux subornations dont nous venons de parler ;

— d'avoir ouvert le « petit dossier » et des « indiscrétions » qui s'en étaient suivies (la prétendue communication à Leblois).

« Les preuves matérielles de ces faits existent ici », ajoutait Henry.

Il y avait là de quoi faire passer Picquart pour le moins devant un Conseil d'enquête, sinon devant un Conseil de guerre.

Henry n'avait pas envoyé cette lettre sans l'avoir montrée à Gonse, qui, partisan de la « prudence », essaya par deux fois de le dissuader de ce dessein. Henry insista, et Gonse finit par céder, non sans avoir consulté Boisdeffre, qui ne s'opposa pas.

Henry avait donc triomphé de la politique de ménagement des chefs envers Picquart.

Sa lettre eut exactement l'effet inverse de celui qu'il avait escompté.

Picquart, en effet, connaissant l'esprit de discipline d'Henry, ne douta pas qu'en l'envoyant, celui-ci n'eût été couvert par les chefs. C'était donc l'Etat-Major lui-même qui le menaçait, pour le cas où il oserait, ou même où l'on supposerait seulement qu'il osait, rejoindre le parti de la révision, de le supprimer moralement.

Lui qui n'avait demandé qu'à se taire, il lui fallait maintenant se défendre.

Après avoir envoyé à Henry un mot bref pour repousser ses insinuations, il demanda une permission, se rendit à Paris, et se confia à Leblois.

Par cette démarche, il n'entendait nullement rallumer l'affaire Dreyfus, mais se protéger contre les attaques dont il craignait d'être l'objet. Aussi, tout en donnant à Leblois un « mandat général de défense », il lui interdisait de prendre contact avec la famille de Dreyfus ou avec son avocat. Leblois pourrait, le cas échéant, faire connaître, à des personnalités gouvernementales seulement, qu'il existait des preuves de l'erreur judiciaire, et même leur nommer Esterhazy, mais jamais lui-même Picquart. Il lui confia, mais seulement pour les mettre en sûreté, les lettres que Gonse lui avait adressées de Cormeilles, où le sous-chef d'Etat-Major n'affirma pas, on s'en souvient, la culpabilité de Dreyfus.

Il repartit pour la Tunisie fin juin (1897), laissant Leblois informé, et, somme toute, ligoté.

Leblois était adjoint au maire du VIIe arrondissement de Paris, lequel s'appelait Risler et était le neveu de Scheurer. Au début de juillet, les deux hommes parlèrent ensemble de l'affaire Dreyfus. Risler comprit que Leblois en savait long. « Voyez donc mon oncle, dit-il, il s'y intéresse beaucoup. »

C'est ainsi que Leblois entra en contact avec Scheurer, et là, violant les consignes de son mandant, il lui raconta ce qu'il savait, mais en lui faisant promettre sur l'honneur d'observer les mêmes restrictions que Picquart lui avait imposées. Il ne s'opposa pas à ce que Scheurer fît connaître publiquement sa conviction de l'innocence de Dreyfus, mais sans toutefois en donner de preuves.

Ceci se passait le 13 juillet 1897.

Le lendemain 14, comme le bureau du Sénat se réunissait pour aller assister à la revue des troupes, Scheurer déclara, en priant qu'on le répète, qu'il savait Dreyfus innocent, et qu'à la rentrée, il poursuivrait sa réhabilitation.

III

La nouvelle, bien entendu, en parvint à Billot. Scheurer était son ami d'enfance, ils se tutoyaient. Pendant les vacances, il le fit sonder par un de ses officiers. On ne le détournerait pas de son dessein. Billot en parla à Boisdeffre, et celui-ci aussitôt à Gonse, qui en informa Henry.

Dès l'automne, on s'organisa contre l'attaque annoncée.

Il fallait maintenant réunir des preuves, le plus grand nombre de preuves possible.

Et c'est ainsi que commença, non pas, semble-t-il, la constitution d'un dossier grossissant de jour en jour à partir du « petit dossier » comme embryon, mais bien plutôt la création d'un certain nombre de dossiers qui allaient d'Henry à Gonse, et d'autres de Gonse à Billot, avec retour, certaines pièces figurant dans des dossiers successifs, certains dossiers comprenant telle ou telle pièce du « petit dossier ». Celui-ci se trouva donc disloqué, et cessa complètement d'exister le jour où, comme nous l'avons dit [1], Gonse livra à Mercier, qui la jeta au feu devant lui, la copie qu'avait faite Sandherr des pièces et du commentaire.

Tout cela n'empêchait pas d'ailleurs Henry d'accumuler dans les tiroirs des masses de documents pouvant servir selon lui à prouver la culpabilité de Dreyfus. « Des preuves, devait-il dire à Paléologue, nous en avons des armoires pleines. »

La pièce capitale était le faux fabriqué par Henry à la Toussaint 1896. Henry, à qui il avait fait retour de chez le ministre, l'envoya le 1er octobre (1897) à Gonse, dans un bordereau où il était assorti de justifications abondantes.

Mais ceci demande quelques explications.

Le but du faux n'était pas seulement de procurer un document où Panizzardi nommerait en toutes lettres Dreyfus comme le traître ; c'était aussi, par la même occasion, de répondre aux démentis qu'avaient publiés les gouvernements allemand et italien quant à l'existence de relations qu'aucun de leurs agents aurait

1. Voir ci-dessus, p. 58.

entretenues avec le condamné. Il s'agissait de montrer que ces démentis pouvaient être sincères, mais n'en restaient pas moins sans valeur, parce que Panizzardi et Schwartzkoppen avaient soigneusement caché à leurs Etats-Majors respectifs leurs rapports avec Dreyfus. De là le thème du faux : l'Italien, inquiet de l'interpellation Castelin, donne la consigne à son collègue : je ne dirai jamais rien à Rome, ne dites jamais rien à Berlin de ce qui est arrivé entre nous et Dreyfus [1].

On se souvient [2] que ce document n'avait pas convaincu Billot, qui l'avait trouvé trop opportunément tombé du ciel. Maintenant qu'on accumulait des preuves contre Dreyfus, il y avait lieu de dissiper les doutes du ministre sur la « preuve absolue ».

Or, il se trouvait qu'à l'époque où elle avait été produite, Panizzardi avait eu des démêlés assez désagréables avec le ministre de la Guerre et le chef d'Etat-Major italiens, qu'il en avait conçu une assez vive inquiétude, et avait demandé à ce sujet de l'aide à Schwartzkoppen, qui lui avait en effet prêté main-forte. Tout cela était connu par des billets de Panizzardi, des brouillons de Schwartzkoppen trouvés dans la corbeille.

De quelle affaire s'agissait-il dans cette correspondance, qui commence quelques jours avant la date du faux et se termine quelques jours plus tard ? On ne peut rien en induire des textes qui la composent. Mais Henry imagina que les craintes qu'y exprime Panizzardi se rapportaient à la peur qu'aurait eue celui-ci de voir ses chefs « découvrir » ses relations avec Dreyfus.

Telle serait donc la réponse au scepticisme de Billot : le mot dans lequel Panizzardi désignait Dreyfus en toutes lettres n'est pas le fait d'un étrange hasard, il s'insère dans un ensemble de lettres dont l'authenticité n'est pas douteuse et qui confirme la sienne. C'est ce que Cavaignac devait appeler plus tard l'authentification « morale » du document.

De là, le bordereau du 1er octobre dont il a été question plus haut. Il présente par ordre chronologique les pièces relatives aux préoccupations romaines de Panizzardi, au milieu desquelles le

---

1. Texte du « faux Henry » (sur papier quadrillé, au gros crayon bleu).

Mon cher ami

J'ai lu qu'un Député va interpeller sur Dreyfus. Si on me demande à Rome nouvelles explications, je dirai que jamais j'avais des relations avec ce juif.

C'est entendu ! Si on vous demande, dites comme ça Car il faut pas que on sache jamais personne ce qui est arrivé avec lui.

Alexandrine

2. Voir ci-dessus, p. 93.

faux s'encadre à sa date. S'y ajoutent de multiples pièces de comparaison (pour l'écriture, le papier, le crayon employés), et les fragments d'une lettre de Munster à Schwartzkoppen de janvier 1895, où se trouvait, paraît-il, une lointaine confirmation du faux.

Cet envoi ne fut qu'un commencement. D'autres suivirent, dont nous n'avons pas la trace directe, où se trouvaient sans doute les nouveaux faux d'Henry que l'on verra plus loin [1] et que Gonse retransmit au ministre.

IV

Dans cette collecte de preuves, Esterhazy représentait un problème particulier. Certes, l'Etat-Major défendrait le forban. Mais il se pouvait qu'il devînt un jour indéfendable. Que savait de lui, au juste, Scheurer-Kestner ? Ou, d'autres horizons insoupçonnés, n'allait-il pas surgir contre lui des pièces, des témoignages accablants ? Surtout, Esterhazy lui-même était un danger. Extrêmement impressionnable, il était capable des réactions les plus imprévisibles, des propos les plus inconsidérés. S'il venait à apprendre qu'il pouvait être, d'un moment à l'autre, accusé publiquement d'être l'auteur du bordereau, on avait tout à craindre de lui : qu'il se suicidât (c'était tout de même peu probable), qu'il s'enfuît à l'étranger, qu'il fanfaronnât. Sa fuite, qui serait l'aveu, était par-dessus tout ce qu'on avait à redouter.

Il y avait donc lieu de prévoir le cas où l'on serait obligé de reconnaître la trahison de celui que le vieux sénateur s'apprêtait à dénoncer. Pour parer à une éventualité aussi désastreuse, il fallait dès maintenant poser en principe que l'innocence de Dreyfus n'était pas le corollaire de la culpabilité d'Esterhazy, que le second pouvait être criminel sans que le premier cessât d'être coupable. Il fallait qu'il pût y avoir *des* traîtres.

Cela avait été, dès le premier jour, la parade de Gonse, quand il avait dit à Picquart : « Séparez ». Cela avait été l'idée dans laquelle Billot s'était réfugié quand, à Picquart qui le mettait en présence du dilemne : Esterhazy ou Dreyfus, il avait objecté (selon sa déposition devant la Cour de cassation en 1898) « qu'il était rare qu'un homme opérât seul, que Dreyfus pouvait avoir des complices, mais que, découvrît-on des coupables dans Esterhazy ou deux autres, cela n'innocenterait pas Dreyfus *ipso facto* ».

---

1. Voir ci-après, pp. 142, 143.

Henry, de son côté, n'avait pas eu besoin de Gonse ni de Billot pour songer à ces choses. Mais c'était à lui de les mettre en forme, à lui d'apporter des papiers d'où il résulterait que, bien avant le bordereau, on avait appris d'une source absolument sûre qu'il y avait un traître à l'Etat-Major, mais qu'il y en avait aussi ailleurs.

Henry se mit donc à la tâche, et qui aurait-il choisi pour « source sûre », sinon — comme quand il avait fabriqué sa « déclaration » pour le « petit dossier », la « note D »[1] — cet excellent Valcarlos, appuyé par Süsskind ?

Comme nous avons eu déjà l'occasion de le constater, le faussaire, plutôt que de créer un texte nouveau, d'inventer une histoire, préfère, quand il le peut, se borner à modifier une rédaction déjà existante. Ainsi, son faux ne lui paraît, tout de même pas tout à fait, un faux. En l'occurrence, Henry eut vite fait de trouver ce qu'il fallait. On prendrait pour point de départ les confidences de Valcarlos sur le voyage de Mendigorria et sur le but que l'attaché en second prêtait à ce voyage, telles que les avait relatées la note de Guénée du 28 mars 1894 (note où, on s'en souvient, il n'était même pas question d'un officier français, seulement d'étrangers)[2]. Guénée serait invité à refaire cette note, en y supprimant tout ce qui avait trait au nouveau Borup, et en y ajoutant un alinéa où Valcarlos révèlerait la trahison à l'Etat-Major. Dans une seconde pièce serait exposé un imaginaire incident consécutif aux propos de Valcarlos[3], prouvant l'existence d'une trahison, laquelle, cette fois-ci, n'émanerait pas de l'Etat-Major.

Telle est, pensons-nous, la genèse des deux rapports falsifiés de Guénée sur le voyage de Mendigorria, dont nous avons déjà parlé[4], datés des 28 mars et 6 avril 1894, et dont on trouvera le texte intégral en annexes (Annexes III et IV).

Ces rapports, tels qu'ils sont conservés au Service historique de l'Armée, se signalent de prime abord à l'attention, en ce qu'ils se présentent comme des originaux, alors que les originaux établis par les agents et remis par eux étaient en principe immédiatement copiés et détruits. En outre, comme nous l'avons dit, ils sont signés, ce qui n'était jamais le cas, même pour les originaux. Enfin, ainsi

1. Cf. ci-dessus, p. 51 sqq.
2. Cette note a été longuement analysée ci-dessus, p. 24 et suiv.
3. Rappelons qu'il y avait déjà eu deux incidents consécutifs aux bavardages de Valcarlos sur le voyage en Suisse : l'un réel, la visite de Schwartzkoppen (ci-dessus, p. 31), le second imaginaire, le retour prématuré de Mendigorria (ci-dessus, p. 90). Celui-ci sera le troisième, imaginaire bien entendu : l'accréditation télégraphique de Mendigorria.
4. Cf. ci-dessus, p. 35 et *passim*.

que nous l'avons dit aussi, Valcarlos y est nommé en toutes lettres comme l'informateur. Pour qui a pu constater, en feuilletant par exemple des Bulletins de renseignements, combien était sacrée à la Section de statistique la règle de l'anonymat, cette signature et ce nom démontrent à eux seuls qu'il s'agit ici de quelque chose de hors du commun.

Qu'est-ce qui a pu amener Henry à enfreindre d'une façon aussi visible, aussi choquante, des principes jusqu'ici observés absolument ?

On peut penser que c'est le souvenir de l'accueil qui avait été fait, trois ans et demi plus tôt, aux notes par lesquelles Guénée, sans le nommer, conformément à la règle, avait reproduit les propos que Valcarlos lui avait tenus sur le voyage en Suisse. Les notes avaient déplu en haut lieu, d'où le blâme était retombé sur l'informateur anonyme [1]. Si l'on était amené à produire les pièces qu'on allait fabriquer, il fallait à tout prix que les gens à qui on les présenterait se croient, ne doutent pas d'être en présence d'un informateur irrécusable, dont les renseignements ne sauraient être contestés. C'est à une telle nécessité qu'Henry aurait sacrifié un principe fondamental du Service. Une fois donné le nom de Valcarlos, on ne pourrait éviter de donner aussi celui de son interlocuteur Guénée, et il serait inutile alors de copier les originaux, opération dont le seul but était de masquer la personnalité de leur auteur.

Il s'agissait de donner aux Rapports le plus d'autorité possible.

C'est sans doute dans le même ordre d'intentions qu'Henry voulut conférer aux deux documents une sorte de solennité, et qu'ils furent baptisés, non pas « notes », comme de coutume, mais « Rapports », ce qui fait plus important [2]. Il alla même jusqu'à y faire apposer le cachet d'entrée de la Section de statistique, lequel oncques n'avait reçu un papier émanant de Guénée. Ce cachet, rectangulaire, comportait trois lignes, une pour la date d'entrée (ici 28 mars et 6 avril 1894), la suivante pour les numéros d'enregistrement (ici 835 et 841) [3], la dernière pour la désignation de l'officier dans les attributions duquel entrait l'affaire (ici « C. Esp »).

On aurait tort de croire que cette mise en scène, qui accusait la fraude, la fît effectivement soupçonner. Tout au contraire, la

1. Cf. ci-dessus, p. 32.

2. Cet intitulé était réservé à des documents d'ordre moins circonstanciel que les notes (par exemple : « Rapport sur les travaux de la Commission chargée de...).

3. Par la suite, on ne sait quelle main, ni quand, surchargea à force, au crayon noir, les deux numéros, lisibles pourtant encore par transparence.

psychologie rudimentaire d'Henry fut la bonne ; plus tard, déposant à Rennes, Cavaignac, qui avait vu les tampons rectangulaires, s'en gargarisa comme d'une preuve exceptionnelle d'authenticité.

Henry apposa en outre, de sa main, sur les Rapports, la liste des pseudo-destinataires des copies, qui étaient le Président (de la République)[1], le ministre, le chef d'Etat-Major général, et les Affaires Etrangères[2]. Il n'y comprit pas le 2e Bureau (destinataire habituel des révélations de ce genre) ni aucun autre. Cela pouvait d'ailleurs paraître naturel, le premier Rapport dénonçant la présence d'un traître dans « les Bureaux », il ne convenait pas que les chefs des Bureaux fussent alertés avant que le ministre eût décidé ce qu'il y avait lieu de faire.

Avant d'entrer dans un examen plus serré des textes des Rapports, nous voudrions indiquer que même les interpolations ajoutées aux textes originaux de 1894 ne sont pas toujours apocryphes — pas entièrement apocryphes. Nous y rencontrerons, tendancieusement présentée, plus d'une réminiscence de ce que nous avons déjà vu.

En particulier, au moment où il s'agit de parer au danger que constitue Esterhazy, Henry se souvient[2] que ce dernier a été signalé jadis de Berlin comme un traître à la solde de Schwartzkoppen, sans qu'on connût d'abord son nom. La Section de statistique possède encore tout un dossier contenant les lettres que Lajoux lui adressait en 1895 sur le « décoré », ainsi que celles par lesquelles l'agent allemand Cuers renseignait Lajoux, chez qui la Section les avait fait voler dans le deuxième semestre de cette même année 1895. Dans cette correspondance vont se trouver des expressions, des phrases, des membres de phrase, des idées, qui furent en leur temps celles de l'agent de Bruxelles ou celles de l'agent de Berlin, et qu'on va mettre tranquillement dans la bouche de Valcarlos : qu'importe cette substitution, du moment que ces éléments ne sont pas, en eux-mêmes, faux, et qu'ils concernent Esterhazy ? Quelques pincées de vrai de plus dans les faux qu'on fabrique !

Le premier Rapport emprunte, bien entendu, sa date à la note de Guénée qu'il falsifie : 28 mars 1894, et se présente comme

---

1. Est-ce par Henry, aussitôt qu'il eût écrit cette liste, ou plus tard, ou par quelqu'un d'autre ? Le Président et les Affaires Etrangères furent rayés d'un crayon léger, comme si ç'eût été le ministre qui eût ordonné de les biffer (ce qui arrivait parfois). Ainsi seuls seraient censés avoir reçu copie des deux Rapports : le Ministre et le Chef d'Etat-Major général, c'est-à-dire Mercier et Boisdeffre, dont on pouvait être sûr que, si on le leur demandait, ils affirmeraient les avoir vus au printemps de 1894.

2. Cf. ci-dessus, p. 75 et suiv.

le compte rendu — où c'est Valcarlos qui parle, entre guillemets — d'une conversation que le policier a eue avec lui la veille — donc le 27 mars. Il ne reprend pas — loin de là — tout le fatras de la note, en particulier rien de ce qui concerne la vie privée de Schwartzkoppen, et celle de Mendigorria, et naturellement pas le passage où ce dernier est qualifié de nouveau Borup.

Guénée y recopie mot pour mot [1] (sauf que, Valcarlos parlant, le « je » se substitue au « on » anonyme de la note) les trois alinéas, que nous avons vus plus haut [2] sur le voyage en Suisse et les soupçons qu'il inspira à Valcarlos d'une commandite allemande, précédés des alinéas qui montrent l'amitié de l'attaché espagnol en premier avec Schwartzkoppen (les tableaux comparés des infanteries), suivis de ceux où Mendigorria est qualifié de vaniteux et où sont rappelées ses mauvaises manières envers la France (l'affaire d'Oranie, le détournement de commande d'armes), et enfin du passage (il fallait bien montrer son aversion pour les Allemands et sa perspicacité) où l'on voit Valcarlos déjouer les manœuvres des germanophiles (le domestique espion allemand que Rodgers a voulu lui faire prendre).

Curieusement, le Rapport repêche ensuite, de la note, une histoire qui n'a rien à voir avec le voyage en Suisse, ni avec Schwartzkoppen ou Mendigorria, celle de Süsskind, qui allait espionner en Angleterre avec son « ami » Noëbel ou Loëbel. On peut se demander ce qu'elle vient faire là. C'est, à notre avis, qu'en cet automne de 1897 où est fabriqué ce Rapport, Henry a les yeux fixés plus que jamais sur Leblois. Est-ce qu'on ne pourrait pas penser que ce Loëbel, signalé dès mars 1894 comme ami et complice de Süsskind, n'était autre que l'ami de Picquart, à qui celui-ci montrait le « petit dossier » ? Voilà une idée qui pourrait servir, qu'il ne faut pas laisser perdre. Henry invite Guénée à reprendre Loëbel dans le Rapport. Que l'on ne croie pas à des débordements d'imagination de notre part. Henry ne fera pas usage de Loëbel, et il sera mort depuis longtemps quand aura lieu le procès de Rennes. Mais il n'empêche qu'à Rennes le faux témoin Czernusky viendra lire à la barre sa liste de traîtres où, après Dreyfus, figure « Lobl, ou Lebel, ou Leblois ». Cela ne nous paraît pas être une coïncidence.

Nous venons de relever ce qui, dans le premier Rapport, a été repris de la note de Guénée du 28 mars 1894 — et ce qui en a été abandonné. Passons maintenani à ce qui y a été ajouté.

---

1. On trouvera en Annexe V une reproduction synoptique de la note et du rapport.

2. Voir plus haut, pp. 25 et 26.

C'est d'abord, en tête du Rapport, après un court chapeau, où Guénée annonce qu'il va reproduire les propos que lui a tenus la veille « M. le Commandant, Marquis de Valcarlos », ceci :

« Il faut tout d'abord vous répéter ce que je vous ai déjà dit au sujet des relations qui existent entre l'Attaché militaire Italien, le Lieutenant Colonel A. Panizzardi et les Attachés militaires Allemands. Dites bien à ces Messieurs que ces relations prennent chaque jour un caractère qui semble plus intime et tout ce que sait l'un est immédiatement transmis aux autres : Ils travaillent en quelque sorte en commun ».

Ces lignes sont une sorte de prélude avant l'objet même du Rapport. Henry saisit l'occasion où il va faire parler Valcarlos pour lui faire confirmer (comme si Valcarlos avait pu en savoir quelque chose !) l'existence de cette collaboration étroite entre Panizzardi et Schwartzkoppen, attestée par les multiples papiers venus de la corbeille, au sujet de laquelle restaient sceptiques ceux qui, en particulier au Quai d'Orsay, mettaient — à tort — en doute l'authenticité de ces papiers trop nombreux. Il y a, peut-on conclure des propos prêtés ici à Valcarlos, quelque chose de réel sous l'abondance de ces papiers, ce ne sont pas des fabrications ; et du coup les falsifications qu'Henry est en train d'introduire dans cet ensemble authentique, et son faux de la Toussaint 1896, se trouvent avalisés [1].

Le second ajout du Rapport à la note se trouve après le passage qui en est repris sur les mauvais procédés de Mendigorria envers la France. Guénée intercale (c'est toujours Valcarlos qui parle) :

« J'allais oublier de vous dire que le Commandant de Mendigorria est parti pour sa... « Mission » en Suisse sans être accrédité près du Gouvernement Helvétique, ce qui est contraire à tous les usages diplomatiques ».

---

1. Il convient cependant de noter la très étrange phrase de la fin de cet alinéa : « ... tout ce que sait l'un est immédiatement transmis aux autres... », le pluriel n'étant mis que pour qu'il soit bien compris que c'est tout ce que sait Panizzardi qui est immédiatement transmis aux Allemands. Mais Henry n'ajoute pas : et *vice versa.* C'est ici le moment de se souvenir que Henry avait en son temps formulé, pour répondre aux protestations allemandes contre toute imputation de contacts avec Dreyfus, une théorie suivant laquelle en effet les Allemands n'avaient point eu de tels contacts, mais Dreyfus n'en était pas moins coupable : Panizzardi faisait l'intermédiaire. La phrase que nous avons reproduite ci-dessus, et où Panizzardi apparaît en fin de compte comme le seul pourvoyeur de Schwartzkoppen, cadre tout à fait avec cette théorie de Henry et pourrait avoir pour objet, ici, de la faire confirmer par Valcarlos. La collaboration intime serait alors une boîte aux lettres.

On peut être surpris qu'un homme chargé dans un pays d'une mission fictive doive être accrédité auprès du gouvernement de ce pays. Comme nous le verrons, cet alinéa n'est introduit ici que pour fournir matière à l'incident qui fera l'objet du second Rapport.

Et enfin, après avoir terminé son discours sur le voyage, Valcarlos reprend la parole :

« Avant de quitter le Commandant, Marquis de Valcarlos, il m'a bien recommandé ceci :

« Dites de ma part à Mr. le Commandant Henry, qui « pourra le répéter au Colonel, qu'au Ministère de la Guerre il y « a lieu de redoubler de surveillance, car il résulte de ma der- « nière conversation avec le Capitaine de Süsskind, que les Attachés « allemands ont dans les Bureaux de l'Etat-Major de l'armée « un officier qui les renseigne admirablement. Cherchez, Guénée, « si je connaissais le nom je vous le dirais ».

Ainsi, voilà une chose acquise : il existait, fin mars 1894, un traître à l'Etat-Major.

De quelles réminiscences ce texte peut-il être composé ?

Le nom de Süsskind nous y frappe d'abord. Lors de l'entrevue de Juin, on se le rappelle[1], Valcarlos avait cité Süsskind comme lui ayant appris que le Deuxième Bureau — Sancy — renseignait libéralement les attachés militaires. Henry tient à garder ce personnage, qui est un attaché militaire, un attaché allemand, et qui avoue avoir reçu des informations de l'Etat-Major.

Mais, ce qu'il ne faut pas que le lecteur du Rapport sache, c'est que le Bureau qui donne ces informations y est autorisé et en est même chargé, que ces informations sont, par principe, celles que, du point de vue de la défense nationale, il n'est pas nécessaire de tenir secrètes, et qu'elles sont distribuées aux attachés de tous les pays.

Pour cela, on s'efforcera de ne pas mentir à la lettre, suivant les cas on entrera dans le flou ou on précisera ; on ne dira pas : le Deuxième Bureau renseigne... — tout le monde comprendrait qu'il s'agit des renseignements Sancy —, on dira : l'Etat-Major[2] ; on ne dira pas : les attachés militaires (en général), on dira : les attachés allemands.

---

1. Voir plus haut, p. 42 et suiv.

2. Il importe de le souligner parce que cette erreur se retrouve en de multiples endroits : il n'existe pas de rapports Guénée signalant un traître *au Deuxième Bureau.*

Ainsi parviendra-t-on à camoufler que les renseignements dont parlait Süsskind à Valcarlos étaient légitimes et anodins. Mais comment les faire passer pour dangereux ? Ici, il va falloir mentir, mais dans le mensonge on s'inspirera de quelque chose qui a tout de même été une réalité, on prêtera à Valcarlos des propos que d'autres ont proférés.

Le 22 avril 1895, Lajoux avait écrit à la Section de statistique :

« La surveillance à exercer autour de l'X [le « décoré »] doit être, comme le dit Richard Cuers, de tous les instants, de jour et de nuit, comme l'a répété ce dernier à diverses reprises ».

Alors, on transposera, on confondra le « décoré », dont la trahison fut une réalité, avec l'officier de l'Etat-Major qui renseignait les attachés, et on pourra faire dire à Valcarlos :

«... au Ministère de la Guerre il y a lieu de redoubler de surveillance, car il résulte de ma dernière conversation avec le capitaine de Süsskind, que les Attachés allemands ont dans les Bureaux de l'Etat-Major... un officier... ».

Nous avons donc ici un premier emprunt d'Henry faisant parler Valcarlos, au dossier du « décoré ». On en trouve — peut-être — aussitôt après, un autre. C'est le mot : admirablement, par lequel Süsskind aurait qualifié la façon dont le traître renseignait. Ce n'est peut-être pas une coïncidence si, dans la lettre (début de 1895) par laquelle il signalait l'existence du « décoré », Lajoux disait : « Vous avez à Paris un monsieur... admirablement bien informé [et par conséquent pouvant « renseigner admirablement »] et à la solde de Schwartzkoppen... ».

Ayant appris au policier l'existence du traître, Valcarlos termine ainsi : « Cherchez, Guénée, si je savais le nom, je vous le dirais ».

« Cherchez » est un mot authentique, sous le bénéfice, toutefois, de cette légère correction, qu'il fut adressé par Valcarlos non à Guénée, mais à Henry lui-même, lors de l'entrevue de Juin, ainsi que Valcarlos l'a dit à Roget au cours d'une visite que ce général lui rendit en octobre 1898 [1]. Et sous le bénéfice aussi de cette autre observation que le sens, au passage, en a été détourné : lors de l'entrevue de Juin il signifiait : Vous, Henry, croyez qu'il y a un traître, cherchez-le. Dans le premier Rapport il veut dire : Cherchez, Guénée, le traître dont moi Valcarlos viens de vous signaler l'existence qui m'a été révélée par les paroles de Süsskind. Voilà un excellent exemple de la façon dont on tord le sens des mots « authentiques ».

1. Cf. ci-dessous, p. 44.

Quant à la phrase célèbre « si je savais le nom, je vous le dirais » nous ne cacherons pas plus longtemps au lecteur qu'elle aussi est empruntée au dossier du « décoré ». Dans une lettre à Lajoux d'octobre 1894, Richard Cuers dit : « Mon cher Monsieur, il est hors de mon pouvoir de vous donner le nom que vous demandez [celui du « décoré »], je ne le connais pas, autrement, je vous le dirais ». Quand il est tombé sur cette phrase, Henry a dû trouver magnifique de la mettre dans la bouche de Valcarlos, comme une preuve de la fidélité de celui-ci à la France. Ensuite, nous le verrons, il a dû l'abandonner pour les besoins de son nouveau système, à l'annonce de la reprise du procès Zola [1]. Mais la phrase est demeurée et a contribué au discrédit de Valcarlos autant que le *rastaquouère* de Picquart [2].

Tel est donc ce premier Rapport, où se trouve établie (à la date de mars 1894) la présence à l'Etat-Major d'un officier félon, et, en même temps, amorcée, par une petite phrase, l'histoire de l'accréditation télégraphique qui, dans le Rapport suivant, va apporter la preuve d'une autre trahison.

Le second Rapport est daté du 6 avril 1894.

« Pour faire suite à mon Rapport du 28 mars écoulé », débute Guénée, « je dois vous rendre compte de ce que vient de me dire Mr le Commandant, Marquis de Valcarlos :

« Vous vous souvenez, Guénée, que lors de notre dernière « rencontre, je vous ai dit que le Commandant de Mendigorria était « parti le 25 mars dernier en... « mission » en Suisse, sans être « accrédité auprès du Gouvernement Helvétique ? Comme il était « de votre devoir de le faire [ici la délégation donnée à Guénée « pour répéter devient permanente], « vous avez fait part de notre « conversation à ces Messieurs ? Or, quelqu'un du Ministère de « la Guerre, un officier bien certainement, a prévenu les Attachés « militaires allemands de cette irrégularité, ils s'en sont ouverts « au Marquis de Novällas — un germanophile aussi — en l'absence « de mon Ambassadeur, il a télégraphié à son parent, notre Ministre

1. Voir plus loin, p. 134.

2. Après avoir fermé les guillemets sur ce que lui a dit Valcarlos, Guénée ajoute : « En terminant ce Rapport, nous devons ajouter que le Commandant Marquis de Valcarlos, nous avait déjà renseigné à cet égard [l'existence du traître] et toujours dans les mêmes termes. » Autrement dit : moi, Guénée, je suis le confident (au sens de la tragédie classique) du marquis, et je ne répète rien de ce qu'il m'a dit, sans son ordre. Ceci correspond aux : « Dites bien à ces Messieurs » ... « Dites bien à M. le Commandant Henry, qui pourra le répéter au Colonel » qu'on a vu plus haut.

« d'Etat, Moret, qui s'est empressé de régulariser la situation « de Mendigorria en Suisse, en l'accréditant *par télégramme* ».

« Donc voilà encore une preuve que vous avez un, ou plusieurs « loups, dans votre bergerie. Cherchez, je ne saurais trop vous le « répéter, car je suis certain du fait ».

Voilà donc la trahison prouvée par des faits — constatés, vécus, depuis l'arrivée du traître chez Schwartzkoppen, jusqu'à l'envoi du télégramme par Moret. C'est en quoi ce troisième incident consécutif aux bavardages de Valcarlos sur le voyage en Suisse [1] diffère des deux précédents. Là, c'était seulement par induction qu'on avait voulu voir des preuves de l'action d'un traître. On avait induit de la visite de Schwartzkoppen, du (prétendu) rappel brusqué de Mendigorria, que quelqu'un qui avait lu les notes de Guénée avait *dû* en faire connaître le contenu à l'Allemand, sans quoi celui-ci n'aurait pas fait la visite, ou rappelé son émissaire. Mais l'induction est bien souvent contestable. Ici, on sait. On sait qu'il y a eu un traître, les Allemands l'ont dit aux Espagnols, parmi lesquels Valcarlos se trouve. Ce serait à croire que ces choses se sont réellement passées si nous ne connaissions pas — mais depuis *l'Affaire sans Dreyfus* seulement — les notes d'époque de Guénée sur le voyage. A nous qui savons que, dans ces notes, il n'était nullement question d'une absence d'accréditation, ni même d'une accréditation, tout le scénario du second Rapport, raccroché à une petite phrase interpolée dans le premier, se révèle une invention pure et simple — du tandem Henry — Guénée.

Henry, cependant, on s'en souvient, avait, un an plus tôt, dicté à Guénée cette « note confidentielle » du 30 octobre 1896 [2], qui existait toujours, et d'après laquelle Schwartzkoppen avait rappelé Mendigorria d'un voyage à peine commencé. Et voici que, dans le second Rapport, l'Allemand fait tout ce qu'il faut pour que ce voyage puisse se poursuivre. Mais le souci des contradictions n'effleurait pas Henry. Il savait qu'on ne lit jamais qu'un document à la fois, et ne pensait même pas à des comparaisons [3].

Maintenant, qui est le traître, celui qui a vu le premier Rapport, y a constaté l'absence d'accréditation, et en a averti les Allemands ?

---

1. Voir plus haut, p. 105, n. 3.
2. Voir plus haut, p. 89 et suiv.
3. Faut-il souligner, puisque nous revenons un instant à la « note confidentielle », que si, comme beaucoup le pensent, les Rapports dits du 28 mars et du 6 avril 1894 avaient déjà existé quand elle fut rédigée (30 octobre 1896), Guénée n'y aurait pas dit : « Et la preuve, c'est que Mendigorria revint de suite », mais : « Et la preuve, c'est la façon dont Mendigorria fut accrédité par télégramme ».

C'est, fait-on dire à Valcarlos, « quelqu'un du ministère, un officier bien certainement ». Mais on ne lui fait pas dire : « quelqu'un du ministère, bien certainement l'officier des Bureaux dont je vous ai parlé l'autre jour, celui qui renseigne admirablement, etc. », ce qui serait la moindre des choses si le traître du second Rapport était le même que celui du premier. Et comment, au surplus, pourrait-il l'être puisque — nous l'avons vu — ce premier Rapport n'a pas été distribué aux Bureaux, qu'aucun [des officiers de ces Bureaux] (parmi lesquels se trouve le premier traître) n'a donc pu en faire connaître le contenu — le voyage de Mendigorria et l'absence d'accréditation — à Schwartzkoppen.

Il y a donc deux traîtres.

Celui du premier Rapport, c'est, évidemment, celui qui, depuis la date des Rapports, a été arrêté et condamné, c'est Dreyfus.

Mais le second, le « quelqu'un du ministère de la Guerre, un officier bien certainement », qui est-ce ?

Henry n'a pas grand intérêt à lui donner les traits d'Esterhazy. Si, en effet, les Rapports viennent à « sortir », c'est parce qu'Esterhazy aura succombé sous des preuves accablantes, auprès desquelles il sera de peu d'importance qu'il ait renseigné Schwartzkoppen sur les faits et gestes de Mendigorria. Si, au contraire, dans un Rapport daté du 6 avril 1894, Esterhazy paraît trop nettement signalé comme le traître, on pourra se demander, quand ce Rapport sortira, c'est-à-dire pas avant fin 1897, comment il se fait que l'homme qu'il dénonçait n'ait pas été découvert plus tôt.

On comprend donc pourquoi l'identité du deuxième traître doit rester vague.

Mais une curieuse circonstance va pousser Henry à aller plus loin, et nous retrouvons encore ici le dossier Lajoux. Cuers, mal renseigné, avait cru longtemps que le « décoré » faisait partie du ministère [ne pas confondre avec : de l'Etat-Major], et c'est ce que, d'après lui, répète Lajoux, dans la lettre où il informe la Section de statistique de l'existence de ce personnage, lettre que nous avons déjà citée [1] et que nous allons reproduire à nouveau, plus complètement cette fois : « Vous avez à Paris un monsieur qui appartient au ministère de la guerre, admirablement bien informé et à la solde de Schwartzkoppen. Le personnage dont il s'agit aurait 45 à 50 ans, il est décoré, etc. ». Henry est tenté par ce passage, en son besoin de glisser dans ses faux quelque chose qu'il n'a pas inventé. Sans doute Lajoux se trompait-il. Mais quand il

1. Voir plus haut, p. 111.

écrivait ces lignes, il les croyait véridiques, et c'est l'essentiel. Parce qu'elle lui permettra d'introduire une parcelle d'authenticité dans le second Rapport, Henry va jusqu'à adopter la solution qui fait du traître de ce Rapport, « quelqu'un du ministère », que ne peut être l'officier de troupes Esterhazy. Accessoirement, il supprime de l'image du quelqu'un les détails topiques appartenant à Esterhazy — l'âge, la décoration.

Au point où nous sommes, les Rapports ne nous ont montré encore que deux traîtres, dont aucun n'est Esterhazy. A quoi sert donc le second Rapport ? A montrer qu'il pouvait y avoir un autre traître que Dreyfus, à donner la preuve par le fait de la pluralité des traîtres, à en poser le principe.

C'est peut-être encore le dossier Lajoux qui en fournit l'idée : le 6 août 1890 [1], en effet, l'homme de Bruxelles écrivait à la Section de statistique : « R. C. me dit que l'Allemagne a des agents parmi vos officiers de terre et de mer, et qu'il m'étonnerait considérablement s'il me citait des noms, de grands noms... ». Bien entendu, Henry n'allait pas transcrire dans le second Rapport une information aussi honteuse pour l'armée française ; elle pouvait tout de même fournir une bonne base pour augmenter le nombre des traîtres déjà connus.

Quoiqu'il en soit, immédiatement après avoir montré Moret envoyant son télégramme, Henry fait prononcer par Valcarlos cette phrase, la plus célèbre des deux Rapports :

« Donc, voilà encore une preuve que vous avez un, ou plusieurs loups, dans votre bergerie ».

Voilà, pourrions-nous dire, voilà proclamée la pluralité des traîtres chère à Billot, celle qui va permettre de dire, au cas où Esterhazy s'écroulerait : Esterhazy est coupable, qu'est-ce que cela prouve ? Six mois avant le bordereau, nous savions par M. de Valcarlos qu'il y avait probablement plusieurs officiers dans l'armée française qui trahissaient. Mais nous savions aussi par lui que l'un d'entre eux se trouvait à l'Etat-Major. Et, celui-là, c'est Dreyfus. Alors, pas de révision.

C'est là le seul but des deux Rapports.

Une fois terminée l'histoire de l'accréditation télégraphique, qui s'achève sur la rituelle recommandation à Guénée de « chercher », le second Rapport, sans crier gare, sans transition, subrepticement,

---

1. La date paraît assez ancienne. Ces lignes sont extraites de la dernière déposition de Targe en 1904. On peut se demander s'il n'y a pas eu faute de transcription ou d'impression.

revient à ce qui faisait l'objet du premier, le caractère fictif de la mission de Mendigorria en Suisse.

C'est toujours Valcarlos qui parle à Guénée :

« Quant à Mendigorria, voyez comme sa... « mission » n'était « bien qu'une frime, et qu'il n'allait pas en Suisse pour en étudier « l'armée : il est resté quatre jours à Berne, n'a pas vu le Chargé « d'Affaires espagnol [1], puis il s'est rendu directement à Montreux « au bord du Lac Léman, près de Vevey ».

« Cette station, vous le savez, abrite chaque saison, et presque « toute l'année, une foule d'aventuriers, d'étrangers, de toutes « sortes, et les diplomates et les Attachés militaires allemands s'y « rendent, presque tous chaque saison ».

Ces guillemets fermés, Guénée ajoute :

« Nous croyons devoir dire que le Commandant, Marquis de Valcarlos, a été élevé en France, qu'il n'a quitté que pour faire ses stages réglementaires de service actif dans l'armée espagnole ; il a fait ses études dans un collège de Paris, connaît très bien les dessous de nos Ambassades étrangères et leur personnel, surtout ses collègues ; de plus c'est un ami sincère de notre pays, ses affirmations peuvent donc être prises en considération ».

Il est clair que ces alinéas constituent une réfutation de critiques, une justification d'auteur.

Si Guénée insiste sur le caractère mythique de la mission d'études prêtée à Mendigorria, c'est parce qu'on lui a reproché d'avoir dit dans sa note du 28 mars 1894, que l'attaché espagnol en premier était en Suisse un agent allemand : peut-être n'opérait-il pas pour l'Allemagne, Guénée ne reprend pas ici ce grief, mais en tout cas c'était un agent, et Guénée le prouve (le départ pour Montreux) ; il n'a donc pas donné un renseignement sans consistance, il est un indicateur sérieux ;

et si le policier précise qui est Valcarlos, c'est que dans les critiques qui lui ont été faites, on a englobé son informateur, qui, suivant la règle, n'était pas nommé dans cette note du 28 mars. Il dit qui c'était, montre que ce n'était pas un informateur de rencontre.

La fin du second Rapport forme donc, en quelque sorte, pendant aux passages du premier Rapport où est développé le caractère fabulatoire de la « mission pour étudier l'armée helvétique ».

---

1. L'Espagne et la Suisse n'entretenaient pas, en 1894, de relations diplomatiques, mais seulement consulaires. Il y avait en Suisse trois consuls d'Espagne, dont un « Consul pour toute la Suisse ».

Comme ces passages, dans le premier Rapport, sont repris mot pour mot, de la note du 28 mars 1894, nous avons pensé que la fin du second Rapport était également reprise mot pour mot (sauf l'anonymat) d'une note d'époque sur le voyage, et nous avons voulu y voir le texte de cette troisième note de Guénée sur le voyage de Mendigorria, dont l'existence nous est connue par le Mémoire de Picquart. C'est ainsi que nous avons introduit ce texte dans notre reconstitution de ladite troisième note, à laquelle nous renvoyons [1].

Nous observions cependant que ces derniers alinéas du second Rapport étaient aberrants vis-à-vis de ce qui les précédait. Les deux thèmes — l'accréditation et le caractère de façade de la mission — en effet, sont incompatibles. On n'accrédite pas, de gouvernement à gouvernement, un chargé de mission pour la frime. Le ministre d'Etat espagnol ne recommande pas au bon accueil des autorités de Berne un monsieur qui, venu à Berne, n'y prendra aucun contact officiel, et, à peine arrivé, ira rejoindre les douteux villégiaturistes de Montreux. L'accréditation suppose une mission réelle, et sérieuse.

Comment se fait-il cependant qu'Henry et Guénée aient introduit dans ce second Rapport une fin aussi inconciliable avec le début ?

On peut envisager plusieurs explications, qui ne seront que des hypothèses.

La plus simple nous paraît être que Guénée avait gardé un souvenir cuisant des reproches à lui adressés à propos du rôle qu'il avait attribué à Mendigorria dans sa première note, du 28 mars 1894, reproches au sujet desquels il avait établi, à l'époque même, une note de réfutation (la « troisième note »).

Lorsqu'en 1897, il fut obligé, dans un Rapport frauduleusement daté du même 28 mars 1894, de reproduire les passages critiqués, il tint absolument à ce que sa réfutation ne fût pas oubliée.

Comme il se trouvait qu'au même moment, pour prouver l'existence d'un autre traître, on inventait la fable de l'accréditation, à laquelle on consacrait un second Rapport, daté du 6 avril 1894, Guénée profita de la circonstance pour glisser à la fin de ce document le texte de la note de réfutation,

Quant à l'incompatibilité de cette fin rapportée avec le début du Rapport, nous aurions fortement tendance à penser qu'il ne s'en rendit même pas compte, ni Henry avec lui.

D'ailleurs, qui s'en est aperçu depuis ?

---

1. Cf. ci-dessus, pp. 32 et 33.

Nous en avons donc terminé avec l'examen de ces deux pièces, dites « Rapports de Guénée des 28 mars et 6 avril 1894 ».

Ces falsifications ont longtemps été considérées comme des documents authentiques. C'est seulement à une date relativement récente que M. Marcel Thomas, en faisant connaître les notes de Guénée, et en opérant le rapprochement, a montré que le premier Rapport était la copie d'un modèle qu'il déformait. Cette déformation n'est pas un simple « remaniement ». En enlevant au modèle ce qu'il a d'essentiel (le nouveau Borup) et en y ajoutant quelque chose d'essentiel (les « révélations » de Valcarlos), ce Rapport en altère la substance même : c'est un faux. Le deuxième Rapport est également un faux parce qu'il repose sur une interpolation insérée dans le premier.

Comme devait dire un jour Jaurès (à propos d'un autre cas) : « Quand on se sert de fausse monnaie, c'est qu'on n'en a pas de bonne ». On n'aurait pas eu besoin de faire affirmer par Valcarlos la présence d'un traître à l'Etat-Major et d'autres ailleurs dans des rapports falsifiés de Guénée postérieurs au bordereau, s'il l'avait réellement affirmée à un moment quelconque. *Il n'y a pas eu de révélations de Valcarlos* sur l'existence d'un ou de plusieurs traîtres ; cet acte, qui est ce qui l'a rendu odieux aux dreyfusards, n'a pas existé.

Lors de la deuxième révision, Mornard, qui avait, depuis un bon moment, compris que les Rapports étaient des faux, émit l'opinion qu'ils avaient été fabriqués pour authentiquer le faux témoignage d'Henry au procès de 1894. Le lecteur ne sera pas surpris que nous ne partagions pas cette manière de voir. Si le but d'Henry avait été celui qu'a pensé l'avocat, le traître fût apparu dans les Rapports, avant tout, comme un officier du 2e Bureau.

« Une personne absolument honorable », avait dit Henry au procès, en choisissant ses dates pour qu'elles coïncidassent avec l'époque où Dreyfus était dans ce Bureau, « a prévenu le Service en février qu'un officier de l'Etat-Major trahissait, et en mars elle a précisé que cet officier était au 2e Bureau ». C'est seulement à la mention de ce 2e Bureau que Dreyfus s'était senti, et que tout le monde l'avait senti visé, qu'il s'était dressé en protestant violemment, soutenu par Demange, criant : qui est cette personne honorable ? Le 2e Bureau avait donc joué un rôle capital dans le faux témoignage.

Une pièce faite pour authentiquer ce témoignage et où il n'aurait pas été question du 2e Bureau n'aurait pas répondu à son but.

Ce Bureau figurait d'ailleurs déjà dans cette « déclaration » — la note D — qu'Henry avait préparée pour le « petit dossier »[1]

1. Cf. plus haut, p. 54.

qui, on s'en souvient, avait été rejetée — et que, précisément, le faux témoignage n'avait fait que reprendre verbalement ; il allait figurer aussi dans cette note du 30 avril 1898, plusieurs fois citée déjà, où Henry raconterait, à sa façon, son témoignage de 1894.

Ce n'est pas par oubli que les Rapports Guénée dits du 28 mars et du 6 avril 1894 ne mentionnent pas le 2e Bureau : c'est parce que, dans ces textes, ce dont il s'agit n'est pas de démontrer la culpabilité de Dreyfus. Sans doute on y affirme bien la trahison d'un officier qui ne peut être que lui, mais c'est, en quelque sorte, simplement pour mémoire, pour qu'il soit bien entendu qu'elle subsisterait malgré une éventuelle trahison prouvée d'Esterhazy.

Le caractère des Rapports, d'être une ligne de repli en cas d'écroulement du vrai coupable, n'a pas été perçu, et cela pour la bonne raison que l'événement en vue duquel ils avaient été fabriqués ne s'est pas produit.

Très longtemps ils sont restés cachés, parce qu'il ne fallait pas qu'on puisse soupçonner qu'à l'Etat-Major on se fût préoccupé de prendre de telles précautions.

Nous verrons plus loin [1] comment ils « sortirent » et finirent par constituer un des éléments du dossier considérés comme des plus importants.

Une fois en possession des faux rapports, qu'en fit Henry ? Nous n'avons aucun renseignement direct sur ce point, mais nous constatons que ces pièces portent, à l'encre rouge, les nº 5 et 6. On peut inférer de là qu'elles ont fait partie d'un de ces envois de documents de Henry à Gonse, dont nous avons déjà parlé.

On remarque par ailleurs que ces rapports n'ont pas figuré dans les nombreux envois de « preuves » que Gonse, à son tour, adressait au ministre.

Henry, cependant, corrélativement à la transformation des notes de Guénée en faux rapports, avait à prendre une précaution.

Si Valcarlos devait, par la plume de Guénée, prouver qu'un officier, à l'Etat-Major (et d'autres ailleurs), trahissait, encore ne fallait-il pas que l'ancien attaché espagnol en second puisse apparaître comme un homme à la solde du Service des renseignements.

Nous avons vu [2] qu'Henry avait déjà, en juin 1896, fait remplacer dans le registre l'indication : V. C. par celle de : Vésigneul.

---

1. Cf. plus bas, p. 155.
2. Cf. ci-dessus, p. 84.

Ce qui lui importait alors, c'était simplement de réparer l'erreur qu'il avait commise en donnant au bénéficiaire des fausses mensualités un pseudonyme qui désignait Valcarlos. Cette sotte mention aurait pu attirer l'attention de Picquart lorsqu'il feuilletait négligemment, en fin de mois, le registre des dépenses, et provoquer des questions de sa part. Cela ne s'était heureusement pas produit : pour éviter que cela n'advienne, il suffisait de changer de pseudonyme à partir de la prochaine fausse mensualité.

Au moment où se confectionnent les faux rapports, la situation est toute différente. La bataille est commencée. On peut craindre que Picquart se joigne à la « bande de Scheurer ». Quoiqu'il n'en ait rien fait paraître, rien ne prouve qu'il n'a pas remarqué, noté dans les livres les initiales de Valcarlos, et cette fâcheuse inscription, précisément celle de juin 1896, d'où il résulte que Vésigneul n'est autre que V. C., et qu'il ne va pas dénoncer l' « homme honorable » d'Henry comme étant un vulgaire agent au mois. Il faut donc faire disparaître des registres, radicalement, dans le passé comme dans le présent, ces deux pseudonymes.

« Picquart » dit Henry à Gribelin en exagérant volontairement la gravité de la situation, « a fait allusion aux mensualités de Valcarlos. S'il en parle, il faut que nous puissions démontrer pièces en mains que Valcarlos n'a jamais rien reçu. Vous allez refaire les registres ».

Ainsi on ne pourrait plus tirer des livres une preuve de la vénalité de l'ancien attaché en second ; bien mieux, si Picquart venait à dénoncer celle-ci en alléguant les pseudonymes qu'il aurait relevés jadis, on lui opposerait les registres refaits où ils ne figureraient plus et on convaincrait l'ancien chef du Service de mensonge caractérisé.

Les mensualités s'étendaient sur deux registres[1], l'un où avaient été portées les dépenses du 1er octobre 1890 au 31 décembre 1895, le second, ouvert le 1er janvier 1896, encore en cours. Refaire un registre afférent à plus de cinq années parut un travail vraiment trop considérable simplement pour y substituer onze fois (décembre 1894 — car il ne fallait pas oublier les 49,50 francs — mars-décembre 1895) à V. C. un autre pseudonyme. On se borna à gratter sur le premier registre les initiales V. C. pour les remplacer

---

1. Ces registres étaient des « Journaux de caisse », c'est-à-dire qu'ils inscrivaient au fur et à mesure qu'elles se produisaient, dans une colonne les recettes, dans l'autre les dépenses, sur les fonds secrets. Comme les recettes ne consistaient guère qu'en l'allocation mensuelle consentie par le ministre sur l'ensemble des fonds secrets du ministère, nous appellerons dans ce qui suit ces Journaux : livres, ou registres, des dépenses.

par H. G. (Henry-Gribelin, ou Henry-Gonse ?). Si mal, paraît-il, que V. C. était encore parfaitement visible sous H. G.

Par contre, Gribelin dut recopier entièrement sur un nouveau livre les incriptions du registre commencé le 1er janvier 1896, qui cessa d'être utilisé, en substituant à V. C. ou à Vésigneul le pseudonyme de Juana, qui serait désormais celui de Valcarlos. Juana, par sa nationalité, comme auparavant Vésigneul par la première lettre de son nom, rappelleraient le pseudonyme initial du bénéficiaire imaginaire des « mensualités ».

L'archiviste a soutenu par la suite qu'il était parfaitement légitime, dans des livres du genre de ceux qu'il tenait, de substituer un pseudonyme à un autre. Il n'en est pas moins qu'il ne voulut pas assumer la responsabilité du travail qu'on lui demandait, et, comme il le dit, du caractère personnel que son écriture, même sans sa signature, pouvait lui donner. Aussi exigea-t-il que, dans le registre recopié, figurassent (ce qui ne s'était jamais fait) des arrêtés de fin de mois signés d'Henry.

Henry, bien entendu, chercha à se faire couvrir par Gonse, auquel il n'eut sans doute pas de peine à faire valoir qu'il n'était pas lui-même le vrai chef du Service, que c'était le général qui l'était. Quel prétexte avança-t-il pour cette institution subite des arrêtés de fin de mois, avec rétroactivité jusqu'à la première fin de mois qui avait suivi le départ de Picquart ? Il ne dut pas lui être difficile d'en trouver un, et Gribelin estime même que Gonse donna les signatures (pour fin novembre 1896 à fin octobre 1897) sans demander aucune explication tant était grande sa confiance en Henry (par la suite, pour la vraisemblance, on fit des arrêtés à chaque fin de mois).

Gribelin, cependant, n'était pas entièrement satisfait, car on n'avait pu faire d'arrêtés pour les fins de mois de janvier à octobre 1896, où c'était Picquart qui était le chef du Service. Ceci nous paraît être la raison pour laquelle il conserva le registre abandonné : il voulait pouvoir prouver que, même pour cette période, les mentions sur celui-ci avaient été reprises sans changement — à Juana près — sur le registre refait. C'est par suite de cette précaution que purent être comparés les deux registres, et qu'ainsi le camouflage apparut, lors des recherches qui devaient aboutir à la deuxième révision, et contribuèrent à la provoquer.

Ce camouflage, étant donné que le registre ancien fut tenu régulièrement jusqu'au 31 octobre 1897, se place en novembre 1897. En raison de sa corrélation avec la fabrication des faux rapports Guénée, on peut dater cette dernière opération de la même époque — fin octobre-début novembre 1897.

V

Si Henry avait fait établir ces documents par Guénée comme ultime ligne de repli pour le cas désastreux où Esterhazy « craquerait », il importait d'abord et avant tout, pour lui et pour Gonse, qu'Esterhazy ne craquât point. Déjà antérieurement aux faux rapports — si la date que nous leur avons attribuée est exacte — le général et le commandant avaient fait le nécessaire pour que quand Scheurer-Kestner — comme ils ne doutaient pas qu'il dût le faire — lancerait en public le nom du vrai coupable, ce personnage toujours excité qu'était Esterhazy, dont les rodomontades masquaient la pleutrerie, fût prévenu de ce qui le menaçait, calmé, soutenu, dirigé, empêché de se livrer à des déclarations qui ne concorderaient pas avec les thèses de l'Etat-Major.

C'est le 16 octobre (1897) que cela commença. Ce jour-là parvint un télégramme d'un émissaire que Billot avait envoyé en Alsace, où Scheurer-Kestner passait ses vacances. Le sénateur était fermement résolu à réclamer la révision dès son retour à Paris avant la fin du mois.

Aussitôt Gonse réunit Henry et du Paty — qu'il avait soudain tiré de son 3e Bureau où il élaborait un plan de débarquement en Angleterre — pour l'affecter momentanément à la Section de statistique. Gonse apprit à du Paty le nom de l'officier qui allait être accusé, et lui garantit son innocence. Du Paty, dans sa candeur, proposa de le convoquer au ministère, mais Gonse fit la sourde oreille, et l'entretien en resta là.

Henry, cependant, désirait mettre le ministre « dans le coup ».

Le 21 octobre arriva — probablement venant d'Esterhazy qu'Henry avait stylé en sous main — une lettre non signée, par laquelle une dame, « instruite par un bien curieux hasard » de ce qui se tramait, appelait l'attention sur l'impressionnabilité de l'officier que les Dreyfus avaient choisi pour le substituer au traître, comptant que, accusé, il perdrait la tête, s'enfuirait, etc. C'était toujours le même système qu'Henry avait employé l'année précédente avec la « lettre Pierre »[1] : le danger n'était pas une imagination de l'Etat-Major, il était signalé de l'extérieur.

Gonse réunit de nouveau ses acolytes, et tous trois convinrent qu'il fallait « prévenir ce malheureux ». On rédigea donc à cet effet une lettre anonyme, que, le lendemain 22, avec l'épître de l'inconnue, Gonse soumit au ministre. Mais Billot interdit l'emploi de ce moyen.

---

1. Voir ci-dessus, p. 94.

Le coup était manqué. Il faudrait se passer de la couverture du ministre. Heureusement, celui-ci avait oublié d'interdire les contacts oraux. Gonse se résolut à y recouvrir.

C'est ainsi que naquit la fameuse « collusion », approuvée par Boisdeffre, entre les chefs de l'Etat-Major et un officier qui allait être accusé de trahison ; elle se traduisit par la désignation d'un intermédiaire « constant » entre eux et Esterhazy. Henry convainquit du Paty de jouer ce rôle, que lui-même ne se souciait pas d'assumer ; du Paty rendait régulièrement compte à Gonse de ses entretiens avec Esterhazy — ce qui n'empêcha pas Henry de voir Esterhazy en cachette des chefs et de du Paty lui-même.

Scheurer-Kestner était rentré à Paris le 22. Son but était d'obtenir que le gouvernement prît l'initiative de la révision, et il crut devoir, par déférence, en entretenir d'abord le président de la République. Son échec fut total. Reçu froidement par Félix Faure, mal accueilli par Méline, dupé par Billot, gêné dans son action par les consignes de Leblois, qui l'empêchaient de nommer Picquart, et par conséquent de montrer les lettres que celui-ci avait reçues de Gonse, il ne réussit qu'à déchaîner un flot d'injures contre lui dans la presse antirévisionniste, qui avait été informée de ses démarches, tandis que le gouvernement publiait (9 novembre 1897) une note affirmant que Dreyfus avait été justement et régulièrement condamné.

Il songeait cependant encore à adresser au Garde des Sceaux une requête en révision, lorsque le miracle se produisit.

Mathieu Dreyfus n'avait pas cessé d'agir de son côté. Il avait fait expertiser l'écriture du bordereau (d'après le fac-similé publié par le *Matin*) comparativement à celle de son frère et demandé à Bernard Lazare une nouvelle brochure, beaucoup plus développée que celle de l'année précédente, où ces expertises étaient exposées.

Il avait même eu l'idée de faire confectionner de simples placards, où la reproduction du bordereau s'opposait à celle de lettres du condamné, et qu'il fit vendre sur les boulevards. Un banquier, Castro, en acheta un, et aussitôt reconnut dans le bordereau la main d'Esterhazy, qui avait été son client, et de qui il avait conservé plusieurs lettres. Il les fit tenir à Mathieu par un ami commun.

Mathieu était enfin en possession du nom du vrai coupable. Etait-ce le même que celui que Scheurer se refusait toujours à prononcer publiquement ? Il se précipita chez le vice-président du Sénat, qui, n'y pouvant résister, malgré la consigne, répondit : « C'est lui ».

Quatre jours plus tard (15 novembre 1897), Mathieu écrivait au ministre de la Guerre une lettre par laquelle il dénonçait comme l'auteur du bordereau « M. le Commandant Walsin-Esterhazy » et en faisait porter la copie aux journaux.

Esterhazy ne put faire autrement que de protester violemment en demandant une enquête.

Les passions allaient s'enflammer, aveugles, et l'affaire Dreyfus se transformer en l'Affaire.

L'Etat-Major allemand avait inféré, de la campagne de Scheurer, que le nom d'Esterhazy ne tarderait pas à être prononcé. Aussi, en vertu de la loi non écrite qui veut que lorsque l'agent d'un attaché militaire est démasqué, l'attaché s'en aille, Schwartzkoppen avait été nommé, depuis quelques jours, à un commandement en Allemagne. Le 11 novembre, il fut reçu en audience d'adieu par Félix Faure, à qui il assura n'avoir jamais eu de rapports avec Dreyfus. Le 15 — jour de la publication de la lettre de Mathieu — il quitta définitivement Paris.

Henry venait de passer lieutenant-colonel.

Chapitre VI

PROCÈS ESTERHAZY ET PROCÈS ZOLA

I

La demande d'enquête d'Esterhazy n'était qu'un geste, nécessaire mais sans importance. En haut lieu, la question qui se posait était de savoir si l'on allait suivre sur la dénonciation de Mathieu Dreyfus. L'Etat-Major ne le désirait pas, mais le gouvernement (avec Billot) fut d'une autre opinion. Ainsi naquirent le procès Esterhazy, et, par un contre-coup imprévu, le procès Zola.

Ce sont d'abord, sur Esterhazy, une enquête administrative, puis extra-judiciaire, confiées au général de Pellieux, à qui on prend soin de montrer, dans le plus grand secret, le faux Henry, la « preuve absolue » de la culpabilité de Dreyfus. Par cette tromperie, l'Etat-Major range de son côté un honnête homme, qui ne peut dès lors plus que croire et conclure à l'innocence d'Esterhazy, et voir en celui qui l'accuse, Picquart — rappelé de Tunisie pour être entendu — un officier mû par des motifs inexplicables et sans doute louches.

Puis c'est l'ordre d'informer, et l'instruction, menée par Ravary, qui reçoit des directives. Il y a cependant, pour l'Etat-Major, un danger possible : celui de l'inévitable expertise d'écritures, par confrontation entre celle du bordereau et celle d'Esterhazy. « Heureusement » les experts concluent que si Esterhazy avait écrit le bordereau il aurait certainement déguisé son écriture ; du moment qu'on y retrouve beaucoup de particularités de son graphisme, c'est que ce n'est pas lui qui les y a mises : le bordereau a été calqué sur un écrit de sa main. C'est la thèse qu'a soutenue Esterhazy, qui prétend que Dreyfus s'est procuré frauduleusement un manuscrit dont il était l'auteur. Ravary peut donc avec bonne conscience proposer le non-lieu pour Esterhazy. Il profite de son rapport pour accabler Picquart, bien que celui-ci ne soit qu'un témoin dont il n'a pas à juger le comportement. Il lui reproche les manœuvres dont Henry l'avait accusé dans sa lettre du 31 mai 1897[1] (Henry, Lauth et Gribelin sont venus en déposer devant lui comme ils l'avaient déjà fait d'ailleurs devant Pellieux) et d'avoir communiqué à Leblois des lettres afférentes au Service (les lettres de Gonse) — autant d'actes d'indiscipline en vue évidemment de provoquer l'odieuse révision dans des intentions qui ne sont peut-être pas pures.

Saussier cependant juge qu'il faut aller plus loin que le non-lieu, et ordonne la mise en jugement d'Esterhazy, qui comparait devant le Conseil de guerre le 10 janvier 1898. Les témoins civils déposent en audience publique, mais pour l'audition des témoins militaires, le Conseil décide le huis clos. Dès lors Pellieux, désigné pour suivre les débats pour le compte du ministre, en fait les dirige, interpellant les témoins par-dessus la tête du président. L'innocence d'Esterhazy est posée en principe, tandis que le grand coupable est Picquart. « Je vois, " dit un des juges ", qu'il y a ici un accusé, c'est le colonel Picquart ». Esterhazy est acquitté à l'unanimité, le 11 janvier 1898.

Billot avait attendu prudemment la décision du Conseil de Guerre pour sévir contre Picquart. Fort de son verdict, il le fait le 13 janvier (1898) mettre aux arrêts de forteresse, en attendant la réunion d'un Conseil d'enquête qui donnera un avis sur son cas.

II

Le gouvernement, les chefs militaires, ayant fait acquitter Esterhazy, espéraient en terminer avec l'Affaire en chassant Picquart de l'armée. Ils ne devaient pas longtemps nourrir cette illusion.

Ce même 13 janvier où Picquart est incarcéré, *l'Aurore*, tirée à 300 000 exemplaires, publie, sous le fameux titre « J'accuse », la lettre de Zola au président de la République, où l'écrivain attaque le jugement qui vient d'être rendu. Il fait l'historique de l'affaire Dreyfus et de l'affaire Esterhazy — telles qu'il les connaît, c'est-à-dire fort mal — il termine en accusant ceux qu'il considère comme les principaux responsables des iniquités commises, dont, en fin de liste, le Conseil de guerre de 1894, qui a condamné Dreyfus sur « une pièce restée secrète » (il vise ici la révélation de *l'Eclair* de 1896) et le Conseil de guerre de 1898,

1. Voir ci-dessus, p. 100.

« qui a couvert cette illégalité par ordre en commettant à son tour le crime juridique d'acquitter sciemment un coupable ».

Le gouvernement fut obligé par la clameur publique à poursuivre Zola. Mais, peu soucieux de voir discuter dans le prétoire toute l'affaire Dreyfus, il décida de limiter la plainte à l'accusation portée par l'écrivain contre les juges de 1898, d'avoir acquitté « par ordre ». C'est pour cette seule « diffamation » que Billot cita Zola, et le gérant de *l'Aurore* Perrenx, à comparaître devant la Cour d'assises. Les révisionnistes n'en obtenaient pas moins ce qu'ils avaient voulu, leur grand procès en public.

Avant que la Cour se ne réunisse, Picquart a comparu — le 1er février 1898 — devant le Conseil d'enquête, qui a conclu à sa mise en réforme. Mais, contrairement à l'usage, Billot ne prend pas la mesure immédiatement. C'est, dit-il, pour ne pas influencer défavorablement les jurés à son égard. C'est, en réalité, pour l'obliger à conserver le secret professionnel, dont le ministre a décidé que ne seraient pas déliés les officiers cités comme témoins par Zola.

Le procès Zola s'ouvrit le 7 février. Prévu pour deux ou trois jours, il dura jusqu'au 23, les défenseurs étant Labori pour Zola et Albert Clemenceau pour Perrenx. S'abritant derrière la portée limitée de la citation, la Cour prit sans tarder un arrêt interdisant qu'il fût question aux débats de l'affaire Dreyfus. Le président fut assez indulgent quand les militaires enfreignirent cette décision, qu'il opposa par contre inlassablement à la défense.

Nous n'avons pas l'intention de relater ici cet immense procès.

La défense se préoccupa de montrer l'inanité des charges que Ravary avait prétendu accumuler contre Picquart.

Dans son zèle intempestif à cet effet, Ravary avait mentionné dans son rapport, selon les dires d'Henry, que ce dernier, entrant un jour dans le bureau du colonel, l'y avait trouvé « compulsant » avec Leblois un « dossier secret », tandis que la photographie d'une pièce portant les mots « canaille de D [1] » était étalée sur la table. Picquart nia cette communication et en démontra la fausseté : Henry avait en effet placé cet incident en octobre (1896) alors que cette année-là, Leblois avait été absent de Paris d'août à novembre. Henry, d'autre part, venait de déposer que la photographie dépassait seulement par un coin d'une enveloppe ouverte par le bord supérieur et sur laquelle était écrit de sa main : Dossier Secret, toutes les autres pièces étant restées à l'intérieur. Labori

1. L'enveloppe qui renfermait le « petit dossier » contenait également des photographies de la pièce « canaille de D ».

lui fit remarquer là une contradiction avec le rapport Ravary ; Henry essaya brutalement de le faire taire. L'avocat ne céda point. Picquart ajouta que, de l'endroit où Henry prétendait s'être avancé, il n'aurait pu lire les mots : « canaille de D », la photographie étant très obscure et brouillée. Alors Henry exaspéré se laissa aller une fois de plus à son horreur de la discussion. Il jeta au visage de Picquart, debout à la barre à côté de lui : « Le colonel Picquart en a menti. »

Le président se borna à dire : « Vous n'êtes pas d'accord tous deux », et l'avocat général, qui aurait dû demander des sanctions pour outrage à témoin, resta muet.

Les dénégations grossières d'Henry, cependant, n'avaient pu empêcher que les débats eussent montré une chose : c'est qu'en dehors du dossier judiciaire de l'affaire Dreyfus, il existait au Service des renseignements (ou plutôt qu'il avait existé, car à ce moment-là, il était déjà disloqué) un dossier secret se rapportant selon toute apparence à cette affaire : il contenait la pièce « canaille de D », et c'était lui qui avait été remis par Gribelin (l'archiviste en avait témoigné) à Picquart, fin août 1896, époque à laquelle ce dernier poursuivait activement son enquête qu'on lui reprochait tant pour « substituer Esterhazy à Dreyfus ».

Les avocats poussèrent leur pointe là-dessus. Picquart, interrogé sur ce que contenait le dossier secret, dit qu'il voudrait beaucoup en parler, mais qu'il ne le pouvait, en raison de la défense faite par le ministre d'enfreindre le secret professionnel.

Henry profita de son silence pour jouer de cette équivoque où il était passé maître. Il fit semblant de croire que ses adversaires lui demandaient si c'était le dossier judiciaire de l'affaire Dreyfus que Picquart aurait montré à Leblois. La pièce « canaille de D », déclara-t-il, n'a rien à voir avec l'affaire Dreyfus, elle est complètement étrangère au « dossier Dreyfus », qui, scellé en 1895 après la condamnation, n'a été ouvert qu'en fin 1897, pour que le général de Pellieux puisse y prendre, aux fins de son enquête, l'original du bordereau. Quant au dossier secret qu'il prétendait avoir vu communiquer par Picquart à Leblois, c'était, dit-il, un dossier que Sandherr l'avait invité à constituer sur l'espionnage. Il l'avait remis à Sandherr, qui le lui avait rendu le 16 décembre 1894 (quelques jours avant le procès Dreyfus). Il l'avait placé ce jour même dans son armoire, où il était toujours resté jusqu'à ce que, en son absence, Picquart se le fît remettre par Gribelin en août 1896. Ainsi il n'y avait pas de dossier secret Dreyfus, il y avait un dossier secret sur l'espionnage, contenant la pièce « canaille de D », et qui n'avait pas été communiqué aux juges de 1894.

Gonse aussitôt, sous couleur de donner des précisions sur la date à laquelle il avait repris ce dossier à Picquart, vint confirmer implicitement la nouvelle et frauduleuse version d'Henry.

Les deux compères donc, au gré des nécessités du moment, n'hésitaient pas, pour nier la communication secrète du procès de 1894, à rayer la pièce « canaille de D » du nombre des preuves de la culpabilité de Dreyfus — ce qui ne les empêcherait pas de l'y réintégrer plus tard.

La défense fit une ultime tentative vers Picquart. Un des avocats feignit de croire que celui-ci voulait répondre. « Non, non » fit Picquart.

Il était évident qu'Henry mentait. Mais Picquart se taisait. Les avocats durent passer à autre chose.

Après d'assez longs méandres, on en vint au point d'où devait sortir, sans que personne s'en doutât, l'incident culminant du procès.

Les débats se portèrent sur le bordereau. Esterhazy pouvait-il en être l'auteur ? Cette question fut examinée du point de vue graphologique, puis linguistique, et enfin technique. Esterhazy avait-il pu connaître les renseignements contenus dans les notes dont il accompagnait la livraison ?

Sur une question d'un des avocats, Gonse soutint que le bordereau était d'août 1894, ce qui était vrai, mais qui fit sensation parce que c'était en avril que l'acte d'accusation de Dreyfus l'avait placé. La défense donna lecture de ce document. La question de la date du bordereau avait une importance énorme, du point de vue de l'identité des pièces qui y étaient énumérées, du point de vue aussi de la dernière phrase : « Je vais partir en manœuvres ». Le changement de date pouvait constituer un fait nouveau, ouvrant la voie à la révision. Gonse s'embourba. Il s'embourba encore plus lorsqu'il prétendit qu'Esterhazy n'avait pu, aux manœuvres d'artillerie où il s'était rendu, voir tirer le canon de 120 (dont il était question dans le bordereau) parce qu'il n'avait fait qu'y fumer des cigarettes. La défense rappela à Gonse l'éloge qu'il avait fait du zèle à s'instruire dont avait fait preuve Esterhazy en demandant à se rendre à ces manœuvres. La situation de l'Etat-Major devenait mauvaise. Le président suspendit l'audience.

Pendant tout ce temps, Pellieux, qui « savait » Dreyfus coupable, avait bouillonné de rage. A la fin, il n'y put tenir, et, pendant la suspension, demanda à être rappelé à la barre.

A la reprise, il s'avance frémissant ; tout en prétendant qu'il ne va pas parler de l'affaire Dreyfus, il lance : « On cherche la révision par des voies détournées... Depuis la condamnation de

Dreyfus, nous avons eu la preuve absolue de sa culpabilité », et il cite de mémoire la lettre de Panizzardi à Schwartzkoppen fabriquée par Henry (le « faux Henry »), où le premier écrivait au second : « Ne dites jamais les relations que nous avons eues avec ce Juif. »

La foudre tombait sur l'auditoire, où jamais personne, sauf Henry et Gonse, n'avait entendu parler d'un document aussi formidable.

Labori déclara que si cette pièce n'était pas montrée, si elle ne pouvait être discutée, elle ne comptait pas.

Gonse confirma les paroles de Pellieux, ajoutant, suivant son vocabulaire habituel, qu'il fallait « de la prudence » — c'est-à-dire qu'on ne la montrerait pas.

Mais Labori persistait, et Pellieux, aux yeux de qui il était impie de dire qu'un général pût mentir, indigné de cette incrédulité, demanda qu'on appelât Boisdeffre. De lui au moins, pensait-il, la déposition ne pourrait, pour tout le monde, qu'équivaloir à la présentation de la pièce. Et comme le président ne s'y résolvait pas aussitôt, au mépris du droit que seul celui-ci avait de citer un témoin, il cria à son officier d'ordonnance : « Allez chercher le général de Boisdeffre, tout de suite, en fiacre. » Boisdeffre vint, mais entre temps le président avait levé la séance.

Boisdeffre reparut le lendemain. Sur question du président, il confirma le texte de la pièce citée par Pellieux « comme exactitude et comme authenticité ». Se tournant vers les jurés, il leur déclara que si la nation, qu'ils représentaient, n'avait pas confiance dans l'Etat-Major (en d'autres termes : s'ils acquittaient Zola), l'Etat-Major donnerait sa démission. Puis il se retira.

En vain Labori demanda à lui poser des questions. Le président s'y refusa en invoquant l'arrêt de la Cour mettant hors des débats l'affaire Dreyfus, dont venait, sur sa demande, de parler celui que l'avocat voulait interroger.

Picquart alors sortit de sa réserve. Revenant sur la fable inventée par Henry à propos du dossier secret (mais il y avait six jours de cela et devant l'énorme incident qui venait de se produire, on n'y pensait plus), il déclara qu'Henry avait commis « une inexactitude », et qu'entre le 16 décembre 1894 et la fin août 1896, le dossier secret n'était pas resté tout le temps dans l'armoire du Service, qu'il en était sorti une fois, se défendant bien d'ailleurs de préciser dans quelles conditions et à quelles fins.

Puis, passant à la pièce invoquée par Pellieux, il dit qu'il en avait connu à l'époque l'existence et le contenu, sans qu'on la lui montrât, qu'elle était arrivée très opportunément au secours d'Esterhazy, que pour ces raisons il la considérait comme un faux.

Là, il produisit une profonde sensation. Pour la première fois, il se dressait ouvertement contre l'Etat-Major.

Mais que pouvait-il contre Boisdeffre ?

Zola et Perrenx furent condamnés à la prison et à l'amende (23 février 1898).

Trois jours plus tard, Billot faisait signer le décret qui mettait Picquart en réforme, c'est-à-dire le rejetait hors de l'armée. Il fut aussitôt libéré de ses arrêts.

Le gouvernement et l'Etat-Major étaient arrivés à leurs fins. Le « tribunal populaire » avait confirmé l'acquittement d'Esterhazy, qui constituait une seconde condamnation de Dreyfus ; le seul instrument militaire de la révision était expulsé de l'armée.

Et pourtant, rien n'était fini. Zola estimait que la cause dreyfusiste avait avancé. La volte-face d'Henry sur la pièce « canaille de D » n'avait pas convaincu qu'il n'existât pas un dossier secret Dreyfus que l'on n'osait pas produire, et qu'elle-même n'eût été montrée aux juges de 1894 en dehors des débats. L'évocation par Pellieux de la « preuve absolue » était une arme, à double tranchant : pourquoi ne l'avait-on pas montrée plus tôt pourquoi ne voulait-on pas la laisser voir ? Des faits inquiétants étaient ainsi sortis de l'ombre, où on ne pourrait plus les faire rentrer. Méline avait eu beau affirmer à la Chambre qu'il n'y avait plus d'affaire Dreyfus ni d'affaire Esterhazy, il avait lui-même trahi son doute en annonçant que si les agitateurs poursuivaient leur action, il demanderait au Parlement de nouvelles armes contre eux.

Chapitre VII

MENACE D'UN NOUVEAU PROCÈS ZOLA

I

Les auteurs et les fauteurs de la condamnation de Zola ne dormirent pas longtemps sur leurs lauriers. L'écrivain déféra, en effet, à la Cour de cassation le jugement de la Cour d'Assises, qui fut (2 avril 1898) déclaré purement et simplement nul, au motif que la citation avait été faite par le ministre, alors qu'elle aurait dû émaner du corps diffamé, en l'espèce le Conseil de guerre que Zola avait accusé d'avoir acquitté Esterhazy par ordre.

Les juges d'Esterhazy se réunirent et portèrent plainte (10 avril). Le procès Zola allait recommencer.

Cette perspective était singulièrement inquiétante pour Henry. Lorsque Pellieux avait révélé aux Assises l'existence et la teneur de sa fausse lettre de Panizzardi, il avait été affolé de voir ce scabreux document sortir de l'ombre et paraître devant le monde entier. Boisdeffre avait paré le coup. Zola condamné, Henry avait pu espérer que l'Affaire était close et qu'on ne parlerait plus de sa fausse lettre. Maintenant l'immense débat public allait reprendre, où elle tiendrait dès le début le devant de la scène, et Dieu seul savait ce qui pourrait en sortir.

A toute éventualité, Henry se mit en devoir de faire le nécessaire pour que le soupçon d'être l'auteur d'un faux ne se tournât pas vers lui.

Il avait fait la fausse lettre pour couvrir son faux témoignage de 1894, et ce faux témoignage pour faire avaliser, par la condamnation de Dreyfus, sa campagne du printemps de 1894 sur la présence d'un traître à l'Etat-Major. Et, à l'origine de cette campagne, il y avait les présomptions misérables — il le sentait bien maintenant — sur lesquelles il s'était emballé jadis : la « lettre Davignon », la visite de Schwartzkoppen, l'échec des recherches de « ce canaille de D » parmi le personnel subalterne.

Il fallait effacer jusqu'à la trace de tout cela. Il fallait que lui, Henry, apparût comme n'ayant jamais eu par lui-même l'ombre de l'idée qu'il pût y avoir à l'Etat-Major un officier qui trahissait, n'ayant jamais professé à cet égard d'opinion divergente de celle du Service des renseignements, et ce Service lui-même, comme complètement innocent de toute suspicion à l'égard des officiers de l'Etat-Major en général et de Dreyfus en particulier, n'ayant même pas eu, à l'arrivée du bordereau, la pensée injurieuse qu'il pût être l'œuvre d'un de ces officiers, et, puisqu'il était établi qu'il n'était pour rien dans la désignation de Dreyfus comme le traître présumé, entièrement étranger à l'accusation portée contre le capitaine. Sans doute le Service, par son organe à lui Henry, avait-il témoigné contre Dreyfus au procès, mais il n'avait fait là que transmettre aux juges un renseignement de première importance apporté spontanément par un personnage digne de foi. Sans aucune responsabilité propre dans l'accusation ni dans le verdict, quel intérêt aurait eu le Service ou un officier du Service, à fabriquer un faux pour étayer après coup la condamnation ?

Tel est le système — que nous appellerons son « nouveau système » — qu'Henry monte pour écarter de sa tête tout soupçon d'être l'auteur de cette pièce que Picquart a taxée de faux et dont on ne sait pas quel sera le sort dans le nouveau procès.

Nous en trouvons une première manifestation dans une note non signée, datée d'avril 1898, portant dans le coin d'en haut à gauche les initiales S. S. (Section de statistique), qui ne peut donc être que d'Henry, et qui, reprise mot pour mot, mais augmentée d'une addition importante de Gonse, deviendra cette note du 30 avril 1898 que nous avons déjà plusieurs fois citée.

Le document commence par l'histoire des fuites de plans directeurs, qu'Henry prend au moment où il est rentré à la Section de statistique — mai 1893. On y voit défiler les pièces déjà mentionnées par ailleurs [1], le memento de Schwartzkoppen de juin 1893, sa commande de plans de janvier 1894, les recherches et enquêtes que l'arrivée de ces papiers ont provoquées, et qui sont restées vaines. La note ne mentionne pas la pièce « canaille de D », ce qui serait assez difficile à ce moment-là à Henry, étant donné qu'il y a peu, au procès Zola, il l'a exclue de l'affaire Dreyfus, mais c'est à l'époque où elle est apparue, et où on cherche qui est D, « en avril ou au commencement de mai » (1894) que la note place l'incident dont nous avons déjà parlé [2] : une « personne généralement bien renseignée » a fait connaître à un agent du

1. Ce sont les pièces dont il a été question pp. 28 et 29 et p. 38.
2. Voir plus haut, p. 41.

service qu'il fallait chercher l'auteur des fuites dans le personnel autre que les huissiers et les gardiens de bureau. Nous avons exposé en son temps pourquoi la « personne bien renseignée » ne pouvait être autre qu'Henry lui-même, nous réservant de dire plus loin pour quelle raison il ne se désignait pas comme l'auteur de cet avertissement, mais se camouflait en une personne bien renseignée qui l'avait adressé à un agent du Service — Guénée évidemment. On en voit maintenant l'explication : c'est qu'en cet avril 1898 où Henry raconte l'incident — que nous connaissons par ce seul récit — il ne veut plus, conformément à son nouveau système, être celui qui a dit qu'il fallait chercher « ce canaille de D » parmi les officiers. Il rejette la paternité de cette idée, non pas parce que ce fut une idée sotte, ce qui est la bonne raison pour laquelle il pouvait la renier, mais parce qu'il ne veut pas être celui qui a émis un soupçon quelconque contre les officiers du ministère.

On peut se demander alors pourquoi, dans cette note que nous analysons, il a mentionné l'incident. C'est qu'il y a peut-être encore à l'Etat-Major, au ministère, des gens qui s'en souviennent, qui, sans penser à mal, pourraient en parler ; il faut donc qu'il en produise une version qui l'innocente : « J'ai dit cela, mais l'idée ne venait pas de moi ; je n'ai fait que rapporter un propos tenu par quelqu'un du dehors, transmis par Guénée ».

Henry ajoute (nous avons déjà mentionné ceci) : « Cette allusion [de la personne bien renseignée] qui semblait viser le personnel officier causa un sérieux étonnement ».

Ce « sérieux étonnement » nous paraît être un coup de patte d'Henry. C'est — nous semble-t-il — le rappel du petit scandale qu'il a provoqué en disant qu'il fallait chercher parmi les officiers le marchand de plans directeurs. On lui a reproché, avec un mépris dont il a gardé un souvenir amer, une pensée aussi inconvenante, aussi vulgaire. Aujourd'hui, il prend un malin plaisir à ironiser sur les fiers dédains des beaux messieurs — dont il ne faut pas exclure Boisdeffre et Gonse — qui, quelques mois plus tard, ont été trop heureux d'user de la lettre « canaille de D » comme d'une preuve capitale pour faire dégrader un breveté d'Etat-Major.

Ceci ne sera d'ailleurs intelligible que pour ceux des lecteurs de la note qui ont vécu les origines de l'Affaire. Pour les autres, le « sérieux étonnement » ne sera que la stupeur des loyaux et honnêtes officiers du Service des renseignements apprenant qu'un camarade du ministère aurait pu se livrer à un trafic honteux.

L'incident de la « personne généralement bien renseignée » se termine par des recommandations faites à l'Etat-Major de prendre les plus grandes précautions à l'égard des pièces confidentielles et secrètes... et autres choses de même.

La note d'avril 1898 passe ensuite à un autre ordre de faits : les révélations de Valcarlos. Des bavardages de Valcarlos sur le voyage de Mendigorria, suivis de la visite de Schwartzkoppen, Henry avait induit, comme on sait, une trahison à l'Etat-Major. Par la suite, il avait transformé cette induction personnelle en des déclarations (où il n'était pas question du voyage) que lui aurait faites Valcarlos sur l'existence à l'Etat-Major d'un officier qui trahissait. Il en avait fait l'objet d'une note pour le « petit dossier »[1], rejetée, dont il avait repris la substance dans son faux témoignage de 1894, et c'était même en cela que ce faux témoignage avait consisté. Dans son nouveau système, il fallait que cette légende des « révélations » de Valcarlos fût attestée par un document écrit.

Henry pouvait-il se servir à cet effet des faux rapports qu'il avait fait établir fin 1897, où Guénée présentait cette légende, en la bâtissant — on a vu pourquoi — autour du voyage en Suisse ? Nous n'avons pas fait observer, à propos du procès Esterhazy et du procès Zola, parce que cette remarque eût été inutile alors, qu'il ne fut nullement question, dans ces procès, de ces faux rapports. On avait eu bien mieux, bien plus catégorique, à montrer à Pellieux pour le convaincre que Dreyfus était coupable, et il eût été suprêmement imprudent, de la part d'Henry et de Gonse, d'avancer des pièces d'où il résultait bien qu'il existait un traître à l'Etat-Major, mais aussi qu'il s'en trouvait peut-être d'autres ailleurs — dont on aurait pu se demander si l'un d'eux n'était pas, en effet, Esterhazy. Les faux rapports étaient donc restés dans l'ombre.

Les raisons qui les y avaient fait laisser étaient toujours valables en ce mois d'avril 1898 où s'annonçait un nouveau procès Zola. C'est pour cela qu'Henry, dans la note qu'il rédige à ce moment, laissant de nouveau de côté le voyage en Suisse, présente les « révélations » de la même façon simple, directe et catégorique dont il l'avait fait pour le « petit dossier » et au procès.

« Vers le mois de juin 1894, un officier du Service eut l'occasion de se mettre en rapport avec une personne appartenant au monde diplomatique [qui n'est donc pas la « personne généralement bien renseignée », et qui est Valcarlos], et d'amener la conversation sur le personnel des Attachés Militaires Etrangers. Au cours de cette conversation, la personne en question affirma plusieurs fois, qu'un officier appartenant alors au 2e Bureau de l'Etat-Major de l'Armée, ou, dans tous les cas y ayant appartenu, en mars et en avril 1894, renseignait les attachés militaires d'Italie et d'Allemagne. L'officier du Service insista pour connaître le nom de

1. Voir ci-dessus, p. 53.

l'officier visé au 2e Bureau, mais la personne en question répondit « Je suis sûre de ce que je dis, mais je ne connais pas le nom de l'officier. Du reste, le connaîtrai-je — que je ne le dirais point ».

Le lecteur se sera rendu compte que, si nous avons baptisé « entrevue de Juin » une conversation dont nous avons beaucoup parlé, c'est que nous avons trouvé cette date — non absolument contestée par Valcarlos — dans le texte qui précède .Quant à ce qu'elle fut, selon nous, réellement, et pour quelles raisons, nous l'avons déjà suffisamment exposé [1].

On remarquera que, dans cette nouvelle version des « révélations » de Valcarlos, celles-ci ne se produisent plus en deux fois, comme c'était le cas dans la note pour le « petit dossier » et dans le faux témoignage. Et, à vrai dire, une bonne fois suffisait.

La note d'Henry n'ayant pas le même objectif que les faux rapports Guénée, elle présente avec eux quelques différences.

Il s'agit ici, de nouveau, de la culpabilité de Dreyfus. On y retrouve l'Italie comme bénéficiaire de la trahison, et le traître au 2e Bureau. Il y a mieux. La note prête à Valcarlos une incertitude sur le point de savoir si au moment où il parle — juin 1894 — le traître est toujours à ce bureau. Henry savait parfaitement que Dreyfus y était encore à ce moment-là. Mais le « personnage diplomatique » peut l'ignorer. Ceci permet à Henry de lui faire dire : « un officier appartenant alors [en juin 1894] au 2e Bureau ou dans tous les cas y ayant appartenu en mars et avril 1894 » donc de faire apparaître le traître comme étant un officier qui change de bureau, donc comme un stagiaire : c'est une précision vers Dreyfus qui n'avait pas été donnée jusqu'alors.

On se souvient que dans les faux rapports de Guénée, dictés par Henry [2], Valcarlos se déclarait prêt à donner le nom du traître. Aujourd'hui, ceci n'est plus de mise. Il convient, pour empêcher que l'on s'adresse à lui, de faire entrevoir un Valcarlos refusant hautainement de parler. On croit encore entendre Henry ou Sandherr répondre à Boisdeffre qui voulait s'informer auprès de Valcarlos : « N'en faites rien, vous le feriez rentrer dans le silence le plus complet ».

Par ailleurs, la note d'avril 1898 présente une faiblesse.

D'après les faux rapports, c'était Valcarlos qui spontanément avait averti Guénée de l'existence du traître ; ici, de la façon dont

1. Voir ci-dessus, p. 42 et suiv.
2. Cf. plus haut, p. 110.

la chose est rédigée (Un officier du Service eut l'occasion d'entrer en rapport avec un personnage, etc. et d'amener la conversation sur les attachés militaires), on retire l'impression que l'officier du Service (Henry) a recherché, provoqué les confidences de Valcarlos. C'est, nous le savons, ainsi que les choses se sont passées, mais c'est une bévue de la part d'Henry de les présenter ici de cette manière car, dans son nouveau système, il faut qu'il n'ait pris absolument aucune initiative. Cette maladresse, nous le verrons [1], sera réparée par la suite.

La note poursuit : « A la suite de cette conversation transmise au colonel Sandherr, qui s'empressa d'en rendre compte, de nouveaux ordres furent donnés dans les bureaux pour qu'une surveillance très rigoureuse soit exercée [Encore ! c'est un rite !] — Les choses en étaient à ce point, lorsque, fin septembre 1894 (vers le 25), le Service des renseignements entra en possession du bordereau actuellement au dossier D ».

Ce qu'il faut retenir de ce paragraphe, c'est la prétendue « transmission » de l'entrevue de juin (dans la version Henry) à Sandherr, qui en a rendu compte en haut lieu. Si l'entrevue de Juin avait été ce qu'il dit, il n'aurait pas manqué, selon les règles, d'en faire une relation écrite. C'était son devoir le plus strict. Il ne peut la présenter, il n'ose pas en fabriquer une, après coup, antidatée. Il comble cette lacune en alléguant un compte-rendu verbal.

La fin de la note d'avril 1898 n'en est pas le moins curieux :

« Le Ministre de la Guerre réunit les Directeurs qui furent tous d'avis (ainsi que les différents chefs de service et de bureaux) que ce document [le bordereau] ne pouvait émaner que d'un officier attaché à l'Etat-Major de l'Armée.

« L'enquête, prescrite par le Ministre, amena le 15 octobre 1894, l'arrestation du capitaine D. »

Qu'est-ce que c'est que cette invention subite d'Henry, d'une réunion des Directeurs qui n'a pas eu lieu ? Henry ne fait jamais de fantaisie, il a ici une idée en tête : il a fallu une réunion des Directeurs pour juger que le bordereau était l'œuvre d'un officier de l'Etat-Major. Jamais le Service des renseignements n'aurait eu une pensée pareille.

Si nous tirons les conclusions qui se dégagent de cette note d'Henry, d'avril 1898, nous y trouvons :

---

1. Voir ci-après, p. 145.

— que jamais personne au Service des renseignements n'a formulé l'hypothèse que le marchand de plans directeurs pouvait être un officier ;

— que jamais Henry n'a induit de la visite de Schwartzkoppen une trahison à l'Etat-Major ; c'est — Henry l'avait déjà dit, mais il le répète ici — c'est Valcarlos qui lui a révélé l'existence du traître, qu'il ne soupçonnait pas ;

— que le Service des renseignements, en recevant le bordereau, n'a pas pensé qu'il pût être l'œuvre d'un officier de l'Etat-Major.

Bref, le Service a été innocent de toute pensée personnelle suspicieuse ou malveillante à l'égard des officiers de ce corps.

C'est, nous l'avons dit, la première expression de ce que nous avons appelé le système de défense d'Henry contre le soupçon qu'il pourrait être l'auteur de la fausse lettre évoquée par Pellieux au procès Zola.

A qui Henry destinait-il cette note ? A tous ceux qui n'avaient pas connu les origines de l'Affaire, et à qui il importerait d'en inculquer sa version. A ses chefs, qui ne seraient pas dupes de ses contes, mais qui devraient comprendre quel intérêt ils avaient à les cautionner et à les répandre. Il ne semble pas qu'il la leur ait montrée aussitôt faite. Plus probablement la tenait-il en réserve à tout événement.

Il n'allait pas tarder à la produire.

II

Vers la fin de ce mois d'avril 1898, Billot se décida à constituer un véritable dossier de l'Affaire, convenablement classé, avec cotes et inventaire, au lieu des pièces en vrac des armoires d'Henry. C'était peut-être en vue du nouveau procès Zola qu'il prit cette initiative, peut-être aussi sur les conseils insistants de son gendre Wattinne, substitut à la Seine, qui lui représenta (du moins ce dernier l'affirme-t-il) que les élections étaient proches, qu'il pourrait y avoir un changement de gouvernement, et qu'il était convenable qu'il léguât à son successeur un dossier bien étudié, bien rangé et impeccable.

Billot désigna tout naturellement pour effectuer ce travail Gonse, dans les attributions de qui rentrait la Section de statistique, détentrice des documents. C'était une tâche considérable, en vue de laquelle le sous-chef d'Etat-Major général fut déchargé de ses occupations habituelles ; de plus, Billot désira qu'il fût assisté d'un magistrat, et lui donna à cet effet comme collaborateur

Wattinne lui-même. Celui-ci se trouvait en effet être officier d'Etat-Major de réserve. Billot le mobilisa pour un stage. C'est donc comme lieutenant et non comme magistrat que Wattinne fut censé participer aux opérations, où il importait que, tout au moins dans les apparences, n'eussent pris part que des militaires.

Ce fut seulement en mai que Wattinne prit ses fonctions, mais il y avait déjà quelque temps que Billot se préoccupait de ce travail et il ne paraît pas douteux que Boisdeffre en eût été informé et par conséquent Gonse et Henry.

Gonse et Henry tombèrent d'accord que, dans le dossier à constituer, devait figurer une pièce attestant les « révélations » de Valcarlos, et que ce ne pouvaient être, pour les raisons que nous avons dites, les faux rapports Guénée. Henry proposa la note qu'il venait de rédiger, et Gonse l'accepta.

C'est ainsi que figurera au dossier qui va se constituer une note, de la main d'un copiste, non signée, dont le texte est mot pour mot celui de la note « d'avril 1898 », avec cette précision dans la date : « 30 avril 1898. » La « note du 30 avril 1898 » dont il a été question à plusieurs reprises plus haut [1] et qui reparaîtra encore, n'est donc pas autre que celle que nous avons analysée ci-dessus sous le titre de note « d'avril 1898 » (voir le texte intégral en Annexe VI).

La seconde édition comporte encore quelques différences de présentation avec la première. On n'y retrouve pas, en haut et à gauche, les initiales S.S. (il n'y a pas d'en-tête) ; par contre, le titre est, non plus « Note », mais « Note du Service des renseignements », avec cette particularité que le mot Note est de la main du copiste et placé très à gauche, de façon à laisser libre, sur la ligne, à droite, un espace suffisant, où c'est Gonse qui de sa main a achevé... « du Service des renseignements ». D'où vient et à quoi répond ce partage scripturaire ? Nous avons renoncé à la tentative, d'ailleurs assez vaine, de le déterminer.

A l'initiale D est substitué le nom entier : Dreyfus.

Enfin, au pied de la fin du texte, Gonse a ajouté, de sa main encore, l'annotation suivante :

« Cette note est la
reproduction de la déposition
du Colonel Henry devant
le Conseil de Guerre de 1894. —

« Le Général, Sous-chef d'Etat-Major G^{al}

« A. Gonse »

---

1. Voir p. 136 sqq entre autres.

Par cette addition, Gonse replace en quelque sorte en 1894, au moment du procès, où Henry parlait sous serment, les affirmations que ce dernier formule dans cette note bien tardive d'avril 1898. Du moment que Gonse — un général — certifie, il ne saurait y avoir de doute : ces paroles ont bien été prononcées devant les juges de Dreyfus, elles n'ont pas été inventées récemment pour les besoins d'un nouveau procès Zola.

Pour cette fin, Gonse ne craint pas — en dehors de ce qui touche Valcarlos, dont les pseudo-révélations avaient en effet été évoquées par Henry au Cherche-Midi — de piétiner outrageusement la vérité. Car Henry n'a pas parlé des plans directeurs au procès de 1894, ni dans sa seconde déposition, ni dans la première, où, nous le savons, il n'a rien apporté de nouveau par rapport à l'acte d'accusation, qui ne les mentionnait pas. Et il est à peine besoin de dire que, ni dans l'une, ni dans l'autre, il n'a été question d'une réunion des Directeurs, qui aurait attribué le bordereau à un officier d'Etat-Major.

Le premier soin de Gonse et d'Henry, quand commença le travail de classement, fut de chambrer Wattinne.

Lorsque le substitut se présenta, Gonse le conduisit au Service des renseignements, où il vit Henry, aux côtés de qui se trouvait le général Roget [1]. On montra à Wattinne deux meubles contenant, lui dit-on, de 1 300 à 1 500 pièces, sur lesquelles, en présence de deux généraux et d'un lieutenant-colonel, il n'eut pas, ainsi qu'il le dit dans sa déposition devant la Cour de cassation en 1904, l' « indiscrétion » de porter la main.

Après quoi, Gonse et Wattinne furent installés, loin de la Section de statistique, dans un grand bureau, près de celui du ministre, où Henry, par piles, leur apportait les pièces.

On ne montra donc à Wattinne que ce qu'on voulut.

Depuis l'affaire dite « du faux Otto [2] », révisionnistes et antirévisionnistes se traitaient mutuellement de faussaires, et les

---

1. Ce personnage, alors colonel et étant de loisir, avait assisté à toutes les audiences du procès Zola. A la suite de quoi il avait demandé, et obtenu, on n'a jamais su à quel titre, l'autorisation de prendre connaissance du ou des dossiers de l'Affaire au Service des renseignements — ou de ce qu'on voulut bien lui en communiquer.

2. Fin 1897, un aventurier de bas étage, Lemercier-Picard, probablement mû par Henry, avait fait tenir à Reinach un document évidemment faux, provenant d'un certain Otto, qui prouvait l'innocence de Dreyfus. Reinach, méfiant, s'était gardé de publier la pièce. Lemercier-Picard en porta alors une copie à Rochefort, en lui disant : « Voilà le faux que Reinach m'a fait fabriquer. » Rochefort l'acheta et publia l'affaire dans son journal. Reinach l'attaqua en diffamation. Rochefort fut condamné.

partisans de Dreyfus professaient que les preuves que prétendaient détenir leurs adversaires étaient des fabrications qu'ils s'étaient laissé glisser ou avaient provoquées.

Le principal souci de Wattinne, en abordant le travail, était donc de savoir qui avait apporté les pièces venues de l'extérieur qu'on allait lui montrer. Gonse et Henry lui expliquèrent qui était la Bastian, quel rôle elle jouait, et le substitut fut bientôt persuadé que cette femme, qui savait lire, mais à peine écrire, ne pouvait avoir fabriqué la masse de documents qu'elle remettait, directement et sans intermédiaire, à Henry. Pour mieux le convaincre, on lui montra vingt-neuf lettres, venues par les cornets, que Schwartzkoppen avait reçues d'une dame, avec un rapport de police attestant la réalité de cette liaison. Wattinne exigea que cette correspondance, prouvant d'une façon irréfutable que, selon son expression, « la source était pure », fût insérée dans le dossier que l'on constituait.

Mais, ceci étant acquis, Wattinne se trouva dans un grand embarras. Car, la source étant pure, s'il y avait parmi les papiers d'Henry des faux, comme les révisionnistes le prétendaient, ces faux avaient été, nécessairement, fabriqués à la Section de statistique même. Quelque horrible que fût une telle pensée, le jeune magistrat ne pouvait la rejeter par principe. Il interrogea donc Henry : les journaux dreyfusards prétendent que le Service des renseignements se sert de faux. Vous ne sauriez être personnellement en cause, mais peut-être un de vos officiers... Henry, nullement ému, très à l'aise, lui répondit : « Mais vous pouvez être bien tranquille. Marchez donc carrément. » Wattinne, qui ne demandait sans doute qu'à être rassuré, se contenta de cette affirmation, et c'est ainsi qu'il laissa passer quatre faux d'Henry.

C'étaient : la lettre de Panizzardi à Schwartzkoppen entièrement fabriquée (« le faux Henry »), et trois billets du même au même, authentiques, mais falsifiés :

— l'un d'avril 1895, où l'Italien annonce qu'il va « avoir l'organisation des chemins de fer » ; Henry avait arraché la partie du papier où était portée la date, et avait écrit au bas du billet, comme date d'entrée au Service : avril 1894 ;

— un autre, de 1894, au crayon, où Panizzardi disait que P lui avait « porté beaucoup de choses très intéressantes » ; Henry avait gommé le P [1] et mis à la place un D ;

1. P. désigne vraisemblablement un officier étranger en stage dans l'armée française.

— enfin la pièce dite « du Manuel » ; elle était relative à un manuel de tir remis à Panizzardi (par un agent double) en juin 1896 ; Henry avait porté la date d'entrée de 1894.

Wattinne allait pourtant plus loin que le classement et la « vérification » des pièces, poussant jusqu'à une sorte de petite enquête personnelle.

C'est ainsi que — dit-il — il alla trouver Cochefert, ce chef de la Sûreté qui avait assisté à l'arrestation de Dreyfus, pour lui demander quelles avaient été ses impressions sur le capitaine lors de cette opération. Il ne nous rapporte toutefois pas quelle réponse Cochefert lui fit.

Il aurait probablement aussi cherché à interroger Guénée. Mais Gonse et Henry lui cachèrent jusqu'à l'existence du policier. « Je n'ai jamais vu de rapports de Guénée sur Valcarlos », répond Wattinne, en 1904, à une question de Mornard sur ce point. Mais il est clair que, de Guénée, il ne vit rien d'autre non plus ; car le dossier Gonse-Wattinne ne comprend strictement rien qui émane de celui-ci. C'est ce qui nous permet de dire que le substitut ignora même qu'un personnage de ce nom eût joué un rôle quelconque dans l'Affaire.

Wattinne dépose, par contre, qu'il se préoccupa beaucoup de la « question Valcarlos ». On lui avait, bien entendu, montré la note du 30 avril 1898, et on n'avait pu lui cacher que le « personnage diplomatique » qu'elle mettait en scène était l'attaché militaire espagnol en second. Il avait eu alors la réaction normale du magistrat : on ne pouvait admettre les déclarations, si graves, de ce personnage, rapportées par un tiers, s'il était possible d'interroger Valcarlos lui-même, ce qui était le cas, Il était cependant fort délicat de dire cela en face à Gonse, qui avait avalisé la note. Aussi Wattinne alla-t-il trouver le ministre.

« J'ai traité cette question là directement avec le ministre », déclare-t-il en 1904, et voici ce qu'il ajoute : « J'avais même demandé au ministre, qui n'a pas pu souscrire à cette pensée, de faire venir M. de Valcarlos afin de savoir exactement comment il avait donné ce que vous savez ; le ministre a fait venir le général de Boisdeffre, et nous avons longuement conféré, M. le Général Billot et moi, mais c'est surtout par des entretiens oraux que je fus édifié sur le compte de Valcarlos ». Et un peu plus loin, comme Mornard insiste sur la question de la comparution de Valcarlos, Wattinne : « On considérait Valcarlos comme un auxiliaire auquel on ne pouvait pas toucher. C'est un gentilhomme qui, par amour de la France, lui avait rendu des services inappréciables... je dis les choses comme elles m'ont été dites, et on ne voulait à aucun prix lui causer le moindre désagrément ».

Tout cela n'est pas clair. Qu'est-ce que c'est que des « entretiens *oraux* ? » Ne le sont-ils pas tous ? Et en quoi consistent-ils, par opposition aux longues conférences, orales elles aussi sans doute, que Wartinne eut avec Billot ? Qui fut l'interlocuteur du substitut dans ces entretiens ? Dans quel sens fut-il « édifié » par eux sur le compte de Valcarlos ? Généralement, on n'emploie ce terme que dans un sens péjoratif.

On perdrait son temps à essayer d'éclaircir ce mystère. Ce qui paraît certain, d'après le résultat, c'est que soit Billot, soit Boisdeffre, soit les deux, refusèrent au substitut de faire appeler Valcarlos, en lui faisant comprendre que celui-ci était un si grand ami de la France qu'on ne pouvait le déranger, et que lui Wattinne devait entièrement s'en rapporter sur ce point de l'Affaire, à ce que lui en diraient Gonse et Henry. Wattinne, en tout cas, allait suivre docilement cette ligne de conduite.

Gonse et Wattinne retinrent 297 pièces [1] qui furent classées et numérotées par ordre (réel, ou supposé, ou falsifié) d'entrée au Service des renseignements. Gonse lui-même y apposa les numéros, à l'encre rouge, chaque numéro étant suivi de son paraphe : A. G.

Nous noterons qu'y figuraient :

— trois pièces provenant du « petit dossier » : le « memento », la « lettre Davignon », la pièce « canaille de D », mais sans qu'il fût établi de lien entre elles ;

— les quatre faux d'Henry ci-dessus rappelés ;

— la note du 30 avril 1898.

En présence de cette masse de documents, Gonse et Wattinne jugèrent qu'il fallait donner un guide au lecteur, sous forme d'un rapport. Wattinne reconnaît, en 1904, qu'il fut le rédacteur de ce rapport, mais il dit qu'on pourrait aussi bien l'attribuer à Gonse, dont il ne fut que le porte-plume.

Après une « première partie », consacrée au contre-espionnage (indications à mots couverts sur les activités de la Bastian), le Rapport présente, dans une « deuxième Partie », une sorte d'historique de l'Affaire, subdivisé en « Années ». Les principales des pièces arrivées chaque année y sont mentionnées dans l'ordre chronologique, parfois avec un commentaire.

Dans l'« Année 1894 », on trouve le memento et la lettre « canaille de D », mais, curieusement, pas la « lettre Davignon », puis les trois pièces truquées par Henry : celle « des chemins de fer », celle où il est dit : « D m'a porté, etc. » et celle « du Manuel ».

---

1. Plus 75 *bis*, *ter* et *quater*.

Ici viennent les faits relatés par la note du 30 avril 1898, mais comme l'ordre chronologique ne permet pas de l'introduire à cet endroit, Wattinne, sans même s'y référer d'ailleurs, écrit ceci :

« En juin 1894, se place un fait de grande importance, qui a un rapport intime avec la correspondance analysée, les pièces de 1894 ci-dessus rappelées.

« Un personnage diplomatique, dont le nom ne saurait être prononcé, qui avait des relations suivies avec les colonels de Schwartzkoppen et Panizzardi, signale spontanément que des « fuites » se produisent à l'Etat-Major. Pressé de questions, il arrive à désigner un officier qui est encore au 2e Bureau ou l'a quitté récemment.

« Or, Dreyfus est resté au 2e Bureau pendant tout le premier semestre 1894.

« Malgré cette déclaration et les lettres accusatrices, on hésite encore à soupçonner un officier du crime de trahison ».

On retrouve donc là la substance de la note du 30 avril 1898, mais avec quelques améliorations.

C'est ainsi qu'il est spécifié que le nom du « personnage diplomatique » ne saurait être prononcé.

La « faiblesse » que nous avons soulignée dans la note disparaît. Il est expressément stipulé que c'est spontanément (point très important) que Valcarlos a fait ses « révélations ».

D'autre part, Süsskind n'est pas ressuscité comme informateur de Valcarlos, et cela vaut peut-être mieux, car il était tout de même bien invraisemblable que l'attaché allemand en second ait fait à son homologue espagnol des révélations sur un agent que son chef aurait eu à l'Etat-Major français. Plus habilement, le rapport fait état de « relations suivies » que Valcarlos aurait entretenues avec Schwartzkoppen et Panizzardi, donnant ainsi à entendre de quelle source Valcarlos tenait ses renseignements (on peut d'ailleurs toujours prétendre que des attachés militaires ont des relations « suivies », étant donné leurs fréquentes rencontres sur le plan mondain et celui de la camaraderie. Ce n'est pas une contre-vérité à la lettre et en même temps cela permet des insinuations).

Enfin, on relève dans le rapport, exprimée cette fois et non plus insinuée, cette idée que malgré des indices graves (les révélations de Valcarlos, les lettres parvenues au début de 1894) « on » [c'est-à-dire évidemment le Service des renseignements, sans doute aussi l'Etat-Major] ne parvenait pas à soupçonner un officier de trahison. Ah ! non, « on » était beaucoup trop loyal, trop droit, d'une droiture trop candide, pour qu'une pensée pareille s'élevât en lui.

Nous avons noté que, bien qu'elle fût insérée au dossier, le rapport glisse sur la « lettre Davignon » il ne la signale pas ; c'est que dans cette pièce, on s'en souvient, il est question d'un « ami » que Schwartzkoppen avait *à l'Etat-Major*, et qui devait se cacher de Davignon. C'était Panizzardi lui-même qui le disait, l'avouait, l'écrivait. C'était plus qu'un renseignement apporté par un tiers, si « diplomatique », si honorable, si bien informé fût-il. C'était la preuve directe, explicite. Comment n'aurait-elle pas troublé « on », si profonde fût la candeur de celui-ci ? Le rapport l'escamote [1]. Quel lecteur du rapport ira la déterrer parmi la masse des 297 pièces ? Et même s'il l'y aperçoit, y prêtera-t-il attention ?

Il est clair que les « améliorations » apportées par le rapport à la note du 30 avril 1898 (sauf peut-être celle où il est dit que le « personnage diplomatique » ne pouvait être nommé), Wattinne ne les a pas tirées de son propre fonds. Ce n'est pas lui qui a inventé que Valcarlos avait parlé « spontanément », ou qu'il avait des « relations suivies » avec les attachés allemand et italien, ou que « on » ne pouvait croire à la trahison d'un officier. C'est Henry qui lui a donné ces « renseignements », et c'est Henry encore, bien probablement, qui l'a dissuadé de signaler dans le rapport la « lettre Davignon », en lui racontant sans doute la même fable que celle que nous le verrons débiter plus tard à Roget et Cuignet [2].

La partie de la note du 30 avril 1898 relative aux fuites de plans directeurs n'est pas oubliée dans le rapport, s'il n'y est fait qu'une courte allusion. On se souvient peut-être de ces instructions dont nous avons parlé plus haut [3], et par lesquelles, fin 1892, Schwartzkoppen avait été invité à renouer avec l'ancien fournisseur. Aussitôt que ce document arriva par les cornets, une enquête fut demandée à la police sur divers employés du Service géographique de l'Armée. Elle fut effectuée au début de 1893 et ne donna rien. A ce sujet, Wattinne s'exprime ainsi dans la partie du rapport consacrée aux faits de l'année 1893 :

---

1. Aucune des pièces de 1894 reprises au dossier, sauf la « lettre Davignon », ne place le traître à l'Etat-Major. Du memento, il ressort que Schwartzkoppen y cherchait un traître, mais non qu'il l'ait trouvé. Dans les autres pièces, rien n'indique que les livraisons dont il y est question (plans directeurs, organisation des chemins de fer, documents apportés par D, manuel) proviennent de l'Etat-Major. Dans celles où figure l'initiale D, il n'est pas dit qui est D.

2. Voir ci-après p. 158 et suiv.

3. Voir ci-dessus, p. 38.

« Y aurait-il eu trahison au Service géographique ? Tous les employés subalternes sont mis en surveillance, l'enquête ne donne aucun résultat.

« Le Service reçoit vers cette époque une communication verbale disant qu'il faut chercher plus haut ».

« Vers cette époque » ? Les résultats de l'enquête de la police ont été communiqués au ministère de la Guerre en mars 1893, et, d'après la note du 30 avril 1898, c'est en avril-mai 1894 que la « personne généralement bien renseignée », elle la première, aurait indiqué qu'il fallait chercher ailleurs que dans le personnel subalterne. Quelles sont ces libertés que Wattinne prend à l'égard de la chronologie ? Elles lui sont suggérées par Henry. Henry trouve que dans cette note du 30 avril 1898 il n'a pas assez brouillé les pistes. Il y a bien mis sur le dos d'un autre son incartade de mai 1894 à propos de l'échec des recherches de D., mais il l'a laissée à l'époque où elle s'était produite ; maintenant il l'avance d'un an. « Il faut chercher plus haut » n'aura plus aucun rapport, ni de personnes ni de temps, avec la pièce « canaille de D ». Henry sait très bien que, et les rapports de la police et sa note du 30 avril 1898 figureront au dossier ; mais, encore une fois, qui ira les y chercher, et faire le rapprochement ? Dans le texte que Wattinne, complaisant, écrit à sa demande, il n'y a pas de référence aux numéros des pièces.

Notons cependant qu'ici comme dans la note, la communication verbale disant qu'« il faut chercher plus haut » n'est pas attribuée au «personnage diplomatique» qui, en juin 1894, va dénoncer l'existence du traître au 2e Bureau. La fusion n'aura lieu que plus tard.

C'est sans doute qu'Henry n'y a pas songé alors, sans quoi Wattinne n'aurait pas manqué de l'introduire dans le rapport. Sa docilité envers Henry est en effet sans limite. Henry a essayé de lui faire écrire que c'était Valcarlos — apparemment décidé à « dire le nom » après l'avoir refusé — qui avait désigné Dreyfus comme le traître, ce qui aurait magnifiquement couvert, non seulement la Section de statistique, mais l'Etat-Major tout entier et même le ministre contre toute accusation de préjugé à l'encontre du capitaine juif. Et Wattinne a accepté : « Je me rappelle », dit-il, « un passage du rapport où j'indiquais que Valcarlos avait désigné Dreyfus », et il ajoute : « et le général de Boisdeffre a biffé une phrase qui contenait cette pensée ». Cette fois Wattinne avait compris trop bien les consignes que lui avaient données Billot et Boisdeffre de suivre en toutes choses Henry sur la « question Valcarlos ».

Dans l' « Année 1896 » du rapport, Wattinne, qui ne peut le faire que sur l'indication d'Henry, met encore en scène Valcarlos.

C'est à propos de la fausse lettre de Panizzardi, fabriquée par Henry. On se souvient [1] de ces lettres de Panizzardi et de Schwartzkoppen, dont Henry avait imaginé d'« encadrer » son faux pour l'authentifier, parce qu'elles reflétaient certaines inquiétudes de l'Italien au sujet de ses rapports avec ses chefs à Rome. Ces pièces ont été insérées au dossier. Bien qu'elles accusent suffisamment par elles-mêmes les soucis de Panizzardi, Henry croit devoir faire certifier ceux-ci par Valcarlos, et Wattinne transcrit : « A ce moment le même personnage diplomatique qui a été plusieurs fois un guide dans cette affaire, révèle spontanément que le colonel Panizzardi est très préoccupé ». Est-ce encore là une invention d'Henry ? Pas nécessairement. Il se peut bien qu'en effet Valcarlos, dans une de ces réunions mondaines ou collégiales dont il entretenait Henry, ait remarqué un air soucieux sur le visage de l'attaché italien (encore qu'il faudrait savoir si, à ce moment-là, lui-même n'était pas à Dieppe). Peu importe d'ailleurs. Vrai ou faux, et ne fût-ce que pour être complet, nous devions relater ce propos d'Henry. Il souligne l'importance qu'Henry voulait voir attribuer à Valcarlos informateur et non pas d'un jour, bénévole, et toujours « spontané ».

Les « Années » selon lesquelles le rapport présente les pièces s'arrêtent à 1897. Il n'y est donc pas question de la note du 30 avril 1898, à laquelle, on l'a vu, il fait divers emprunts, sans la citer.

Viennent ensuite des développements sur le procès, d'où nous extrayons ce passage :

« Parmi les autres témoignages, l'un est d'une importance capitale, celui du colonel Henry qui parle de la révélation faite en juin par un agent diplomatique et qui la répète. Le colonel ne pouvait donner le nom de cette personne, et le Conseil passa outre, estimant qu'il est des choses sur lesquelles un chef du Service des renseignements doit être cru sur parole ».

Le Conseil n'estima rien du tout, et n'avait d'ailleurs rien à estimer, se trouvant dans la situation de tout tribunal devant lequel un témoin refuse de répondre, et qui ne peut que passer. Ce qui ne signifie pas que les juges ne crurent pas en la parole d'Henry.

Le Rapport comporte encore une troisième, une quatrième et une cinquième parties, sans intérêt pour la présente étude [2].

---

1. Voir ci-dessus, p. 103.

2. IIIe Partie : trahisons (imaginaires) de Dreyfus avant le bordereau. IVe Partie : aveux (imaginaires) de Dreyfus au moment où il allait être dégradé. C'est l'interprétation imbécile de paroles qu'il adressa à l'officier chargé de sa garde quelques instants avant que le piquet ne vînt le prendre pour le conduire à l'emplacement où il devait être dégradé. Ve Partie : attitude de Dreyfus à l'île du Diable.

Il fut signé par Gonse le 28 mai 1898, et approuvé par Boisdeffre.

On y joignit un Inventaire, liste des pièces par numéros avec désignation. Le Rapport y porte le n° 298, et l'Inventaire lui-même est coté 299. Il est daté du 1er juin 1898.

Une copie du Rapport et de l'Inventaire fut faite pour Billot, à titre personnel.

Le surplus des 1 300 à 1 500 pièces accumulées par Henry resta dans ses tiroirs — dont les faux rapports Guénée datés des 28 mars et 6 avril 1894.

Qu'était devenue, dans cette aventure, la 4e pièce du « petit dossier », la troisième note du policier sur le voyage en Suisse ? Etait-elle encore dans les papiers d'Henry, où quelqu'un la trouva plus tard, qui, ne comprenant pas quel rapport elle pouvait avoir avec l'affaire Dreyfus, la jeta dans un coin ? Ou avait-elle été détruite ? En tout cas, à partir du moment où Picquart, en novembre 1896, a remis le « petit dossier » à Gonse, elle n'a jamais reparu.

Pendant que s'établissait le dossier Gonse-Wattinne, le second procès Zola avait été appelé devant la Cour d'Assises de Versailles — le 14 mai 1898. Labori développa des conclusions tendant à ce que la Cour se déclarât incompétente, la Cour les rejeta. Zola se pourvut en Cassation, et, le pourvoi étant suspensif, le procès fut ajourné [1].

Pendant le même mois de mai, s'était déroulée la campagne électorale. Le second tour eut lieu le 22.

La nouvelle Chambre se réunit en ce même 1er juin 1898 où Boisdeffre transmettait à Billot le dossier Gonse-Wattinne.

Sans tarder, Castelin (déjà vu) déposa une demande d'interpellation sur les mesures que le gouvernement comptait prendre pour mettre fin à l'agitation qui persistait.

1. Disons tout de suite qu'il n'eut jamais lieu.

La Cour de cassation déclara la Cour d'assises de Versailles compétente, et le procès s'ouvrit dans cette ville le 18 juillet (1898). Sur le conseil de Labori, Zola quitta l'audience, fut séance tenante et sans débat condamné par défaut aux mêmes peines qu'à Paris, et passa immédiatement en Angleterre.

Rentré en France le lendemain du jour (3 juin 1899) où la Cour de cassation annula le verdict de 1894, il fit opposition à sa condamnation. Le procès devait donc recommencer, mais les choses traînèrent en longueur et, après la seconde condamnation de Dreyfus (9 septembre 1899), le Gouvernement ayant annoncé le dépôt d'un projet de loi d'amnistie sur les crimes et délits connexes à l'Affaire, tous les procès y afférents furent suspendus. La loi d'amnistie promulguée, l'action publique était éteinte.

Chapitre VIII

CAVAIGNAC

I

Ce ne fut pas Billot qui répondit à l'interpellation Castelin.

Le 14 juin (1898) le ministère Méline avait été renversé, et remplacé, le 24, par un cabinet Brisson.

Brisson, vieux chef radical, était hostile à la révision, mais sans passion. Il n'en prit pas moins, pour ne pas s'aliéner les plus virulents adversaires de Dreyfus, comme ministre de la Guerre, Cavaignac, homme d'une nuance politique peu éloignée de la sienne, mais qui s'était signalé depuis longtemps par son ardent antirévisionnisme.

Cavaignac, fils d'un grand républicain, qui avait fait ses débuts tout jeune, en refusant, au Concours général, un prix des mains du prince impérial, Cavaignac, dauphin de la République, se sentait incarner la Vertu au sens où l'entendaient les révolutionnaires de la grande époque, la Vertu incorruptible, intransigeante et impitoyable. La Vertu donne des lumières propres à démasquer et à confondre les traîtres et les ennemis de la Nation. A l'aide de ces lumières, il liquiderait l'affaire Dreyfus, il dirait sans ménagements où étaient les patriotes et les ennemis de la patrie, et devant la vérité enfin rétablie, le pays retrouverait la paix civile.

Se mettant aussitôt à l'œuvre, il appela auprès de lui deux spécialistes de l'Affaire, mais qui n'en avaient point été les acteurs : Roget, qui, nous l'avons vu, avait pris connaissance des papiers détenus par Gonse et Henry [1], et un certain capitaine Cuignet, du 4e Bureau, qui avait effectué des travaux de copie pour le dossier Gonse-Wattinne. Il se fit apporter ce dossier, l'étudia, se

1. Voir ci-dessus, p. 141.

voulant et se croyant impartial, ne se rendant pas compte combien il était intimement influencé par son désir de paraître devant le pays comme le justicier de Dreyfus avec les preuves à la main, après qu'il eut été son accusateur sans les avoir vues. Il ne voulut rien savoir de la communication secrète du procès de 1894, que Roget et Cuignet considéraient sincèrement comme une calomnie, et dont Boisdeffre et Gonse se gardèrent bien de lui parler.

Comme Pellieux, comme Wattinne, il se laissa impressionner par le faux Henry, le billet de Panizzardi à Schwartzkoppen où Dreyfus était nommé en toutes lettres, la « preuve absolue ».

Une chose cependant l'arrêta : les écritures. Il avait reconnu dans le bordereau celle d'Esterhazy, ce qui, au surplus, ne le surprit guère, ce forban étant, par sa vie privée crapuleuse, le genre de personnage qui pouvait le plus lui répugner. Mais comment concilier le bordereau d'Esterhazy avec la culpabilité certaine de Dreyfus ? Cavaignac se forgea un système dont il ne parla pas publiquement : les notes (sur l'artillerie, la couverture, etc.) dont le bordereau accompagnait l'envoi à Schwartzkoppen (et que personne, en dehors des Allemands, n'a jamais vues) ne pouvaient émaner que d'un officier d'Etat-Major. Dreyfus et Esterhazy étaient donc complices : Dreyfus avait procuré les notes, Esterhazy fait la lettre d'envoi.

Ainsi rassuré, Cavaignac pouvait aborder l'interpellation, qui eut lieu le 7 juillet (1898).

Répondant à Castelin, il rendit l'impartiale justice.

Il commença par Esterhazy, énonça à mots très couverts sa thèse : les juges l'avaient acquitté parce qu'ils n'avaient pas trouvé suffisantes les preuves qu'on leur apportait de son crime, « crime qui d'ailleurs n'eût pas innocenté Dreyfus ». Puis il déclara Esterhazy indigne, annonça qu'il allait le traduire devant un Conseil d'enquête, et ajouta — comme si le Conseil s'était déjà prononcé — qu'il serait frappé des sanctions qu'il avait méritées.

Ayant ainsi donné la marque de son impartialité — car la masse du bon peuple voyait toujours en Esterhazy un héros calomnié — Cavaignac en vint à Dreyfus.

Après un coup de chapeau aux révisionnistes, qu'il respectait mais en lesquels il voyait des gens qui se trompaient de bonne foi, il proclama qu'aucune considération de salut public ne pourrait le déterminer à maintenir un innocent au bagne. Mais Dreyfus était coupable, il était désigné par des documents authentiques. Et Cavaignac les cita : c'étaient d'abord la pièce « canaille de D » et la pièce « car D m'a porté... » (où D, comme nous le savons, était une falsification d'Henry). Puis il ajouta : « Bien qu'il soit certain à mes yeux.. que c'est de Dreyfus qu'il s'agit ici, si l'on veut admettre qu'il subsiste un certain doute dans l'esprit du fait que le nom n'est désigné que par une initiale, j'ai à faire passer sous les yeux de la Chambre une autre pièce où le nom de Dreyfus figure en toutes lettres ». Et il lut le billet de Panizzardi à Schwartzkoppen fabriqué par Henry. « J'ai pesé », dit-il « l'authenticité morale et l'authenticité matérielle de ce document ». L'authenticité matérielle, c'était ce papier quadrillé et ce crayon bleu dont se servait si souvent l'auteur ; l'authenticité morale était prouvée par cet ensemble de correspondances (les pièces authentiques que, nous l'avons vu [1], Henry avait adressées à Gonse, avec le faux, dès le 1er octobre 1897) dans lesquelles le document, de toute évidence, s'encadrait [2].

Les applaudissements crépitèrent sur tous les bancs de la Chambre.

C'était le triomphe de Cavaignac. Il apparaissait comme le grand homme, le vrai maître du ministère. Brisson, se sentant dominé, s'empressa de déclarer que le ministre de la Guerre avait parlé au nom du gouvernement tout entier.

L'affichage du discours fut voté à la presque unanimité.

Mais le soir, devant Gonse, Henry disait : « Le ministre aurait mieux fait de ne pas lire cette lettre ».

L'événement ne devait pas tarder à montrer combien il avait raison.

Le surlendemain 9 juillet, Picquart adressait au président du Conseil une lettre, en même temps communiquée à la presse, où il se déclarait en mesure d'établir que les deux premières lettres citées par Cavaignac étaient inapplicables à Dreyfus (il ignorait que la seconde fût une falsification) et que la troisième était un faux. « La bonne foi de M. le ministre de la Guerre a été surprise », ajoutait-il.

Cavaignac déposa aussitôt une plainte devant la juridiction civile contre Picquart, pour avoir communiqué à des tiers n'ayant pas qualité pour en prendre connaissance des documents intéressant la sûreté extérieure de l'Etat, et contre Leblois comme complice pour avoir reçu cette communication. Les documents que Picquart était accusé d'avoir montrés à Leblois étaient ceux dits de l'affaire Boullot et des pigeons-voyageurs [3], sur lesquels il avait été en effet

1. Voir ci-dessus, pp. 103 et 104.

2. Cavaignac invoqua encore les prétendus aveux qu'aurait faits Dreyfus au moment d'être dégradé. Il produisit un récit écrit, donné comme d'époque, que venait de confectionner l'imbécile qui prétendait les avoir entendus, et un compte rendu de Gonse daté du 6 janvier 1895, que celui-ci avait fabriqué après coup en 1897.

3. Boullot était un fourrier de Toul qui avait vendu des documents aux Allemands ; le dossier des pigeons voyageurs se composait de deux

consulté, le « petit dossier » et le dossier Esterhazy. Cavaignac exigea du Garde des Sceaux que Picquart fût mis en détention préventive. Le 13 juillet, Picquart se présenta au cabinet du juge d'instruction Fabre. Il y fut aussitôt arrêté et conduit à la prison de la Santé.

Cette mesure satisfaisait peut-être l'orgueil de Cavaignac. Elle ne rassura nullement Henry.

Cavaignac n'a triomphé à la Chambre, avec bien plus d'éclat encore que Pellieux et Boisdeffre au procès Zola, que sur son faux. Et avec bien plus d'éclat aussi qu'alors, Picquart a récidivé dans la dénonciation du faux. Cette pièce est devenue le sommet de l'Affaire.

Or, Cavaignac n'est pas Billot, et Brisson n'est pas Méline. Après le procès Zola, Billot, et surtout Méline, se seraient opposés farouchement, s'il avait pu en être question, à toute enquête sur la « preuve absolue » rejetée par Picquart. Ils ne voulaient rien savoir.

Aujourd'hui Cavaignac est le grand homme du ministère, que son président du Conseil laisse faire, et même s'il a fait emprisonner Picquart, il ne faut pas s'attendre qu'il étouffe une preuve des accusations lancées par le lieutenant-colonel en réforme.

II

C'est le moment plus que jamais pour Henry de manœuvrer en sorte que ne se tourne pas vers lui le soupçon d'avoir fabriqué la pièce redoutable à laquelle l'Affaire est désormais suspendue, de se présenter, lui et la Section de statistique, comme n'ayant jamais tiré de leur propre fonds aucune idée, aucune induction dont l'énoncé ait pu conduire à la mise en cause de Dreyfus, n'ayant donc eu aucun intérêt à empêcher la revision au prix d'un faux.

La situation à cet égard est propice pour lui, en ce sens que les hommes qu'il va avoir à endoctriner, Roget et Cuignet, sont des nouveaux dans l'Affaire, ils n'en ont pas vécu les débuts, tandis que lui Henry est maintenant le seul au Service des renseignements qui en ait fait partie à l'origine, Sandherr étant mort, Cordier, Lauth et Matton partis, et l'archiviste ne comptant pas. C'est donc tout naturellement vers lui que Roget et Cuignet devaient se tourner pour savoir ce qui s'était passé jadis, avant le bordereau, et il allait pouvoir leur inculquer à loisir ce que nous avons appelé son « nouveau système ».

---

parties : l'une technique et secrète, l'autre administrative et juridique, qui était la seule sur laquelle Leblois fut consulté. Bien entendu, Henry chercha, lors de l'instruction, à créer une confusion entre les deux.

Si dans ces entretiens il n'était pas question pour lui de procéder par affirmations catégoriques, comme au procès de 1894 ou comme il l'avait essayé au procès Zola, la méthode qu'il employa, qui ne lui était pas moins familière, et tout aussi grossière, fut de jouer les imbéciles. Dans d'autres conversations qu'il eut avec Roget — sur la « collusion » — il parvint à se faire prendre par le général pour un « naïf ». Ses origines, que l'on connaissait, son air de brave soldat, s'y prêtaient à merveille. Sur le point qui nous occupe, il ne craignit pas de dépeindre et lui-même et les officiers du Service des renseignements, non pas comme des naïfs, mais comme des crétins, incapables de voir et de comprendre, s'interdisant même de penser.

Mais il nous faut dire un mot de l'apparition des faux rapports de Guénée sur les « révélations » de Valcarlos.

Comme nous le verrons, pendant toute cette période qui suit la lettre de Picquart au président du Conseil, Cuignet, sur l'ordre de Cavaignac, prend connaissance, au Service des renseignements, de tout ce qui concerne l'Affaire. A l'inverse de Wattinne, il ne craint pas de porter les mains sur les armoires d'Henry, et il y trouve les deux faux rapports. Il les apporte aussitôt à Roget, qui sursaute : « Qu'est-ce que c'est que cela ? On n'a jamais vu des rapports d'agents signés ! ». Henry, bonasse, lui explique : « C'est le colonel Sandherr qui a voulu cela ».

Cette dérogation aux us et coutumes les plus respectés du Service étant admise, que peuvent penser Roget et Cuignet des deux documents ? Ils ne savent pas que ce sont des fabrications. La parole d'un attaché militaire leur en impose. Rien, dans les circonstances actuelles, ne peut les mettre sur la voie de ce qui s'est réellement passé. Ils ne soupçonnent pas un instant quel est le but de ces pièces, ignorant ce qu'ont été les angoisses d'Henry tant qu'on pouvait craindre une catastrophe du côté d'Esterhazy. Rien ne les frappe dans le fait que le traître, d'abord officier des Bureaux, n'est plus, dans le second Rapport, que « quelqu'un du ministère, un officier bien certainement », ni dans l'affirmation prêtée à Valcarlos qu'il y a un *ou plusieurs* loups dans la bergerie Pourquoi se seraient-ils livrés à une exégèse aussi sophistiquée, alors que s'ils lisaient les deux Rapports en toute simplicité de cœur, ils y trouvaient ceci : un ami de la France, en situation de savoir, avait fait connaître qu'un officier de l'Etat-Major trahissait, et, peu de jours plus tard, cette révélation avait été confirmée par « un fait facile à vérifier », comme Cuignet appelait l'accréditation télégraphique. Deux rapports pour un seul traître.

Henry, de son côté, n'a pas vu d'inconvénient à ce que les pièces fassent surface. Les raisons pour lesquelles elles ont été fabriquées et dissimulées n'existent plus. Il n'y a plus de procès Zola en vue — ce procès qui remettait constamment Esterhazy en cause — et le ministre lui-même a dit que la culpabilité de celui-ci n'innocenterait pas Dreyfus.

Au contraire, les deux rapports vont, si l'on peut dire, gonfler le rôle que va jouer Valcarlos dans le « nouveau système », et accuser, par contraste, la sottise des officiers du Service des renseignements.

C'est ainsi que se fonde l'interprétation et la présentation officielle des Rapports Guénée dits du 28 mars et 6 avril 1894 [1], bien souvent citée en ce sens par les plus grands ténors — Mercier [2], Cavaignac, Roget, Cuignet — recueillie et perpétuée par la tradition, tant chez les dreyfusards que chez les antidreyfusards, enchantant ceux-ci, exaspérant ceux-là, qui ne trouvèrent d'autre moyen de se débarrasser de cette tunique de Nessus que de qualifier Valcarlos de vendu parce que Picquart avait dit qu'il lui avait fait verser quelque argent.

Henry s'est naturellement préoccupé de gommer toute trace de l'incartade où, après l'échec des recherches sur l'identité de « ce canaille de D », il s'était écrié qu'il fallait chercher ailleurs que parmi les huissiers et les gardiens de bureaux. Cette algarade, nous l'avons vu, il l'avait volontairement rappelée dans sa note du 30 avril 1898 [3], en se dissimulant sous le masque d'« une personne généralement bien renseignée », et l'on en trouvait encore un vestige, sous l'espèce d'une « communication » faite par quelqu'un qui n'était pas un personnage diplomatique, dans le rapport Gonse Wattinne [4], où elle était avancée d'un an. Maintenant la personne qui avait dit qu'« il fallait chercher plus haut », devient, à l'usage de Roget et de Cuignet, Valcarlos lui-même, et l'avertissement

1. Il n'est que juste de signaler que Roget, un moment, eut des scrupules. Il avait, comme nous l'avons dit, trouvé dans le dossier les deux Rapports, il s'était rendu compte du rôle que Guénée jouait auprès d'Henry et il avait appris par le rapport Gonse-Wattinne les relations de ce dernier avec Valcarlos. Quand le suicide d'Henry eut rendu son témoignage « un peu suspect », Roget se demanda quelle valeur il pouvait accorder aux rapports de l'ancien policier. Il le fit venir par Junck et lui demanda « comment il se faisait que M. de Valcarlos lui donnât des renseignements de cette importance ». « Guénée, dit-il, me raconta une longue histoire que je ne me rappelle pas ; il me donna, sur l'exactitude des faits qui étaient signalés dans son rapport, ce que je considérai comme des preuves. » Ainsi tout était en règle, et Cuignet allait pouvoir insérer les deux documents dans le Dossier (le Dossier Secret) qu'il était chargé de constituer.

2. Mais Mercier, à l'encontre des autres, sait qu'il n'y a pas eu, en 1894, de rapports signalant un traître à l'Etat-Major.

3. Voir pp. 41 et 134.

4. Voir pp. 146-147.

qu'il donne ainsi se trouve bien encore avancé par rapport à la date où le plaçait ladite note (avril-mai 1894), mais en mars seulement. L'essentiel pour Henry est qu'il soit antérieur à la lettre « canaille de D ».

Cette substitution de Valcarlos à la « personne généralement bien renseignée » avait en outre l'avantage de permettre de présenter l'attaché en second comme l'unique personnage qui ait averti le Service de l'existence du traître. S'il y en avait eu deux, ç'aurait été un « recoupement », et chacun sait que les Services de renseignements, même en les supposant composés des officiers les plus bêtes, sont alertés par les recoupements. Mais c'était toujours le même, Valcarlos.

Ces révélations de Valcarlos, dit Henry à Roget et Cuignet, ne furent d'abord guère prises au sérieux. Les officiers du Service (dans leur innocence) ne pouvaient s'imaginer qu'un officier trahît. Aussi, lorsque Valcarlos, au début de mars, indiqua qu'il fallait « chercher plus haut », et qu'en fin mars — ici viennent les faux rapports — il fit connaître qu'un officier des Bureaux « renseignait admirablement », on resta incrédule. Cela vexa même Valcarlos qui, en juin, insista, spécifiant que le traître appartenait ou avait appartenu (donc était un stagiaire) au 2e Bureau.

Alors seulement, toujours selon Henry, et il le souligna bien, pas sur son initiative propre, mais sous la pression spontanée de quelqu'un qui lui était étranger, qui était même étranger à la France, le Service se décida à faire surveiller les officiers. Pas tous, mais certains.

En réalité, cette surveillance était permanente, puisque, comme nous l'avons dit, elle entrait dans les attributions du Service. Mais il se trouvait que Roget et Cuignet avaient été surveillés.

Une femme poursuivait Roget, alors Colonel à l'État-major, de ses assiduités jusqu'au Ministère. Lassé, il alla trouver son vieux camarade Sandherr, qui lui dit : « Tu es déjà marqué en rouge », ajoutant que cette femme donnait à chaque fois au concierge du ministère (auprès de qui elle était obligée de s'inscrire) une adresse différente, et qu'il devait se défier d'elle. Quant à Cuignet, il avait mis vers le même temps, au service du courrier du ministère, une enveloppe fort épaisse (elle contenait son contrat de mariage) qui fut considérée comme suspecte à cause de son volume, et, ainsi qu'il l'apprit plus tard, « interceptée » (c'est-à-dire ouverte au cabinet noir) pour cette raison.

On conçoit que, dans ces conditions, Henry n'ait pas pu essayer de faire croire au général et au capitaine que le Service des renseignements n'avait *jamais* surveillé un officier. C'est pourquoi il avait inventé l'institution récente de cette surveillance, et encore en ayant soin de faire paraître cette mesure comme ne venant pas vraiment du Service, comme dictée et imposée par les insistances de Valcarlos, de sorte que Roget et Cuignet virent dans l'attaché en second l'auteur de leur aventure et le proclamèrent.

Mais si Henry admit qu'à partir d'un certain moment la surveillance sur le personnel de l'État-major s'était étendue aux officiers, il spécifia bien qu'elle n'avait pas touché tous les officiers, et notamment pas Dreyfus, dont le nom même était resté ignoré du Service. Dans un système dont la pierre angulaire consistait à établir que le Service n'était absolument pour rien dans la désignation de Dreyfus comme le coupable, il eût été imprudent de laisser ouverte la possibilité que celui-ci eût été surveillé même un instant.

Cependant il n'y avait pas que les révélations de Valcarlos devant lesquelles Henry devait montrer que le Service était resté stupide. Il y avait les pièces parvenues en 1894, et qui auraient dû mettre sur la voie du traître. C'était le « memento », la « lettre Davignon », la pièce « canaille de D », auxquelles comme nous le savons, Henry en avait ajouté deux en les antidatant : la pièce dite des chemins de fer et celle dite du Manuel, et encore une, de 1894 celle-là, mais en la falsifiant : la lettre dite « car D [substitué à P] m'a porté... ».

Ces documents, sans doute, concéda Henry à Cuignet et Roget, auraient dû donner l'éveil. Mais voilà, toujours les braves officiers du Service étaient si loyaux qu'ils ne pouvaient pas même concevoir la pensée qu'un de leurs camarades trahît. Aussi quand arriva, au début de 1894, le « memento », il passa, pour ainsi dire, inaperçu, et il en fut de même de la pièce « des chemins de fer », et, toujours pour la même raison (malgré le premier avertissement de Valcarlos en mars, noterons-nous), quand parvint en avril la lettre « canaille de D », on ne songea même pas à chercher D en dehors du personnel subalterne.

Nous ne savons pas ce qu'Henry raconta à Roget et Cuignet sur la pièce du Manuel et la pièce « car D m'a porté », dont il n'est pas question, pour les raisons que nous dirons [1], dans le document que nous suivons ici. Ce fut probablement quelque chose d'analogue à ce qu'on a vu pour les précédentes.

Mais il y avait une pièce particulièrement coriace, c'était la « lettre Davignon ». Cuignet, qui ne l'avait pas vue mentionnée dans le rapport Gonse-Wattinne, avait été fier de la découvrir

1. Voir ci-après, p. 177.

dans le dossier, et elle lui avait paru d'importance : un « ami » que Schwartzkoppen avait à l'Etat-Major ! Henry allait-il soutenir que les officiers du Service avaient été assez obtus pour n'y rien trouver d'inquiétant ? Cela eût passé la mesure, et il s'y prit d'autre façon.

Lorsque Roget et Cuignet lui présentèrent la pièce, il fit semblant de ne pas la connaître. Puis, feignant de rassembler ses souvenirs : Ah oui, je me rappelle maintenant, je vois ce que c'est. Quand cette lettre... (rappelons que la copie en figure au Bulletin de renseignements pour le ministre du 16 février 1894)... quand cette lettre est arrivée, on ne l'a pas reconstituée. On a commencé par en rassembler quelques morceaux, elle a paru insignifiante, et comme on avait beaucoup de travail urgent, on l'a laissée de côté, on a mis les morceaux dans une enveloppe qu'on a confiée à Gribelin, et on n'y a plus pensé. Un jour, je crois que c'était au mois de juin, Gribelin m'a dit qu'on ne pouvait pas garder plus longtemps ces morceaux comme cela, il m'a offert de reconstituer la pièce et je l'y ai autorisé. Il n'a pas dû comprendre l'intérêt qu'elle présentait, il l'a classée sans m'en reparler et la chose m'est sortie de la tête. C'est dommage et je m'en accuse, parce que cette lettre est très intéressante, et certainement nous l'aurions produite au procès de 1894 (il voulait dire : l'instruction, car le « petit dossier » et sa communication secrète étaient exclus de la pensée de ses interlocuteurs). Et, poursuivit Henry, je ne l'ai jamais vue par la suite. Pourtant vous me montrez qu'elle est dans le dossier constitué par le général Gonse avec M. Wattinne. J'ai dû la leur apporter dans une pile de papiers sans m'en rendre compte. Roget et Cuignet furent flattés de ce qu'il leur eût été donné, à eux les premiers, de mettre en lumière l'importance et la gravité de ce document (qui, on s'en souvient, avait été retenu pour le « petit dossier »), et ils acceptèrent tout ce que leur avait débité Henry.

Sur l'arrivée du bordereau, Henry expliqua bien entendu que le Service n'avait pas songé un instant qu'il pût émaner d'un officier de l'Etat-Major, mais il renonça à la fable de la réunion des Directeurs qu'il avait introduite pour en donner la preuve dans sa note du 30 avril 1898. Il trouva autre chose. Comme, sur les cinq documents énumérés au bordereau, trois avaient trait à l'artillerie, il imagina de dire que c'était à la Direction de cette arme que le Service avait entrevu le traître, et, à l'appui, il inventa que Sandherr (comme si celui-ci n'eût pas porté une telle pièce en priorité aux chefs), l'avait montrée d'abord au Directeur de l'artillerie qui lui avait répondu qu'en effet le traître ne pouvait être qu'un artilleur. Après quoi Sandherr, sans se permettre de penser plus loin, avait transmis le bordereau en haut lieu. Ainsi, il y a bien eu à la Section de statistique un vague commencement de recherches du traître, mais pas oh ! non, pas du côté de l'Etat-Major.

Henry ne manqua pas, naturellement, de souligner devant Roget et Cuignet que, quant au nom de Dreyfus, ce n'était pas à la Section qu'il avait été prononcé pour la première fois, mais par des officiers du 4e Bureau, Fabre et d'Aboville. Sandherr, dont c'eût été la tâche de découvrir qui était le traître, en avait été assez vexé (« J'aurais dû m'en douter », avait dit en effet le vieil antisémite).

En somme, c'était Valcarlos seul qui avait pensé quelque chose. La Section avait bien reçu par les cornets des pièces qui prouvaient la trahison, mais elle n'avait pas osé voir dans le coupable un officier, et la seule qui lui donnât une indication vraiment grave à ce sujet, par un concours fortuit de circonstances, lui avait échappé. Il avait fallu que Valcarlos la tirât par la manche, à trois reprises, avec insistance et précisions pour qu'enfin elle se résolût à admettre la possibilité de l'existence d'un traître à l'Etat-Major, et à instituer une surveillance. Quand le bordereau était arrivé, elle n'y avait vu que l'œuvre d'un artilleur quelconque. C'était le 4e Bureau qui avait désigné Dreyfus. Au procès, le représentant du chef du Service avait le devoir de faire connaître les dénonciations de Valcarlos. Personne au Service n'avait une responsabilité dans les poursuites contre Dreyfus et sa condamnation. Les interlocuteurs d'Henry devaient en conclure que personne non plus n'y avait pu avoir intérêt à se livrer à des manœuvres frauduleuses pour empêcher que le verdict de 1894 fût annulé.

III

Dans ce bourrage de crâne, Henry s'était donné beaucoup de mal pour rien.

Il ne se doutait pas que la fameuse lettre de Panizzardi qu'il avait apportée à Gonse à la Toussaint 1896 s'accusait d'elle-même, matériellement, comme un faux.

Lorsqu'il avait fabriqué cette pièce, après l'avoir écrite — ou fait écrire — sur une demi-feuille de ce papier quadrillé dont on avait trouvé plus d'un spécimen dans les cornets, il l'avait déchirée en morceaux pour lui donner l'apparence de venir de la corbeille de Schwartzkoppen. Puis il avait recollé les morceaux ensemble, et là, il avait substitué aux fragments qui portaient l'en-tête (« Mon cher Ami ») et la signature (« Alexandrine ») des morceaux tout semblables, en-tête et signature d'une pièce de la main de

Panizzardi, du même papier, venue des cornets, la pièce dite du Manuel (dont nous avons déjà parlé en notant qu'elle était de 1896 et qu'il y avait porté la date d'entrée de 1894). Et pour combler les vides ainsi créés dans la pièce du Manuel, il y avait inséré l'en-tête et la signature provenant de son faux. Il avait fait tout cela consciemment et volontairement, à cause du besoin qu'éprouve le faussaire que son faux ne soit pas entièrement un faux, qu'il contienne quelque chose d'authentique. Mais il n'avait pas pris garde que, dans la pièce du Manuel, les quadrillages n'étaient pas de la même teinte que dans son faux. Ainsi son faux contenait des quadrillages de deux teintes différentes. La différence est très légère, elle échappe au regard du simple lecteur, mais quand on y fait attention — surtout quand on le sait — elle est certaine. C'était elle qui devait perdre Henry.

Lorsque Cavaignac, à son arrivée au ministère, prit connaissance du dossier Gonse-Wattinne, il le trouva mal fait. L'ordre chronologique selon lequel il était constitué lui parut très incertain. C'était seulement depuis le procès Zola qu'on avait régulièrement, à la Section de statistique, porté sur les pièces leur date d'entrée. Les dates inscrites sur les pièces parvenues antérieurement étaient ainsi discutables. Cavaignac commanda donc à Cuignet une refonte complète du dossier. Et il lui prescrivit aussi — bien entendu — de contrôler l'authenticité des documents venus de la corbeille.

Il n'apparaît pas cependant que, comme il est dit souvent, en même temps qu'il faisait emprisonner Picquart (13 juillet 1898) Cavaignac ait donné ordre de vérifier la pièce qu'il avait lue à la Chambre le 7 et que le colonel avait déclarée fausse dans sa lettre à Brisson du 9. Sans quoi Cuignet s'y serait mis immédiatement.

Or, c'est seulement un mois plus tard, le 13 août (1898), que cet auxiliaire de Cavaignac s'attaqua au billet de Panizzardi de la Toussaint 1896. Il l'examina sous tous ses aspects, et la différence de teinte des quadrillages lui apparut. En outre, ils n'avaient pas exactement le même écartement. La pièce était un faux.

Cuignet prévint Roget, qui finit par distinguer les teintes différentes, et ils montrèrent le faux à Cavaignac, qui ne les discerna pas, mais ne douta pas de ce qu'on lui disait. Il ordonna cependant une vérification complémentaire, consistant à faire faire de chacun des morceaux du faux et de la pièce du Manuel un calque qui en reproduirait la forme exacte et le texte qui y était inscrit. On pourrait ainsi mettre les calques des en-têtes et des signatures dans les calques des pièces où ils avaient été pris avant l'échange, et s'assurer qu'ils s'y inséraient rigoureusement.

C'était un travail assez long, pendant lequel Cavaignac s'absenta, se rendant en province où il se fit acclamer.

Tandis que Cuignet travaille à ses calques, tournons un instant nos regards ailleurs.

Le 24 août, Esterhazy comparaît devant le Conseil d'enquête que lui avait promis Cavaignac du haut de la tribune de la Chambre, et là, espérant compromettre l'Etat-Major et ainsi se sauver, il dévoile la collusion qui s'est poursuivie entre lui et du Paty pendant tout le temps des enquêtes et de l'instruction contre lui, citant en outre Henry, Pellieux, comme lui étant venus en aide. Du Paty ne nie pas leurs relations, tout en refusant de dire les noms de ceux qui l'y avaient poussé — Boisdeffre, Gonse, Henry. A la séance suivante, le 27, Esterhazy produit une note que du Paty lui a adressée au moment où il croyait devoir déposer devant Pellieux, pour mettre d'accord leurs témoignages. Du Paty la reconnaît. Le Conseil d'enquête ne retint contre Esterhazy (par trois voix contre deux) que le reproche d'inconduite notoire, repoussant ceux de faute contre la discipline ou contre l'honneur. Le gouverneur militaire de Paris, Zurlinden, transmit le dossier à Cavaignac en conseillant la clémence (une peine disciplinaire). Mais la vertu de Cavaignac était intransigeante, il fit prononcer la réforme. Il voulait purifier l'affaire Dreyfus, même si l'alliance entre de grands chefs militaires et un officier accusé de trahison, alliance jusqu'ici seulement dénoncée par les dreyfusards sur des indices, apparaissait désormais prouvée, et plus étendue qu'ils ne l'avaient soupçonnée.

Mais Cuignet a terminé ses épreuves, qui ont confirmé le faux, Cavaignac, de retour au ministère, en est maintenant convaincu ; Henry, qui était allé passer un ou deux jours à Berck, rentrera à Paris le 29 août, et doit en repartir le 31 pour l'ouverture de la chasse. Le moment est venu.

Cavaignac a purifié l'Affaire d'Esterhazy, il va la purifier du faussaire Henry.

Le 30 août, il le fait appeler à son cabinet, où se trouvent déjà Roget, Gonse et Boisdeffre. Il l'interroge, pièces en mains, le pousse avec acharnement, car Henry résiste, le retourne sur le gril et enfin obtient l'aveu : oui c'est lui qui a fabriqué le billet de Panizzardi où Dreyfus est nommé en toutes lettres. Roget avait pris le dialogue en notes.

Boisdeffre écrivit séance tenante, sur le bureau du ministre, sa lettre de démission.

Henry fut emmené par Gonse, par un chemin détourné, à la Section de statistique, où il remit le service au général, et lui déposa une somme de 3 585 francs, caisse noire que Gribelin ne connaissait pas. Puis il fut ramené à la bibliothèque du Ministre, où il attendit, sous la surveillance de Roget, l'officier qui devait le conduire en fiacre au Mont-Valérien.

Le soir, Cavaignac informait Zurlinden qu'il avait fait mettre Henry aux arrêts de forteresse « en attendant une plainte en Conseil de guerre ».

Le Mont-Valérien n'était pas une prison militaire. On y laissait aux officiers aux arrêts leur rasoir.

Le lendemain matin, Zurlinden transmit au commandant du fort la décision de Cavaignac : plainte en Conseil de guerre.

Henry la connut-il ? Dans l'après-midi, il se trancha la gorge (31 août 1898).

On trouva dans sa poche une lettre de Valcarlos, qui lui souhaitait de bonnes chasses.

Chapitre IX

LA RÉVISION DÉCIDÉE

I

Il avait fallu du courage à Cavaignac — que l'on pense à la situation où il se serait trouvé s'il avait échoué — pour tenter de faire avouer Henry devant les deux chefs de l'Etat-Major qui avaient certifié l'authenticité de son faux. Il lui avait fallu aussi, pour obtenir l'aveu, une volonté, une ténacité qui auraient manqué à beaucoup d'autres à sa place.

Il était d'autant plus fier de son succès que le faux maintenant avéré n'entamait en rien sa conviction mathématique de la culpabilité de Dreyfus, fondée sur les prétendus aveux de celui-ci, et sur la certitude que les documents énumérés au bordereau — que l'on ne connaissait pas — ne pouvaient émaner que d'un officier de l'Etat-Major. Pour lui, la preuve absolue était là. Qu'importait qu'un officier du Service des renseignements eût fabriqué après coup une prétendue « preuve absolue » qui infectait l'Affaire depuis six mois ? Qu'importait qu'il s'y fût laissé prendre, puisque de lui-même, seul, il avait rétabli la vérité ? Il avait crevé cet abcès, il avait élagué l'Affaire d'un élément pourri. Sa vertu en sortait plus éclatante, et ne pouvait désormais que rallier le peuple à sa foi inébranlable en la vérité exprimée par le verdict de 1894.

Lui seul en France voyait les choses de cette façon. Dans l'opinion, les aveux et la mort tragique d'Henry avaient produit l'effet d'un coup de massue. On en était encore au triomphe de Cavaignac à la Chambre, accroché à la pièce où Dreyfus était nommé en toutes lettres ; la nouvelle que ce document était un faux renversait tout. Le simple bon sens indiquait qu'il y avait eu quelque chose de vicié dans cette affaire, qu'il fallait la reprendre. Ce fut l'avis général dans le pays. Les amis de Dreyfus, exultants, réclamaient à grands cris la révision, leurs adversaires, atterrés, s'y résignaient.

Brisson ne songea plus qu'à la faire, et plusieurs de ses collègues avec lui. Cavaignac, écœuré de ce qu'ils ne comprissent pas qu'il était, lui, plus que jamais, le grand justicier, les quitta (3 septembre 1898).

Brisson choisit pour lui succéder, le 5 septembre 1898, Zurlinden, gouverneur militaire de Paris, qui s'était rallié au principe de la révision, mais sous bénéfice d'inventaire seulement.

La consternation des adversaires de Dreyfus ne dura pas longtemps. Charles Maurras ranima leur courage. Dans un article célèbre, le brillant sophiste glorifia Henry, l'« énergique plébéien » qui, devant les scrupules des beaux messieurs de l'Etat-Major, n'avait pas hésité à « aller de l'avant », à se faire faussaire pour affermir les volontés chancelantes des grands chefs. Sa mort avait été aussi héroïque que sa vie. Réconfortés, les journalistes opposés à la révision aiguisèrent leurs plumes de plus belle.

Dans l'armée, du haut en bas, les aveux d'Henry avaient peu ébranlé la croyance en la culpabilité de Dreyfus. Certains considéraient même Cuignet comme suspect, pour avoir dénoncé un camarade.

Dans cette ambiance, Zurlinden, galant homme, mais sans grand caractère, n'allait pas persévérer longtemps dans ses velléités de révisionnisme.

Il avait gardé auprès de lui les hommes de Cavaignac, Roget et Cuignet. Il se mit à l'étude du dossier, « seul », dit-il, « avec sa conscience », au secours de laquelle il ne tarda pas à appeler Cuignet et Roget.

Dans cet amas de pièces pleines de traquenards où il ne comprenait rien, ils l'aiguillèrent sur la « bonne voie » et le gagnèrent à leur cause.

La première chose que fit Roget fut de le décider à éliminer du Paty. Les aveux de l'officier de police judiciaire de 1894 au cours de l'enquête Esterhazy l'avaient fait paraître, et l'Etat-Major à travers lui, sous un jour déplorable. C'était encore un membre pourri dont il fallait se débarrasser. Roget et Cuignet l'accusaient d'ailleurs de toutes les machinations auxquelles, en dehors de la « collusion », c'était, en fait, Henry qui s'était livré contre Picquart, mais en y glissant toujours quelque élément qui les fît attribuer à du Paty. Henry avait si bien présenté les choses, sur ce point, à Roget, que le général — nous y avons fait allusion — en avait conclu qu'il avait été dans l'affaire le naïf, dupé par le machiavélique du Paty. Cuignet allait si loin qu'il imputait à du Paty le faux Henry lui-même, qu'Henry, soldat brave et honnête, et d'ailleurs sans instruction, aurait été bien incapable d'imaginer, et qu'il n'avait fabriqué que sous l'impulsion de l'intelligent lieutenant-colonel. Celui-ci n'avait d'ailleurs agi que par gloriole. Il se vantait partout d'être l'artisan de la (juste) condamnation du traître, et c'est pour sauver son « œuvre » menacée par Picquart que, dans son esprit tortueux, il avait imaginé toutes ces manœuvres obliques dont le faux avait été l'apogée.

Zurlinden ne suivit pas Cuignet si loin. Il n'en chargea pas moins le nouveau chef d'Etat-Major général, Renouard, d'interroger du Paty sur la « collusion ». Du Paty reconnut les faits, se refusant toujours à donner les noms. Renouard conclut à la mise en disponibilité par retrait d'emploi, que Zurlinden fit aussitôt signer (12 septembre) par Félix Faure.

Zurlinden n'avait d'ailleurs pas attendu que cet acte d'épuration fût consommé pour informer Brisson de la conclusion à laquelle l'avait conduit l'étude du dossier : il ne pouvait souscrire à la révision.

C'était le 10 septembre, et, le même jour, il adressait au Garde des Sceaux un document sur lequel nous allons devoir nous arrêter un peu plus longtemps, car c'est celui que nous avons suivi dans notre récit de la façon dont Henry avait exposé à Roget et Cuignet les origines de l'Affaire.

Les aveux et le suicide d'Henry avaient placé au premier plan ce personnage, qui n'était connu du public que depuis le procès Zola, et n'y avait paru que dans un rôle relativement secondaire, celui d'accusateur de Picquart. Les dreyfusards s'étaient bien écriés que la « preuve absolue » citée par Pellieux à l'audience était un faux, mais nul n'avait songé que l'auteur pouvait en être celui qui avait dit : Le colonel Picquart en a menti !

Maintenant ils se demandaient quelles profondeurs pouvait cacher ce faux, dont l'aveu avait poussé son auteur jusqu'au suicide — si tant est que ce suicide n'eût pas été une exécution camouflée. Que savait Henry, qui avait connu l'Affaire depuis ses débuts ? Quelles erreurs, quelles illégalités, quels autres crimes commis au Service des renseignements ou par lui-même avait-il voulu couvrir par sa retentissante déposition de 1894, qui aurait alors été un faux témoignage justifiant la révision ?

Roget et Cuignet se devaient de fournir au ministre la réponse à de telles suppositions. Et, pour ce faire, ils ne pouvaient que reprendre le système que leur avait enseigné Henry : montrer le Service des renseignements, avant l'arrivée du bordereau, neutre et plutôt hostile à l'idée de la culpabilité d'un officier de l'Etat-Major, mais ayant reçu de Valcarlos, qui les lui avait apportées spontanément, des informations si graves qu'elles ne pouvaient être cachées aux juges. Dans son témoignage de 1894, Henry n'avait été qu'un agent de transmission. Ce témoignage n'avait comporté de la part du Service ni de la sienne aucune manœuvre frauduleuse dont il eût eu à se couvrir, deux ans plus tard, par un faux.

Cuignet exposa cette thèse avec d'autant plus de sincérité qu'il ne croyait pas qu'Henry fût l'auteur véritable du faux, et qu'il avait accepté intégralement, comme Roget, la version des origines de l'Affaire que leur avait débitée Henry.

Ainsi, parce qu'Henry avait avoué son faux, il fallait faire reparaître les fables qu'il avait inventées pour essayer de prouver qu'il n'avait pas fabriqué de faux.

Le document que Cuignet établit — sans doute supervisé par Roget — s'intitule « Exposé sommaire des conditions dans lesquelles on fut amené à soupçonner Dreyfus d'être l'auteur du Bordereau » avec comme sous-titre « Comment sont nés les premiers soupçons de la culpabilité de Dreyfus ». Nous en donnons la reproduction intégrale en annexe (Annexe VII).

On pourrait, en bonne critique, se demander si ce n'est pas Cuignet qui a inventé toutes les extravagances que l'on trouve dans cet Exposé. Mais, s'il lui est arrivé de divaguer, d'aller jusqu'à la folie, par manque de bon sens et sous l'empire de la passion, il n'inventait pas. A l'époque des « faits » qu'il relate, il ignorait tout de ce qui se passait. S'il les consigne dans l'Exposé, c'est qu'il les tient de quelqu'un qu'il croit sincère, et qui ne peut être, nous l'avons dit, qu'Henry. C'est pourquoi nous avons pu, en nous tenant étroitement à l'Exposé, montrer comment Henry avait endoctriné Cuignet et Roget sur les origines de l'Affaire.

Nous avons déjà donné, en fait, une analyse de ce document, lui empruntant souvent des termes textuels, lorsque nous avons fait parler Henry. Nous ne la reprendrons pas.

On voit dans l'Exposé la « personne généralement bien renseignée » et la « personne appartenant au monde diplomatique » de la note du 30 avril 1898 se fondre en un « personnage occupant une haute situation officielle et mondaine, Mr B » (ou Valcarlos).

Lorsqu'arriva le memento (où il était pourtant beaucoup question d'un officier !) les recherches se limitèrent au « personnel subalterne », tant « on était loin de penser que le traître pût être un officier ». Aussi « le memento de Schwartzkoppen passa, pour ainsi dire, inaperçu » et « Il en fut de même d'une lettre de Panizzardi à Schwartzkoppen, reçue en avril 1894 et annonçant l'arrivée prochaine de renseignements sur l'organisation militaire des chemins de fer ». Cependant, seul un officier du 4e Bureau pouvait donner aux attachés des renseignements intéressants sur ce sujet. « Mais, au service des Renseignements français, on persistait à ne rechercher le traître, qui existait manifestement au Ministère de la Guerre, que dans le personnel subalterne qui y était employé ». Arrive, encore en avril, la pièce « canaille de D », mais « Toujours convaincu que le traître ne peut se trouver que parmi les huissiers ou les garçons de bureau » on ne cherche que du côté de Dacher et de Dubois.

Et pourtant ! Dès le mois de mars M. B. avait indiqué à un agent qu'il fallait « chercher plus haut ». Peu après, il avait déclaré à ce même agent que « Panizzardi et Schwartzkoppen étaient admirablement renseignés par un officier » de l'Etat-Major (c'est le faux rapport de Guénée dit du 28 mars 1894). Et il avait renouvelé sa déclaration à quelques jours d'intervalle « en citant à l'appui un fait facile à vérifier » (c'est l'accréditation télégraphique du faux rapport dit du 6 avril 1894). Mais « ces déclarations ne paraissent pas avoir convaincu pleinement les officiers chargés de rechercher les auteurs des actes de trahison, puisque, en juin, M. B se croit obligé de revenir sur ces déclarations, en les précisant et en insistant sur leur exactitude ». En juin, en effet, M. B a signalé que le traître était au 2e Bureau. « Ainsi ce n'est pas le service des renseignements qui, spontanément, a fait porter les soupçons de trahison sur un officier. C'est un étranger au service, un étranger à l'armée, M. B » « qui a indiqué la voie qu'il fallait suivre pour découvrir le traître ». (Mais quelle voie, en somme ? Car elle n'a consisté, en fin de compte, qu'à obtenir que le Service fasse surveiller les officiers, et cette surveillance n'a rien donné. Les idées de l'auteur de l'Exposé ne sont pas bien rangées.)

L'Exposé en vient ensuite à la « lettre Davignon », et là nous devons dire que quand nous avons montré Henry catéchisant Roget et Cuignet, nous avons dû expliciter ce qu'on y trouve à ce sujet. Cuignet écrit : « La lettre ne fut reconstituée qu'en Juin 1894, et même alors, quand on put lire le texte entier, et bien que M. B eût déjà fait ses déclarations, l'officier chargé du classement des documents saisis ne remarqua pas l'importance de cette lettre ». Et il poursuit : « Elle ne fut pas retenue comme une charge lors du procès de 1894 ; elle fut complètement perdue de vue par la suite ; son importance et sa gravité n'ont été mises en lumière que tout récemment, il y a deux mois, à l'occasion de l'examen du dossier fait par les ordres et sous la direction de M. Cavaignac, Ministre de la guerre ».

Ces derniers mots signifient, en clair, que c'est M. Cuignet qui a découvert la « lettre Davignon » et sa « gravité ». Il n'est pas téméraire de penser que, lorsqu'il la montra à Henry celui-ci n'alla pas dire qu'il n'avait pas remarqué cette gravité, et préféra prétendre qu'il ne connaissait pas la pièce, en inventant une histoire pour expliquer cette ignorance.

D'après l'Exposé, c'est « l'officier chargé du classement des documents saisis » qui n'a pas aperçu l'importance de cette lettre. Cet officier, c'est Gribelin. Henry a donc fait intervenir Gribelin dans son conte. Et si c'est à Gribelin que revient la responsabilité de n'avoir pas compris l'importance de cette pièce, c'est que c'est lui seul qui l'a vue reconstituée, c'est lui qui l'a reconstituée.

Comment, cependant, Henry peut-il savoir que la reconstitution a eu lieu en juin, alors qu'il n'en a pas connu le résultat ? C'est parce qu'alors il a simplement su que l'archiviste allait procéder à ce travail, et si ensuite il n'a pas demandé à voir la pièce reconstituée, c'est parce qu'il a oublié.

Ainsi la « lettre Davignon » a été négligée, « complètement perdue de vue » au point de ne pas avoir été employée au procès de 1894, note l'Exposé, ce qui signifie qu'Henry a éprouvé le besoin de nier en passant la communication secrète, à laquelle d'ailleurs ses interlocuteurs ne croyaient pas.

Enfin, Henry sait que Roget a connu sa participation au travail qui a abouti à l'inventaire Gonse-Wattinne, dont la « lettre Davignon » porte un numéro. Comment ne l'a-t-il pas remarquée alors ? Il n'est pas invraisemblable qu'il ait expliqué qu'en portant au général et au substitut ses 1 500 pièces par piles, il ne les regardait pas toutes, et qu'il n'y avait pas remarqué cette lettre que Gribelin avait classée comme insignifiante, sans lui en parler.

De là notre récit, plus haut, des fables racontées par Henry à Roget et Cuignet sur la « lettre Davignon ».

Après avoir prouvé qu'Henry ni le Service n'ont eu aucune part à la désignation de Dreyfus comme coupable, l'Exposé passe à la question complémentaire : Si ce ne sont pas eux, qui est-ce ? La réponse à cette interrogation forme en quelque sorte la deuxième partie de l'Exposé. On y voit les chefs des quatre Bureaux attribuer le bordereau à un officier d'État-major, puis les déductions et comparaisons toutes personnelles de Fabre et de d'Aboville les amener à nommer Dreyfus. Le document se termine ainsi :

« Il résulte de cet exposé qu'aucune idée préconçue de culpabilité n'existait contre Dreyfus. Ce fut à la suite de recherches personnelles, et par une circonstance fortuite, que le colonel Fabre fut mis sur la trace du coupable, sans que le service des renseignements ait pris une part quelconque dans l'enquête ».

Le Service des renseignements est innocent ! L'Exposé est la dernière défense, la défense posthume d'Henry.

Par ce document, Zurlinden se trouvait armé pour soutenir au Conseil des ministres qui allait se tenir le 12 septembre que le faux Henry n'invalidait nullement la condamnation de 1894, et, pour plus de précautions, il en avait fait tenir une copie, le jour même où il avait été établi, au Garde des Sceaux, qu'il savait indécis.

Au début de ce Conseil, il fit signer par Félix Faure, comme nous l'avons noté, la mise en disponibilité de du Paty. Puis la discussion s'engagea sur la révision, que Brisson avait fait mettre à l'ordre du jour. Zurlinden lui tint tête. Félix Faure, voyant le Conseil divisé, craignit une crise ministérielle qui l'empêcherait de se rendre à des manœuvres auxquelles il devait assister, et leva la séance, qui fut reportée au 17.

II

Le 6 septembre, de sa prison de la Santé, Picquart, informé des événements survenus et voyant s'ouvrir la perspective de la révision, écrivit au Garde des Sceaux une lettre où il rappelait quel avait été son rôle dans l'Affaire, la connaissance qu'il en avait acquise comme chef du Service des renseignements. Malgré cela, disait-il, il n'avait pas été appelé à donner des éclaircissements à ce sujet ; en attendant qu'on les lui demandât, il adressait au Garde une déclaration où il affirmait l'innocence de Dreyfus, l'inanité des prétendues preuves de culpabilité contenues dans le dossier judiciaire et dans le « petit dossier », dont il affirmait qu'il avait été communiqué aux juges réunis en Chambre du conseil. C'était inviter Sarrien à lui demander les éclaircissements qu'il désirait faire connaître.

Sarrien communiqua le jour même cette lettre à Zurlinden, en lui demandant s'il était exact que Picquart eût joué dans l'Affaire le rôle qu'il s'attribuait, et, le lendemain 7, Zurlinden confirmait que c'était exact.

Le 11, Sarrien écrivit à nouveau à Zurlinden pour lui faire observer, que, dans sa réponse du 7, celui-ci n'avait pas contredit les assertions de Picquart sur la communication secrète. Avait-elle eu lieu ?

Le même jour, Zurlinden lui répondait : « ... j'ai l'honneur de vous faire connaître qu'il n'y a pas trace au ministère de la Guerre de la communication de pièces secrètes au Conseil de guerre qui a condamné Dreyfus. Je n'ai donc aucun moyen de répondre à la question que vous me posez ».

Qu'il n'y eût « pas trace », c'était matériellement vrai depuis que la copie du commentaire faite par Sandherr avait été brûlée et les pièces dispersées. Mais il résultait de cette réponse que le ministre de la Guerre ne pouvait affirmer que la communication secrète ne s'était pas produite.

Ce fut peut-être ce qui décida Sarrien à permettre à Picquart de lui faire parvenir les « éclaircissements » que le prisonnier de la Santé lui avait offerts. Peut-être ne lui en donna-t-il pas l'autorisation sans en avoir demandé l'assentiment préalable à la séance du Conseil des ministres du lendemain 12 septembre, ou, s'il la lui avait donnée, en rendit-il alors au moins compte à ses collègues.

Quoiqu'il en soit, Zurlinden ne tarde pas à apprendre le fait, et en éprouva une grande indignation. Ainsi Picquart allait rentrer en scène, et le gouvernement prendre ses renseignements sur l'Affaire chez un individu qui était en prison sous le coup de poursuites pour ses agissements frauduleux dans cette même Affaire !

Cuignet rédigea sans tarder une note sur les « Manœuvres employées par M. Picquart lorsqu'il était chef du Service des renseignements, à l'effet de substituer à Dreyfus un autre coupable ». C'étaient, on s'en doute, les « manœuvres louches à l'arrivée du « petit bleu ». Cuignet ne disait pas, toutefois, que Picquart eût fabriqué ou fait fabriquer la pièce, mais seulement qu'elle avait tous les caractères d'un faux. Zurlinden, après avoir apposé son approbation sur la note de Cuignet, qui était datée du 14 septembre, l'envoya le jour même à Sarrien, qu'il espérait toujours amener à lui.

Ce même 14 septembre, Picquart adressait à Sarrien les éclaircissements que celui-ci l'avait autorisé à lui fournir, longue lettre que son auteur appelle lui-même un mémoire, et qui n'est autre que ce « Mémoire de Picquart au Garde des sceaux du 14 septembre 1898 » que nous avons déjà plusieurs fois cité [1].

Il y donnait des indications jusque là inconnues sur le « petit dossier », examinait chacune des pièces qu'il contenait ; mais Sarrien ne trouva pas que le Mémoire donnât la preuve que ce dossier eût été communiqué secrètement aux juges de 1894, et demanda à Picquart des précisions à ce sujet.

Dès le lendemain, par lettre du 15 septembre, Picquart lui faisait savoir comment il pouvait avoir la certitude de la communication secrète : par les recommandations que lui avait faites Sandherr, par ses conversations avec Boisdeffre et Gonse, qui n'avaient pas songé à la nier.

---

1. Voir ci-dessus, p. 33.

Zurlinden eut-il connaissance de cette correspondance entre le Garde des sceaux et le prisonnier ? Toujours est-il que, le 16 septembre, il adresse à Sarrien une nouvelle lettre pour lui exposer les raisons qui l'ont déterminé à s'opposer à la révision.

Il y reprend succinctement l'historique que constituait l'Exposé de Cuignet du 10 septembre, mais le pousse plus loin (on se souvient qu'il s'arrêtait à la découverte de Dreyfus par Fabre et d'Aboville), consacre quelques mots à l'enquête et en vient au procès, à propos duquel il se borne à combattre l'idée répandue par les dreyfusards, selon laquelle pour qu'Henry se fût suicidé, il fallait qu'il eût commis quelque faute grave, que son témoignage avait pour but de couvrir. « L'acte criminel commis en 1896 par le lieutenant-colonel Henry, qui l'a expié par le suicide, » écrit Zurlinden « ne peut atteindre la validité du jugement rendu, car la déposition de cet officier n'avait rien de personnel. Comme dans tous les procès d'espionnage, un officier du Service des renseignements avait été délégué par le ministre de la Guerre pour déposer au nom du Service. L'officier désigné fut Henry, mais sa déposition aurait pu être faite dans le même sens par le colonel Sandherr, chef du Service des renseignements, comme par le sous-chef et le chef de l'Etat-Major de l'armée, comme par le ministre lui-même ».

Il n'y avait dans la déposition d'Henry « rien de personnel ». Voilà qui parachève parfaitement l'Exposé de Cuignet. Henry n'avait aucune raison à lui particulière pour affirmer la présence d'un traître à l'Etat-Major. S'il l'a fait devant le Conseil de guerre, ce n'est pas de son propre chef, c'est parce qu'il avait été désigné par le ministre pour apporter au procès un fait dont le Service des renseignements, l'Etat-Major, le ministre lui-même désiraient que les juges fussent informés. Pourquoi aurait-il dû confirmer par un faux dont l'aveu lui coûta la vie, des paroles qui lui avaient été dictées en quelque sorte par ses supérieurs ?

Zurlinden invoque ensuite, dans cette lettre du 16 septembre 1898, les prétendus aveux de Dreyfus, et conclut que rien n'est venu infirmer le bien-fondé du jugement de 1894, « au contraire ».

Mais il ne s'en tient pas là. Il lui faut se débarrasser de ce Picquart, qui entretient avec le Garde des sceaux une scandaleuse correspondance, expliquer à Sarrien pourquoi il va devoir y mettre bon ordre.

Dans une seconde partie de sa lettre, il rappelle l'action de Picquart pour la révision, les pratiques fâcheuses auxquelles Henry et du Paty ont eu recours pour la contrecarrer. Henry a expié par son suicide, du Paty a été frappé, tandis que Picquart n'est encore poursuivi que pour ses communications illégales à

Leblois, et n'a pas été inquiété à raison de faits beaucoup plus graves, la production et l'usage du « petit bleu », qui paraît être un faux bien caractérisé. Aussi lui, Zurlinden, envoie-t-il des instructions au gouverneur militaire de Paris (qui n'est qu'un intérimaire, lui-même ne s'étant pas fait donner de successeur à ce poste) pour informer contre Picquart pour faux et usage de faux.

Au reçu de cette lettre, Sarrien avertit Brisson de l'imminence des poursuites contre Picquart devant la justice militaire. Brisson téléphona à Zurlinden pour lui rappeler que de telles poursuites ne pouvaient être entreprises qu'avec l'accord du gouvernement.

Le lendemain 17 septembre, le Conseil des ministres reprit ses délibérations interrompues le 12, et Brisson fit voter à la majorité le principe de la révision, c'est-à-dire que l'affaire allait, conformément à la loi, être soumise pour avis à une Commission de révision siégeant au ministère de la Justice et composée de trois directeurs de ce ministère et de trois conseillers à la Cour de cassation. Zurlinden quitta le Conseil en déclarant qu'il donnait sa démission.

Brisson avait prévu ce départ, et fit nommer dans l'heure ministre de la Guerre le général Chanoine, qui lui avait été recommandé par des dreyfusards éminents, et dont le premier soin fut de donner, sans en prévenir son président du Conseil, instruction au Gouverneur militaire de Paris par intérim de délivrer l'ordre d'informer préparé par Zurlinden contre Picquart pour faux et usage de faux (19 septembre). Picquart devait comparaître le 21 devant le Tribunal correctionnel pour répondre de la plainte en communications illégales déposée contre lui en juillet par Cavaignac[1]. Chanoine stipula dans ses instructions au Gouverneur que Picquart devrait être arrêté au sortir de l'audience correctionnelle, quelle que fût l'issue du procès.

Le 20 septembre, Chanoine mit le Conseil des ministres au courant de la décision qu'il avait prise. Brisson, apprenant cette désobéissance de son ministre de la Guerre, s'inclina devant le fait accompli, et accepta même de rétablir Zurlinden dans ses fonctions de Gouverneur militaire de Paris.

Zurlinden ne perdit pas un instant pour aviser le procureur général Bertrand des poursuites engagées contre Picquart par la justice militaire. Bertrand, antidreyfusard convaincu, jugea sans doute préférable que n'eussent pas lieu des débats où Picquart pourrait prendre ses avantages, et, dans la matinée du 21 donna des

1. Voir p. 153.

ordres en conséquence au substitut Siben, qui allait occuper le siège du ministère public, l'après-midi, à la huitième chambre correctionnelle.

Siben, dès l'ouverture de l'audience, informa le tribunal de la plainte qui venait d'être portée contre Picquart en faux et usage de faux ; il déclara que la Chambre ne pouvait délibérer valablement sur le cas qui lui était soumis sans être informée du degré de loyauté de Picquart, dont allait connaître la justice militaire, et demanda l'ajournement des débats. Le tribunal, déférant à sa requête, « renvoya la cause au premier jour ».

Picquart fut ramené à la Santé. Le lendemain, il était transféré à la prison du Cherche-Midi.

Le 23 septembre, la Commission de révision rendit son avis. Les trois directeurs avaient été favorables à la révision, les trois conseillers s'y étaient opposés. En l'absence de majorité pour la révision, l'opinion des opposants prévalait, et l'avis fut négatif.

« Attendu » y était-il dit « que des documents produits à la Commission il ne résulte aucun fait nouveau et qu'il n'est représenté aucune pièce qui soit de nature à établir l'innocence du condamné Dreyfus [c'était la condition nécessaire pour la révision] ;

« Que ce fait ne peut se voir dans la fabrication d'une pièce fausse par le colonel Henry ;

« D'abord parce que cette pièce, postérieure de deux ans à la décision du Conseil de guerre, ne peut avoir influé sur cette décision ;

« Ensuite parce que le colonel Henry est resté étranger à la détermination de poursuivre Dreyfus, et qu'il résulte de la procédure que son rôle y a été insignifiant ».

La Commission refusait également de retenir la contradiction des expertises d'écritures, des divergences d'opinion en une matière aussi conjecturale ne pouvant être sérieusement invoquées disait-elle, comme constituant un fait nouveau.

Le 24, puis le 26 septembre, les ministres réunis en Conseil de cabinet discutèrent cet avis. Brisson fit valoir qu'il n'était que consultatif et ne liait pas le gouvernement. A la majorité, la révision fut décidée.

Le 27 septembre, Sarrien adressait une lettre au Procureur général près de la Cour de cassation, le chargeant de déférer devant la Chambre criminelle de cette Cour le jugement de 1894. Les faits nouveaux invoqués étaient le faux Henry et la contradiction entre les experts en écritures du procès Esterhazy et ceux du procès Dreyfus.

La révision était en route.

Dans le courant d'octobre, divers journaux dreyfusards se livrèrent contre l'armée à des insultes si odieuses que Brisson demanda à Chanoine, seul qualifié à cet effet, de les poursuivre. Chanoine, à son grand étonnement, s'y refusa. Brisson ne devait pas tarder à comprendre pourquoi.

A la rentrée des Chambres, le 25 octobre, Chanoine se vit reprocher par les anti-dreyfusards son inaction. C'est ce qu'il avait voulu. Il monta à la tribune, déclara à ceux qui l'attaquaient qu'ils se trompaient sur son compte, qu'il était sur l'Affaire de la même opinion que ses prédécesseurs, et que, remettant aux représentants du pays l'honneur de l'armée, il donnait sa démission. Brisson demanda une suspension de séance, et, à la reprise, sur une motion de confiance proposée par un député à propos de la discussion de l'ordre du jour, fut mis en minorité.

Le nouveau gouvernement fut présidé par Charles Dupuy, gros homme qui n'était certainement pas animé de la même soif de vérité que Brisson. Il prit comme garde des Sceaux un anti-dreyfusard, Lebret, et comme ministre de la Guerre Freycinet, personnage consulaire de la République, ancien membre du gouvernement de la Défense nationale, ancien président du Conseil et plusieurs fois ministre, suprêmement habile à ménager la chèvre et le chou.

Chanoine avait fait nommer Roget à un commandement à Paris, mais il avait gardé Cuignet. Freycinet le garda encore. Pouvait-on se passer de Cuignet, qui connaissait si bien l'Affaire ?

Cuignet affirme que c'est seulement sous Freycinet qu'il fit le plus gros du travail de classement des papiers relatifs à l'Affaire que lui avait prescrit Cavaignac. En tous cas, c'est à cette époque qu'il le termina.

Du dossier Gonse-Wattinne, il retira une cinquantaine de pièces, et y en rajouta presque le triple, la cote la plus élevée étant le 373 [1].

Le classement étant entièrement différent du précédent, Cuignet procéda à un nouveau numérotage, au gros crayon bleu, qui est celui par lequel on désigne depuis lors communément les pièces (la pièce 371, la pièce 26, etc.). Il y joignit un « répertoire ».

1. Plus 79 *bis*, *ter* ou *quater*. C'est après la première révision que furent ajoutés les n°s 374 et 374 *bis*.

Le dossier est divisé en trois parties. La première est relative à la trahison de Dreyfus. La seconde est consacrée surtout à Schwartzkoppen et Panizzardi, leurs relations d'espionnage et leurs relations personnelles. Il s'y trouve en outre, cette fois, 70 lettres adressées à Schwartzkoppen par la belle dame dont nous avons déjà parlé.

La troisième partie renferme les « pièces fausses ou douteuses ». Ce sont le faux Henry, et la pièce du Manuel, dont, on se le rappelle, les morceaux avaient été mélangés à ceux du faux ; puis la pièce « car D m'a porté... ». Cuignet s'était en effet aperçu que le D était écrit sur un gommage, ce qui rendait le document suspect. Il faut croire qu'il avait fait cette découverte avant le 10 septembre, et que c'est la raison pour laquelle la pièce, pas plus que celle du Manuel, ne sont citées dans son Exposé de ce jour, alors qu'elles avaient été signalées et soulignées dans le rapport fait par Wattinne. La dernière pièce de la troisième partie est une photographie de la « lettre Weyler » de septembre 1896, que nous avons laissée de côté dans notre récit des faits de cette époque [1].

Dans la première partie, les « révélations » de Valcarlos sont représentées par les numéros 33 à 39. Les numéros 33 et 34 sont les faux rapports Guénée, et le 35 la note du 30 avril 1898. Les 36 et 36 bis sont une lettre (avec son enveloppe) de Valcarlos à Guénée du 29 octobre 1892. « Mon cher Guénée », lui dit-il, en le priant de venir le voir « le plus tôt possible ». Les 37 et 38 sont deux pneumatiques de Valcarlos à Schwartzkoppen, tout à fait banals (le second une invitation à déjeuner chez Lucas). Le 39 enfin est une lettre du 7 janvier 1897 par laquelle Panizzardi adressait à Valcarlos ses vœux pour l'année nouvelle et lui recommandait un ami. Ces trois dernières correspondances étaient sans doute destinées à attester les « relations suivies » de Valcarlos avec les attachés allemand et italien, qui lui permettaient d'apprendre d'eux des renseignements de la plus haute importance.

L'Exposé de Cuignet porte le numéro 42.

Le travail de Cuignet fut le dernier classement, au ministère, des pièces relatives à l'Affaire. Il existe encore dans son intégralité au Service Historique de l'Armée. C'est le fameux « Dossier Secret » auquel nous avons déjà fait allusion, et dont il sera tant question au cours des débats qui vont s'ouvrir.

Lorsqu'il fut terminé, on détruisit l'exemplaire conservé au Ministère de l'inventaire Gonse-Wattinne et du rapport des

---

1. Les pièces 374 et 374 *bis* ajoutées plus tard sont l'original de cette lettre et de son enveloppe.

mêmes auquel il était annexé. Il ne convenait pas de laisser subsister un monument au pinacle duquel avait été placé le faux Henry.

Henry est mort.

Il ne fabriquera plus de faux, n'inventera plus de mensonges. Il a encore réussi à en faire passer tout un ensemble, comme d'outre-tombe, par la plume de Cuignet. Ce sera sa dernière imposture.

Mais il ne parlera plus. Plus personne ne pourra lui arracher la suite des aveux qu'il n'a fait qu'entamer, et qui aurait pu projeter une lumière décisive là où l'ombre ne se dissipera peut-être jamais. Ses mensonges et ses faux encore ignorés au moment où il disparaît vont continuer à obstruer la route vers la vérité, à retarder l'heure des répérations.

Tous n'ont pas été décelés. Et il en est qu'on n'a pas voulu voir.

On pourrait dire que la difficile et cahotante découverte des falsifications en tous genres d'Henry est le tissu de l'histoire où une première révision finit mal, par une nouvelle condamnation, et une deuxième révision rend son honneur à l'innocent.

ANNEXE I

NOTE DE GUÉNÉE DU 28 MARS 1894
SUR LE VOYAGE DE MENDIGORRIA

Archives nationales
BB 19 84

Président
Etat-Major
2e Bureau
Affaires Etrangères
SECRET

Paris, le 28 mars 1894.

Indications sur les agissements des Attachés militaires allemands et du Commandant de Mendigoria, attaché espagnol Renseignements sur quelques autres diplomates

En arrivant à Paris, M. de Schwartzkoppen s'était logé Boulevard St-Germain nº 241.

Il a quitté cette maison pour aller habiter rue de Lille nº 86, au coin du Boulevard St-Germain, dans l'appartement qu'occupa le major Vuillaume, au second étage sur le devant, les fenêtres les plus proches du Boulevard. De ces fenêtres, le lieutenant-colonel de Schwartzkoppen peut voir une partie du bâtiment du Ministère de la guerre (le coin de la rue de l'Université et du Boulevard. Or, nous ferons remarquer, sans nous y appesantir, que nous avons signalé plusieurs fois des secrétaires faisant des signes des fenêtres du Ministère à des gens passant sur le boulevard ou se trouvant ailleurs.

Le Lt colonel de Schwartzkoppen est bien allé à Berlin, mais il y a plus d'un mois ; il avait à la main, en plus de ses bagages une petite malle en bois et cuir noir sur laquelle il veillait avec soin.

Tout dernièrement, il devait encore s'absenter ; tout était préparé pour son départ ; mais, au dernier moment, le voyage fut ajourné.

Le Lt Colonel déjeune chez lui lorsqu'il a quelqu'un avec qui il veut s'entretenir discrètement ; les autres fois, il déjeune chez Durand et dîne au restaurant Lucas sis Place de la Madeleine nº 11 et Boulevard Malesherbes nº 1, avec plusieurs autres attachés militaires et diplomatiques. Ensuite, ces messieurs vont, le plus souvent, prendre des bocks à la brasserie O. Widmer, ayant pour enseigne « A l'Elysée » et située Faubourg St-Honoré nº 6.

Le lt Colonel, ainsi que son collègue le capitaine de Süsskind, ont en ce moment avec eux un de leurs compatriotes. C'est un homme assez gros, de taille moyenne, barbe et cheveux roux, teint enluminé, taches de rousseurs, rosette multicolore, allures assez communes.

Cet homme n'est pas le seul en ce moment à Paris à fréquenter les diplomates allemands ; il y en a d'autres sur lesquels on nous fait espérer des renseignements. Pour se réunir, sans trop éveiller l'attention, c'est chez M. de Schoen, Conseiller, qu'ils se rencontrent assez fréquemment, soit dans un dîner, soit dans une soirée.

Au 41 de la rue Dumont d'Urville, la réunion passe plus inaperçue que si elle avait lieu à l'Ambassade même. Et puis, là, la surveillance est difficile, sinon impossible.

Le Lt colonel de Schwartzkoppen vient de terminer un travail ayant trait aux Infanteries française et allemande comparées, en ce qui regarde : leur effectif, leur armement, leur esprit, leur habillement, leur instruction, leur entraînement et leur endurance. Ce travail, nous dit-on, ne serait que le remaniement d'un autre du même genre qui demandait à être rectifié, rajeuni et augmenté. Il paraît que ce travail, remis à jour, est complet et fort bien fait.

Quelqu'un ayant aperçu sur le bureau du Commandant de Cordova, Marquis de Mendigorria, à l'Ambassade d'Espagne, un tableau comparatif des infanteries française et espagnole, lui demanda de qui il tenait les renseignements qui lui avaient servi à dresser ce tableau. Le Commandant répondit qu'il les tenait du Lt colonel de Schwartzkoppen, « son ami ».

Nous avons pu savoir en effet que le Lt Colonel avait communiqué les dits renseignements, non seulement à l'un des attachés militaires d'Espagne, mais encore à ceux d'Italie, d'Autriche et d'Angleterre.

Voici quelques détails sur le Commandant de Mendigorria, un germanophile avéré, qu'on soupçonne très fort d'avoir succédé au capitaine Borup, comme agent militaire « secret » des attachés militaires allemands.

Il est le fils du Maréchal de Cordova dont il a signé et publié les « Mémoires », qu'il ne rédigea pas. Jeune, il s'éprit de l'infante Eulalie, qui avait déjà flirté avec le marquis de Sovarole, un diplomate portugais et fut payé de retour. Le roi Alphonse XII, en présence du tempérament de feu de sa sœur, redoutant un malheur, la maria à Don Antonio et envoya de Mendigorria servir dans un régiment qui tenait garnison dans l'Estrémadure. Un an après, par la protection du général Pavia, il fut envoyé comme attaché militaire à Berlin ; là, il fit de nombreuses connaissances et se germanisa de façon complète.

Le commandant de Mendigorria a peu de fortune. Ses appointements mensuels, frais compris, sont de 500 fr., et il reçoit de ses rentes, par mois, environ 300 fr. C'est donc une somme de 9 600 fr. par an, alors que ses « amis », les allemands, touchent plus de 30.000 fr. par an, plus leur solde (?)

Nommé à Paris, à l'instigation de l'infante Eulalie, de M. Canovas président du conseil madrilène et du Duc de Mandas, alors ambassadeur à Paris, tous germanophiles, il se logea avenue d'Iena n° 72.

Dans ce domicile, l'infante Eulalie renoua des relations avec Mendigorria, elle venait le voir chez lui, se cachant tellement peu, que le bruit de leur nouvelle liaison parvint aux oreilles de la reine Isabelle qui fit signifier au Commandant de Mendigorria d'avoir à ne plus remettre les pieds au palais de Castille, puis, la Reine expédia l'infante Eulalie et son mari en Bavière.

Mendigorria, dans la crainte d'une disgrâce et redoutant un déplacement, se tint coi, et ne chercha plus à revoir l'infante Eulalie.

C'est à ce moment que, dans sa maison même, il fit la connaissance d'une sorte d'aventurière, qui ne vint habiter là qu'après lui. Cette femme se dit australienne, prétend avoir laissé son mari à Londres ; elle est jolie, fort intelligente, parle plusieurs langues et est très élégante.

On est à peu près certain qu'elle a été la maîtresse du Major de Huene ; on les a vus jadis ensemble, et on croit qu'elle se livre à l'espionnage. Cette femme, nous a-t-on dit, semble avoir été jetée dans les bras de Mendigorria par les allemands.

De leurs relations naquit un enfant que Mendigorria voulait reconnaître ; mais sa maîtresse s'y opposa en lui disant que son mari et elle étaient réciproquement en instance de divorce et qu'un enfant ne la gênait nullement. Seulement, ils quittèrent la maison.

Lui alla loger rue Galilée, dans une pension de famille, juste en face d'un charbonnier, donnant pour raison qu'il se sentait surveillé. Dans la maison où il est actuellement, on peut entrer et sortir sans trop éveiller l'attention.

Elle a loué un petit hôtel, donnant sur une cour, Avenue de la Grande Armée — nous vérifierons ces deux adresses —. Là, elle reçoit quelques femmes de son acabit qu'on suppose également se livrer à l'espionnage.

Le Commandant Mendigorria fréquente le petit hôtel, et, chose étrange, et qui donne à réfléchir, avec ses ressources modestes, il a pris un secrétaire dont nous nous occuperons, et donne pas mal d'argent à sa maîtresse. Où le prend-il ?

Il annonçait, depuis quelque temps, qu'il se préparait à aller faire un séjour de trois mois en Suisse pour accomplir une mission, et, dimanche soir 25 mars, il est parti pour la Suisse, pour étudier, dit-on à l'ambassade d'Espagne, l'armée helvétique.

On croit plutôt que ses amis et protecteurs, les germanophiles espagnols, ont obtenu un congé, masqué sous la fausse étiquette « mission » et qu'il va opérer pour le compte des Allemands, qui lui accordent plus d'aptitude et de science qu'il n'en a, car il est vaniteux et creux.

On ne serait pas éloigné de croire qu'il remplace le Lt Colonel de Schwartzkoppen dans le voyage projeté par ce dernier et qu'il n'a pu faire. En tout cas, que l'on tienne pour certain qu'il ne va pas étudier l'armée suisse pour son pays.

Mendigorria est comme tous les gens vaniteux ; il aime à se mettre en lumière et à aller de l'avant. On se souvient qu'il avait décidé son ambassadeur à l'autoriser à demander au gouvernement français de se rendre en Algérie suivre les opérations de la colonne gardant la frontière marocaine. Pour cela, il usa d'un subterfuge absolument incorrect. Connaissant le consul espagnol à Alger, il le poussa à adresser à l'ambassadeur d'Espagne à Paris des rapports dans lesquels il était dit que les armes fournies aux insurgés marocains l'étaient par des négociants français établis à Oran.

Il empêcha son gouvernement, lors des affaires de Mélilla, de commander des fusils à l'industrie française ; il fut les commander en Allemagne, et pressé, on lui livra de mauvais Mauser destinés au Chili.

En quittant Paris, Mendigorria a donné le conseil à son ambassadeur qui est, paraît-il, trop malléable, de demander la Croix de la Légion d'Honneur pour l'un de ses secrétaires, le sieur Navarro, chef de la Police occulte de l'ambassade d'Espagne à Paris, germanophile, qui a rendu des services aux amis de Mendigorria, les attachés militaires allemands.

Le second secrétaire de l'Ambassadeur d'Espagne est le sieur Manuel Arzubialde, dont nous nous sommes déjà occupé. En même temps, il est correspondant du journal espagnol « El Imparcial », organe germanophile, et l'ami des correspondants des journaux allemands, anglais et italiens.

Le marquis de Novallas, premier secrétaire de l'Ambassade d'Espagne, autre germanophile, est une nullité ignorante et encombrante ; il est incapable de rédiger une note, un rapport : il faut lui faire des brouillons.

Il doit sa situation à M. Canovas qui fut l'amant de sa mère et aussi à son beau-père M. Lopez Roberte, surnommé « l'assassin » parce qu'étant gouverneur de Cuba, il fit fusiller 12 étudiants qui avaient seulement crié « A bas la Royauté ».

Quant au capitaine de Susskind, qui parle fort bien l'anglais, il fait de fréquents voyages en Angleterre ; il y a en effet un ami nommé « Noebel ou Loebel » (la terminaison du nom est entièrement exacte) avec lequel il aurait visité plusieurs fois les usines Armstrong.

Il existe, à l'occasion des déplacements du capitaine de Susskind, une coïncidence qu'il est bon de signaler : Lorsqu'en Février dernier, des journaux publièrent l'entrefilet reproduit ci-contre, le capitaine de Süsskind était à Londres pour s'entretenir avec son agent et « ami » qui était venu de Baltimore pour le voir : Le Capitaine Borup.

Depuis que le capitaine de Borup a quitté Paris, les attachés militaires allemands paraissent être au mieux avec le lieutenant de vaisseau P. Rodgers, attaché naval des Etats-Unis et lui ont, très probablement fait tenter le coup suivant : Sachant que le commandant de Valcarlos n'avait pas de domestique, M. Rodgers lui a dépêché le sien, un allemand, muni d'un bon certificat, mais l'attaché militaire espagnol n'a pas donné dans le panneau.

Le Pérou a, comme Ministre à Paris, M. José F. Canevaro dont le propre frère est un des meilleurs amiraux italiens ; son neveu F. Canevaro est son second secrétaire. Le Ministre Canevaro passe pour fournir des renseignements à l'Italie par l'intermédiaire de son frère. M. J.F. Canevaro est connu à Paris ; avant d'être Ministre il fréquentait les clubs de second ordre ou il était classé comme un grand joueur et possédait une écurie de courses. En le grattant on trouverait un « Rasta ».

Nous oublions de dire que la Reine Isabelle, qui a toujours de nombreux et fidèles partisans en Espagne, est redoutée des espagnols germanophiles, voire même de la Reine régente. La Reine Isabelle travaille de toute son énergie pour éviter que l'Espagne se tourne du côté de la Triple Alliance, et l'on peut dire que si l'Espagne n'est pas entrée dans la Triple Alliance, c'est grâce à la Reine Isabelle.

Coupure de journal.

MM. Yarrow et C°, les grands constructeurs de navires de Poplar, près Londres, viennent d'apprendre que des exemplaires détaillés des plans des machines employées dans le nouveau et puissant torpilleur *Havock*, dont ils dotaient récemment la marine britannique, ont été volés. L'amirauté et la police ont immédiatement ouvert une enquête, et les autorités compétentes seraient résolues, si elles mettent la main sur le délinquant, à appliquer avec la dernière rigueur la loi dite des Secrets officiels. De leur côté, MM. Yarrow offrent 5.000 francs de récompense à qui leur fournira une indication de nature à les mettre sur la trace du voleur.

La perte des plans en question est d'autant plus grave que d'autres machines sont construites actuellement sur le modèle de celles du *Havock*.

ANNEXE II

NOTE DE GUÉNÉE DU 30 MARS 1894
SUR LE VOYAGE DE MENDIGORRIA

Archives nationales
BB 19 84

SECRET *Paris, le 30 Mars 1894.*

Indications sur les agissements des attachés militaires allemands et du Commandant de Mendigorria, attaché militaire espagnol (Suite de la note du 28 Mars 1894)

Le Commandant de Mendigorria a quitté son appartement du n° 72 de l'Avenue d'Iéna, au mois d'octobre dernier, pour aller habiter dans une Pension de famille, rue de Galilée, N° 43 et dirigée par M. Bellot.

Sa maîtresse, l'aventurière se disant australienne, dont nous avons parlé, et qui se fait appeler Madame Lévy, quitta le N° 72 de l'avenue d'Iéna avant son amant, disant qu'elle partait en voyage ; elle emmenait sa petite fille et pouvait être enceinte de sept mois environ ; pour tout le monde, elle est allée faire ses couches à la campagne.

Il y a environ six mois que cette dame Lévy vint louer, Avenue de la Grande Armée n° 24, un petit pavillon, donnant sur une cour, bien dissimulé, et au loyer annuel de 2000 fr ; elle paya un terme d'avance.

Elle dit qu'elle arrivait d'Amérique, qu'avant de louer elle habitait un hôtel à Paris, sans le désigner autrement ; elle avait toujours sa petite fille, plus un petit garçon âgé de quelques mois, et une bonne.

Aussitôt installée, elle reçut tous les jours, sans heures fixes, la visite de Mendigorria, et, quelquefois, celle d'un homme brun, d'allures distinguées, âgé d'environ 30 ans : le capitaine de Süsskind, sans doute : mais ce dernier a cessé ses visites depuis près d'un mois.

Il y a dans ces visites, dans ces allées et venues des maladresses tellement grosses, des imprudences si graves qu'elles font douter tout d'abord de l'habileté et de la prudence des attachés militaires allemands ; ensuite, elles dénotent que le commandant de Mendigorria est bien devenu leur « agent » ; nous allons essayer de le prouver.

Plus de quinze jours avant le départ du commandant de Mendigorria pour la Suisse, départ qui a eu lieu le dimanche 25 courant par la Gare de l'Est, les Allemands et Mendigorria ne se fréquentaient plus. Seulement, la dame Lévy sortait soit le matin soit le soir, et se rendait dans le Hall-salon du Terminus-Hôtel. Là, elle devait recevoir les communications qu'elle transmettait au commandant de Mendigorria.

Fréquemment, en rentrant, elle envoyait sa bonne porter une lettre rue Galilée n° 43 pour le commandant Mendigorria, bien qu'il vînt la voir tous les jours.

Autrefois, les attachés militaires allemands donnaient leurs rendez-vous dans le Hall-salon du Grand-Hôtel ; celui du Terminus est mieux choisi ; il y a au moins autant de mouvement, et surtout plus d'issues.

D'un autre côté, le commandant de Mendigorria, en partant, a dit plusieurs fois, pour qu'on le retînt bien, qu'il allait en mission en Suisse, qu'on ait à lui expédier son courrier, poste restante à Berne. Il a dit cela à sa pension, chez la femme Lévy et à l'Ambassade d'Espagne. Or, dans ses déplacements antérieurs, il donnait simplement l'ordre au concierge de l'Ambassade de lui envoyer ses lettres à tel endroit, sans le crier pardessus les toits. Pourquoi tant de précautions ?

L'envoi de ses lettres poste restante à Berne ne prouve pas que cette ville soit le véritable but de son voyage ; il a pu donner l'ordre de les lui réexpédier quelque part.

Maintenant, comment le Commandant de Mendigorria a-t-il reçu l'ordre de son gouvernement d'aller étudier l'armée helvétique ?

On sait qu'il y a en Espagne un parti germanophile ; mais il y a également un parti anglo-allemand dont les principaux membres sont : le Maréchal Martinez-Campos, le général Pavia, ancien gouverneur militaire de Madrid, M. Canovas, ancien président du conseil, le duc de Mandas, ancien ambassadeur, et surtout, le plus ardent, M. Moret, Ministre des Affaires Etrangères d'Espagne. C'est de ce dernier qu'est venu l'ordre.

On croit savoir que c'est le Général Pavia, le protecteur du commandant de Mendigorria, qui en parla à M. Moret. Il aurait été poussé par l'attaché militaire allemand à Madrid, avec lequel il est au mieux.

Un mot sur le général Pavia.

Il était commandant d'artillerie à Madrid, lorsqu'il organisa un pronunciamento, souleva son régiment, l'entraina, et s'en vint au Palace Réal obliger la Reine Isabelle à abdiquer. Le Général Pavia déteste la France, et cependant, il aspire à être nommé ambassadeur à Paris.

Quelle est la mission dont le commandant de Mendigorria a été chargé par les attachés militaires allemands ?

Disons, tout d'abord, que Berne, où serait allé le commandant de Mendigorria, doit être un point intéressant pour les allemands ; ils doivent y avoir de sérieuses accointances. Le capitaine de Süsskind y est allé plusieurs fois.

Il est certain que le commandant de Mendigorria est muni d'un questionnaire, qu'il est accrédité près des agents qui servent l'Allemagne. S'il n'était pourvu ainsi, il ne pourrait, la canne à la main, se livrer à l'étude dont nous allons parler, et dont on le prétend chargé.

Les attachés militaires allemands ont dit à leurs collègues de la Triple Alliance qu'il existait une lacune dans leurs renseignements sur les ouvrages de défense de notre frontière, dans la région comprise entre Toul et Pontarlier. La marge est large, on le voit, mais le voyage du Commandant de Mendigorria à Berne prouverait que son étude doit se porter sur une partie de la frontière française.

On croit que c'est là l'étude à laquelle devait se livrer le Lt colonel de Schwartzkoppen, mais que l'ayant trouvée quelque peu dangereuse, il a choisi le commandant de Mendigorria pour le remplacer.

En effet, à ce dernier il ne peut rien arriver de fâcheux ; il représente un pays ami de la France, il voyage en touriste, il est couvert par l'immunité diplomatique, et si un agent français le surprenait sur notre frontière, examinant de trop près nos ouvrages militaires, il arguerait de sa bonne foi, se ferait connaître, et tout serait dit.

Revenons à sa maîtresse, la femme Lévy :

C'est une petite femme très jolie, douée d'une intelligence supérieure. Elle a un accent étranger, mais dire lequel serait difficile : elle parle plusieurs langues qui se confondent toutes dans sa prononciation, de sorte qu'il est impossible de reconnaître, lorsqu'elle parle, si elle est anglaise, américaine ou allemande. Fait singulier, depuis le départ du Commandant de Mendigorria (25 mars), la femme Lévy n'a reçu ni lettres, ni télégrammes venant de Suisse. Elle sort moins depuis le départ de son amant ; dans la rue elle semble inquiète, soupçonneuse et regarde, qu'elle soit à pied ou en voiture, si elle n'est pas suivie.

Elle se dit américaine et divorcée ; son ancien mari habiterait Londres.

On nous dit que le parti germanophile espagnol possède à Paris un agent qui correspondrait avec M. Canovas ; il se nomme Callo del Rey et serait banquier cosmopolite.

C'est lui qui fit remettre 600.000 fr. par les Rotschild à M. Canovas et 300.000 fr. à M. Revertero, l'agent de Canovas, pour que le Traité de commerce franco-espagnol fut adouci. Les Rotschild avaient intérêt à ce que les viticulteurs espagnols ne soient pas empêchés, par ledit traité, d'employer les alcools allemands dont ils se servent beaucoup.

Le tableau comparatif des infanteries française et espagnole dressé par le commandant de Mendigorria, dont nous avons parlé, a été expédié par lui, non au général Lopez Dominguez, Ministre de la Guerre, mais à M. Moret, Ministre des Affaires Etrangères.

Le commandant de Mendigorria a dit, en partant de la pension Bellot, rue de Galilée 43 qu'il ne savait pas le temps qu'il resterait absent et si, en rentrant à Paris, il logerait de nouveau à la Pension.

A l'Ambassade d'Espagne, on dit que son absence durera trois mois, et pas un des attachés militaires ou civils ne croit que le commandant de Mendigorria va étudier l'armée suisse. Tous ont un sourire goguenard lorsqu'ils parlent de cette mission.

Maintenant un dernier détail dont on nous garantit l'authenticité absolue et qui vient fortement corroborer nos dires.

Le commandant de Mendigorria n'a touché en partant que ses appointements du mois de Mars, soit 500 fr. et rien de plus. Il n'a rien reçu directement d'Espagne pour sa pseudo-mission. Qui fait donc les frais de son voyage de trois mois ?

Chaque fois que le Lt colonel de Schwartzkoppen sort de son appartement pour aller ailleurs qu'à l'Ambassade, pour faire des visites par exemple, un individu, type du plus pur allemand, âgé d'environ 28 ans, blond de cheveux et de barbe, lunettes à armature d'or, mis proprement, se tient ostensiblement au coin de la rue de Lille, sur le Boulevard St-Germain, passe quelque fois devant le tapissier, de l'autre côté, puis, quand le lt colonel sort, il lui emboîte le pas à distance. C'est un contre-filage enfantin et maladroit. La pose de cet agent a lieu de 10 h à 11 h du matin.

[L'espace laissé en blanc avant le dernier alinéa semble indiquer que celui-ci n'est pas de Guénée. Ce n'est d'ailleurs pas son style. Il émane plus probablement d'un agent chargé de la filature de Schwartzkoppen.

Etant donné l'anonymat gardé par les agents, rien n'empêchait la Section de statistique d'insérer dans une même « note » des renseignements provenant d'agents différents sur un même personnage.]

ANNEXE III

RAPPORT DE GUÉNÉE DIT DU 28 MARS 1894
SUR LE VOYAGE DE MENDIGORRIA

« Dossier Secret » N° 33

31 mars 94
Président
Ministre
Chef d'Etat-Major
Gal
Affres Etrangères
SECRET
Communiqué
le 31 mars 1894

Paris, le 28 Mars 1894.

ÉTAT-MAJOR DE L'ARMÉE
Section de Statistique

Arrivée 28 mars 1894
[redacted]
Remis au C. Esp

Rapport.

Attachés
militaires allemands
leurs agissements
Attitude et Mission du
Commandant de Mendigorria
Attaché militaire espagnol ;
renseignements sur quelques
autres diplomates étrangers ;
Conseils d'ami...

Nous avons l'honneur de rendre compte ci-dessous d'une nouvelle conversation que nous avons eue hier avec Mr le Commandant, Marquis de Valcarlos, Attaché militaire de l'Ambassade d'Espagne à Paris et relative aux agissements des Attachés militaires allemands et du Commandant de Cordova, Marquis de Mendigorria :

« Il faut, tout d'abord, vous répéter ce que je vous ai déjà dit au « sujet des relations qui existent entre l'Attaché militaire Italien, le Lieu- « tenant Colonel A. Panizzardi et les Attachés militaires Allemands : Dites « bien à ces Messieurs que ces relations prennent chaque jour un caractère « qui semble plus intime et tout ce que sait l'un est immédiatement transmis « aux autres : Ils travaillent en quelque sorte en commun.

« Le Colonel de Schwartzkoppen vient de terminer un travail ayant « trait aux Infanteries françaises et allemandes comparées, en ce qui « regarde : leur effectif, leur armement, leur esprit, leur habillement, leur « instruction, leur entraînement et leur endurance à la fatigue. Ce travail, « me dit-on, ne serait qu'un remaniement d'un autre du même genre qui « demandait à être rectifié, rajeuni et augmenté. Il paraît que ce travail, « remis à jour, est complet et fort bien fait.

« Ayant aperçu sur le bureau du Commandant de Mendigorria, à « l'Ambassade d'Espagne, un tableau comparatif des Infanteries françaises « et espagnoles et, lui ayant demandé, de qui il tenait les renseignements « qui lui avaient servi à dresser ce tableau, il m'a répondu qu'il les tenait « du Colonel de Schwartzkoppen, «*son ami*».

« Je sais, en effet, que le Colonel avait communiqué lesdits rensei- « gnements, non seulement à l'un des Attachés militaires d'Espagne, mais « encore à ceux d'Italie, d'Autriche et d'Angleterre.

« Le Commandant de Mendigorria annonçait depuis quelque temps « qu'il se préparait à aller faire un séjour de trois mois en Suisse pour

« accomplir une mission et, dimanche soir 25 mars, il est parti pour la « Suisse dans le but d'étudier, dit-on à l'Ambassade d'Espagne, l'armée « Helvétique... Mais, moi, je ne crois pas un seul mot de ces bruits.

« Je crois plutôt que ses amis et protecteurs, les germanophiles espa- « gnols, ont obtenu un congé, masqué sous la fausse étiquette : " Mission " « et qu'il va opérer pour le compte des allemands qui lui accordent plus « d'aptitudes et de science qu'il n'en a, car il est vaniteux et creux.

« Je ne suis pas éloigné de croire qu'il remplace le Colonel Schwartz- « koppen dans le voyage, payé par ce dernier et qu'il n'a pu faire. En tout « cas, que l'on tienne pour certain qu'il ne va pas étudier l'armée Suisse « pour le compte de son pays.

« Mendigorria est, comme tous les gens vaniteux : il aime à se mettre « en lumière et à aller de l'avant. Je vous ai dit, jadis, qu'il avait décidé « notre Ambassadeur à l'autoriser à demander au Gouvernement français « de se rendre en Algérie suivre les opérations de la colonne gardant la « frontière marocaine ? Pour cela il usa d'un subterfuge absolument « incorrect : Connaissant le Consul espagnol à Alger il le poussa à adresser « à l'Ambassadeur d'Espagne à Paris des Rapports dans lesquels il était « dit que les armes fournies aux insurgés marocains l'étaient par des « négociants français établis à Oran.

« Il empêcha son Gouvernement, lors des affaires de Mélilla, de com- « mander des fusils à l'industrie française ; il fut les commander en Alle- « magne et, pressé, on lui livra de mauvais Mauser destinés au Chili.

« J'allais oublier de vous dire que le Commandant de Mendigorria « est parti pour sa... " Mission " en Suisse sans être accrédité près du « Gouvernement Helvétique, ce qui est contraire à tous les usages « diplomatiques.

« Deux mots à dire aussi du Capitaine de Süsskind, qui parle fort « bien l'anglais et fait de nombreux voyages en Angleterre. Il y a, en effet, « un " ami ", nommé Noëbel ou Loëbel — la terminaison du nom est « certainement exacte — avec lequel il aurait visité plusieurs fois les « Usines Armstrong.

« Il existe, à l'occasion des déplacements du Capitaine de Süsskind, « une coïncidence que je vous signale : Lorsqu'en février dernier, les jour- « naux publièrent un entrefilet signalant la présence du Capitaine Borup « à Londres, le Capitaine de Süsskind, lui, était allé en Angleterre pour « s'entretenir avec son agent et ami, qui était venu de Baltimore pour « le voir : *Le Capitaine Borup !*

« Depuis que ce dernier a quitté Paris, les Attachés militaires alle- « mands paraissent être au mieux avec le Lieutenant de vaisseau P. Rodgers, « Attaché Naval des Etats-Unis et lui ont, très probablement, fait tenter « le coup suivant : Sachant que je n'avais pas de domestique M. P. Rodgers « m'a dépêché le sien, *un allemand*, muni d'un bon certificat, mais je n'ai « pas donné dans le panneau. »

Avant de quitter le Commandant, Marquis de Valcarlos, il m'a bien recommandé ceci :

« Dites bien de ma part à M. le Commandant Henry, qui pourra le « répéter au Colonel, qu'au Ministère de la Guerre il y a lieu de redoubler « de surveillance, car il résulte de ma dernière conversation avec le Capi- « taine de Süsskind, que les Attachés allemands ont dans les Bureaux de

« l'Etat-Major de l'armée un officier qui les renseigne admirablement.
« Cherchez, Guénée, si je connaissais le nom je vous le dirais. »

En terminant ce Rapport nous devons ajouter que le Commandant, Marquis de Valcarlos, nous avait déjà renseigné à cet égard et toujours dans les mêmes termes.

F. GUÉNÉE

ANNEXE IV

RAPPORT DE GUÉNÉE DIT DU 6 AVRIL 1894
SUR LE VOYAGE DE MENDIGORRIA

« Dossier Secret » N° 34

8 Avril { Président
Ministre
Chef d'Etat-Major
Affres Etrangères
SECRET

communiqué 8 Avril 1894

Paris, le 6 Avril 1894.

ÉTAT-MAJOR DE L'ARMÉE
Section de Statistique

Arrivée 6 Avril 1894
[redacted]
Remise au C. Esp.

Rapport.

Pour faire suite à mon Rapport du 28 Mars écoulé, je dois vous rendre compte de ce que vient de me dire M. le Commandant, Marquis de Valcarlos.

« Vous vous souvenez, Guénée, que lors de notre dernière rencontre « je vous ai dit que le Commandant de Mendigorria était parti le 25 Mars « dernier en... " mission " en Suisse, sans être accrédité près du Gouver- « nement Helvétique ? Comme il était de votre devoir de le faire, vous « avez fait part de notre conversation à ces Messieurs ? Or, quelqu'un du « Ministère de la Guerre, un officier bien certainement, a prévenu les « Attachés militaires allemands de cette irrégularité, ils s'en sont ouverts « au Marquis de Novällas — un germanophile aussi —, en l'absence de « mon Ambassadeur il a télégraphié à son parent, notre Ministre d'Etat, « Moret, qui s'est empressé de régulariser la situation de Mendigorria en « Suisse, en l'accréditant *par télégramme.*

« Donc, voilà encore une preuve que vous avez un, ou plusieurs loups, « dans votre bergerie... Cherchez, je ne saurais trop vous le répéter, car « je suis certain du fait. »

« Quant à Mendigorria, vous voyez comme sa... mission n'était bien « qu'une frime et qu'il n'allait pas en Suisse pour en étudier l'armée : Il « est resté quatre jours à Berne, n'a pas vu le Chargé d'Affaires espagnol, « puis il s'est rendu directement à Montreux au bord, du Lac Léman près « de Vevey.

« Cette station, vous le savez, abrite chaque saison, et presque toute « l'année, une foule d'aventuriers, d'étrangers, de toutes sortes et les « diplomates et les Attachés militaires allemands s'y rendent presque tous « chaque saison. »

Nous croyons devoir dire que le Commandant, Marquis de Valcarlos a été élevé en France, qu'il n'a quitté que pour faire ses stages réglementaires de service actif dans l'armée espagnole ; il a fait ses études dans un Collège de Paris, connaît très bien les dessous de nos Ambassades étrangères et leur personnel, surtout ses collègues ; de plus, c'est un ami sincère de notre pays, ses affirmations peuvent donc être prises en considération.

F. GUÉNÉE

ANNEXE V

COMPARAISON SYNOPTIQUE DE LA NOTE DE GUÉNÉE DU 28 MARS 1894 ET DU RAPPORT DE GUÉNÉE DIT DU 28 MARS 1894 SUR LE VOYAGE DE MENDIGORRIA

Tableau synoptique des Annexes I et III

NOTE	« RAPPORT »
Paris, le 28 Mars 1894	Paris, le 28 Mars 1894
	Rapport
Indications sur les agissements des Attachés militaires allemands, et du Commandant de Mendigorria, attaché espagnol. Renseignements sur quelques autres diplomates.	Attachés militaires allemands, leurs agissements. Attitude et Mission du Commandant de Mendigorria Attaché militaire espagnol ; renseignements sur quelques autres diplomates étrangers ; Conseils d'ami...
En arrivant à Paris, M. de Schwartzkoppen s'était logé Boulevard St-Germain n° 241.	
Il a quitté cette maison pour aller habiter rue de Lille n° 86, au coin du Boulevard St-Germain, dans l'appartement qu'occupa le major Vuillaume, au second étage sur le devant, les fenêtres les plus proches du Boulevard. De ces fenêtres, le lieutenant-colonel de Schwartzkoppen peut voir une partie du bâtiment du Ministère de la guerre, le coin de la rue de l'Université et du Boulevard. Or, nous ferons remarquer, sans nous y appesantir, que nous avons signalé plusieurs fois des secrétaires faisant des signes des fenêtres du Ministère à des gens passant sur le boulevard ou se trouvant ailleurs.	
Le L^{t}-colonel de Schwartzkoppen est bien allé à Berlin, mais il y a plus d'un mois ; il avait à la main, en plus de ses bagages une petite malle en bois et cuir noir sur laquelle il veillait avec soin.	
Tout dernièrement, il devait encore s'absenter ; tout était préparé pour son départ ; mais, au dernier moment, le voyage fut ajourné.	
Le L^{t}-colonel déjeune chez lui lorsqu'il a quelqu'un avec qui il veut s'entretenir discrètement ; les autres	

fois, il déjeune chez Durand et dîne au restaurant Lucas sis Place de la Madeleine n° 11 et Boulevard Malesherbes n° 1, avec plusieurs autres attachés militaires et diplomatiques. Ensuite, ces messieurs vont, le plus souvent, prendre des bocks à la brasserie O. Widmer, ayant pour enseigne « A l'Elysée » et située Faubourg St-Honoré n° 6.

Le lt-colonel, ainsi que son collègue le capitaine de Süsskind, ont en ce moment avec eux un de leurs moment avec eux un de leurs compatriotes. C'est un homme assez gros, de taille moyenne, barbe et cheveux roux, teint enluminé, taches de rousseurs, rosette multicolore, allures assez communes.

Cet homme n'est pas le seul en ce moment à Paris à fréquenter les diplomates allemands ; il y en a d'autres sur lesquels on nous fait espérer des renseignements. Pour se réunir, sans trop éveiller l'attention, c'est chez M. de Schoen, Conseiller, qu'ils se rencontrent assez fréquemment, soit dans un dîner, soit dans une soirée.

Au 41 de la rue Dumont d'Urville, la réunion passe plus inaperçue que si elle avait lieu à l'Ambassade même. Et puis, là, la surveillance est difficile, sinon impossible.

Nous avons l'honneur de rendre compte ci-dessous d'une nouvelle conversation que nous avons eue hier avec Mr le Commandant, Marquis de Valcarlos, Attaché militaire de l'Ambassade d'Espagne à Paris et relative aux agissements des Attachés militaires allemands et du Commandant de Cordova, Marquis de Mendigorria :

« Il faut, tout d'abord, vous « répéter ce que je vous ai déjà dit « au sujet des relations qui existent « entre l'Attaché militaire Italien, « le Lieutenant-Colonel A. Panizzardi et les attachés militaires « Allemands : Dites bien à ces « Messieurs que ces relations prennent chaque jour un caractère qui « semble plus intime et tout ce que

Le Lt-colonel de Schwartzkoppen vient de terminer un travail ayant trait aux Infanteries française et allemande comparées, en ce qui regarde : leur effectif, leur armement, leur esprit, leur habillement, leur instruction, leur entraînement et leur endurance. Ce travail, nous dit-on, ne serait que le remaniement d'un autre du même genre qui demandait à être rectifié, rajeuni et augmenté. Il paraît que ce travail, remis à jour, est complet et fort bien fait.

Quelqu'un ayant aperçu sur le bureau du Commandant de Cordova, Marquis de Mendigorria, à l'Ambassade d'Espagne, un tableau comparatif des infanteries française et espagnole, lui demanda de qui il tenait les renseignements qui lui avaient servi à dresser ce tableau. Le Commandant répondit qu'il les tenait du Lt colonel de Schwartzkoppen, « son ami ».

Nous avons pu savoir en effet que le Lt Colonel avait communiqué lesdits renseignements, non seulement à l'un des attachés militaires d'Espagne, mais encore à ceux d'Italie, d'Autriche et d'Angleterre.

Voici quelques détails sur le Commandant de Mendigorria, un germanophile avéré, qu'on soupçonne très fort d'avoir succédé au capitaine Borup, comme agent militaire « secret » des attachés militaires allemands.

Il est le fils du Maréchal de Cordova dont il a signé et publié les « Mémoires », qu'il ne rédigea pas... Jeune, il s'éprit de l'infante Eulalie, qui avait déjà flirté avec le marquis de Sovarole, un diplomate portugais et fut payé de retour. Le roi Alphonse XII, en présence du tempérament de feu de sa sœur, redoutant un malheur, la maria à Don Antonio et envoya de Mendigorria servir dans un régiment qui tenait garnison dans l'Estramadure.

« sait l'un est immédiatement trans-
« mis aux autres : Ils travaillent en
« quelque sorte en commun.

« Le Colonel de Schwartzkoppen « vient de terminer un travail ayant « trait aux Infanteries françaises et « allemandes comparées, en ce qui « regarde : leur effectif, leur arme- « ment, leur esprit, leur habillement, « leur instruction, leur entraînement « et leur endurance à la fatigue. Ce « travail, me dit-on, ne serait qu'un « remaniement d'un autre du même « genre qui demandait à être rec- « tifié, rajeunie et augmenté. Il « paraît que ce travail, remis à jour, « est complet et fort bien fait.

« Ayant aperçu sur le bureau du « commandant de Mendigorria, à « l'Ambassade d'Espagne, un ta- « bleau comparatif des Infanteries « françaises et espagnoles et, lui « ayant demandé, de qui il tenait « les renseignements qui lui avaient « servi à dresser ce tableau, il m'a « répondu qu'il les tenait du Colonel « de Schwartzkoppen, « *son ami* ».

« Je sais, en effet, que le Colonel « avait communiqué lesdits rensei- « gnements, non seulement à l'un « des Attachés militaires d'Espagne, « mais encore à ceux d'Italie, « d'Autriche et d'Angleterre. »

Un an après, par la protection du général Pavia, il fut envoyé comme attaché militaire à Berlin ; là, il fit de nombreuses connaissances et se germanisa d'une façon complète.

Le commandant de Mendigorria a peu de fortune. Ses appointements mensuels, frais compris, sont de 500 fr., et il reçoit de ses rentes, par mois, environ 300 fr. C'est donc une somme de 9 600 fr. par an, alors que ses « amis », les allemands, touchent plus de 30.000 fr. par an, plus leur solde (?).

Nommé à Paris, à l'instigation de l'infante Eulalie, de M. Canovas, président du conseil madrilène et du Duc de Mandas, alors ambassadeur à Paris, tous germanophiles, il se logea avenue d'Iena, n° 72.

Dans ce domicile, l'infante Eulalie renoua des relations avec Mendigorria, elle venait le voir chez lui, se cachant tellement peu, que le bruit de leur nouvelle liaison parvint aux oreilles de la reine Isabelle qui fit signifier au Commandant de Mendigorria d'avoir à ne plus remettre les pieds au palais de Castille, puis, la Reine expédia l'infante Eulalie et son mari en Bavière.

Mendigorria, dans la crainte d'une disgrâce et redoutant un déplacement, se tint coi, et ne chercha plus à revoir l'infante Eulalie.

C'est à ce moment que, dans sa maison même, il fit la connaissance d'une sorte d'aventurière, qui ne vint habiter là qu'après lui. Cette femme se dit australienne, prétend avoir laissé son mari à Londres ; elle est jolie, fort intelligente, parle plusieurs langues et est très élégante.

On est à peu près certain qu'elle a été la maîtresse du Major de Huene ; on les a vus jadis ensemble, et on croit qu'elle se livre à l'espionnage. Cette femme, nous a-t-on dit, semble avoir été jetée dans les bras de Mendigorria par les allemands.

De leurs relations naquit un enfant que Mendigorria voulait reconnaître ; mais sa maîtresse s'y opposa en lui disant que son mari et elle étaient réciproquement en instance de divorce et qu'un enfant ne la gênait nullement. Seulement, ils quittèrent la maison.

Lui alla loger rue Galilée, dans une pension de famille, juste en face d'un charbonnier, donnant pour raison qu'il se sentait surveillé. Dans la maison où il est actuellement, on peut entrer et sortir sans trop éveiller l'attention.

Elle a loué un petit hôtel, donnant sur une cour, Avenue de la Grande Armée — nous vérifierons ces deux adresses —. Là, elle reçoit quelques femmes de son acabit qu'on suppose également se livrer à l'espionnage.

Le Commandant Mendigorria fréquente le petit hôtel, et, chose étrange, et qui donne à réfléchir, avec ses ressources modestes, il a pris un secrétaire dont nous nous occuperons, et donne pas mal d'argent à sa maîtresse. Où le prend-il ?

Il annonçait, depuis quelque temps, qu'il se préparait à aller faire un séjour de trois mois en Suisse pour accomplir une mission, et, dimanche soir 25 Mars, il est parti pour la Suisse, pour étudier, dit-on à l'ambassade d'Espagne, l'armée helvétique.

On croit plutôt que ses amis et protecteurs, les germanophiles espagnols, ont obtenu un congé, masqué sous la fausse étiquette « mission » et qu'il va opérer pour le compte des Allemands, qui lui accordent plus d'aptitude et de science qu'il n'en a, car il est vaniteux et creux.

On ne serait pas éloigné de croire qu'il remplace le Lt Colonel de Schwartzkoppen dans le voyage projeté par ce dernier et qu'il n'a pu faire. En tout cas, que l'on tienne pour certain qu'il ne va pas étudier l'armée suisse pour son pays.

Mendigorria est comme tous les gens vaniteux ; il aime à se mettre

« Le Commandant de Mendigorria « annonçait depuis quelque temps « qu'il se préparait à aller faire un « séjour de trois mois en Suisse pour « accomplir une mission, et « dimanche soir 25 Mars, il est parti « pour la Suisse dans le but d'étu- « dier, dit-on à l'Ambassade d'Es- « pagne, l'armée Helvétique... Mais, « moi, je ne crois pas un seul mot « de ces bruits.

« Je crois plutôt que ses amis et « protecteurs, les germanophiles es- « pagnols, ont obtenu un congé, « masqué sous la fausse étiquette : « “ Mission ” et qu'il va opérer « pour le compte des allemands « qui lui accordent plus d'aptitudes « et de science qu'il n'en a, car il « est vaniteux et creux.

« Je ne suis pas éloigné de croire « qu'il remplace le Colonel Schwartz- « koppen dans le voyage, payé par « ce dernier et qu'il n'a pu faire. En « tout cas, que l'on tienne pour cer- « tain qu'il ne va pas étudier l'armée « Suisse pour le compte de son pays.

» Mendigorria est, comme tous les « gens vaniteux : il aime à se mettre en lumière et à aller de l'avant. On se souvient qu'il avait décidé son ambassadeur à l'autoriser à demander au gouvernement français de se rendre en Algérie suivre les opérations de la colonne gardant la frontière marocaine. Pour cela, il usa d'un subterfuge absolument incorrect. Connaissant le consul espagnol à Alger, il le poussa à adresser à l'ambassadeur d'Espagne à Paris des rapports dans lesquels il était dit que les armes fournies aux insurgés marocains l'étaient par des négociants français établis à Oran.

Il empêcha son gouvernement, lors des affaires de Mélilla, de commander des fusils à l'industrie française ; il fut les commander en Allemagne, et pressé, on lui livra de mauvais Mauser destinés au Chili.

En quittant Paris, Mendigorria a donné le conseil à son ambassadeur qui est, paraît-il, trop malléable, de demander la Croix de la Légion d'Honneur pour l'un de ses secrétaires, le sieur Navarro, chef de la Police occulte de l'ambassade d'Espagne à Paris, germanophile, qui a rendu des services aux amis de Mendigorria, les attachés militaires allemands.

Le second secrétaire de l'Ambassadeur d'Espagne est le sieur Manuel Arzubialde, dont nous nous sommes déjà occupé. En même temps, il est correspondant au journal espagnol « El Imparcial », organe germanophile, et l'ami des correspondants des journaux allemands, anglais et italiens.

Le marquis de Novallas, premier secrétaire de l'Ambassade d'Espagne, autre germanophile, est une

« en lumière et à aller de l'avant.
« Je vous ai dit, jadis, qu'il avait « décidé notre Ambassadeur à l'auto- « riser à demander au Gouverne- « ment français de se rendre en « Algérie suivre les opérations de la « colonne gardant la frontière maro- « caine ? Pour cela il usa d'un sub- « terfuge absolument incorrect : « Connaissant le Consul espagnol à « Alger il le poussa à adresser à « l'Ambassadeur d'Espagne à Paris « des Rapports dans lesquels il était « dit que les armes fournies aux « insurgés marocains l'étaient par « des négociants français établis à « Oran.

« Il empêcha son Gouvernement, « lors des affaires de Mélilla, de « commander des fusils à l'industrie « française ; il fut les commander « en Allemagne et, pressé, on lui « livra de mauvais Mauser destinés « au Chili.

« J'allais oublier de vous dire que « le Commandant de Mendigorria « est parti pour sa... " Mission " « en Suisse, sans être accrédité « près du Gouvernement Helvé- « tique, ce qui est contraire à tous « les usages diplomatiques.

nullité ignorante et encombrante ; il est incapable de rédiger une note, un rapport : il faut lui faire des brouillons.

Il doit sa situation à M. Canovas qui fut l'amant de sa mère et aussi à son beau-père M. Lopez Roberte, surnommé « l'assassin » parce qu'étant gouverneur de Cuba il fit fusiller 12 étudiants qui avaient seulement crié « A bas la Royauté ».

Quant au capitaine de Susskind, qui parle fort bien l'anglais, il fait de fréquents voyages en Angleterre ; il y a en effet un ami nommé « Noebel ou Loebel » (la terminaison du nom est entièrement exacte) avec lequel il aurait visité plusieurs fois les usines Armstrong.

Il existe, à l'occasion des déplacements du capitaine de Susskind, une coïncidence qu'il est bon de signaler : Lorsqu'en Février dernier, des journaux publièrent l'entrefilet reproduit ci-contre, le capitaine de Süsskind était à Londres pour s'entretenir avec son agent et « ami » qui était venu de Baltimore pour le voir : Le Capitaine Borup !.

Depuis que le capitaine de Borup a quitté Paris, les attachés militaires allemands paraissent être au mieux avec le lieutenant de vaisseau P. Rodgers, attaché naval des Etats-Unis et lui ont, très probablement fait tenter le coup suivant : Sachant que le commandant de Valcarlos n'avait pas de domestique, M. Rodgers lui a dépêché le sien, un allemand, muni d'un bon certificat, mais l'attaché militaire espagnol n'a pas donné dans le panneau.

Le Pérou a, comme Ministre à Paris, M. José F. Canevaro dont le propre frère est un des meilleurs amiraux italiens ; son neveu F. Canavero est son second secrétaire. Le Ministre Canevaro passe pour fournir des renseignements à l'Italie par l'intermédiaire de son frère.

« Deux mots à dire aussi du Capi-
« taine de Susskind, qui parle fort
« bien l'anglais et fait de nombreux
« voyages en Angleterre. Il y a, en
« effet un " ami ", nommé Noëbel
« ou Loëbel — la terminaison du
« nom est certainement exacte —
« avec lequel il aurait visité plu-
« sieurs fois les Usines Armstrong.

« Il existe, à l'occasion des dépla-
« cements du Capitaine de Süsskind,
« une coïncidence que je vous
« signale : Lorsqu'en février der-
« nier, les journaux publièrent un
« entrefilet signalant la présence
« du Capitaine Borup à Londres, le
« Capitaine de Süsskind, lui, était
« allé en Angleterre pour s'entre-
« tenir avec son agent et ami, qui
« était venu de Baltimore pour le
« voir : *Le Capitaine Borup !*

« Depuis que ce dernier a quitté
« Paris, les Attachés militaires alle-
« mands paraissent être au mieux
« avec le Lieutenant de vaisseau
« P. Rodgers, Attaché Naval des
« Etats-Unis et lui ont, très proba-
« blement, fait tenter le coup sui-
« vant : Sachant que je n'avais pas
« de domestique, M. P. Rodgers
« m'a dépêché le sien, *un allemand*,
« muni d'un bon certificat, mais je
« n'ai pas donné dans le panneau. »

M. J.F. Canevaro est connu à Paris ; avant d'être Ministre il fréquentait les clubs de second ordre où il était classé comme un grand joueur et possédait une écurie de courses. En le grattant on trouverait un « Rasta ».

Nous oublions de dire que la Reine Isabelle, qui a toujours de nombreux et fidèles partisans en Espagne, est redoutée des espagnols germanophiles, voire même de la Reine régente. La Reine Isabelle travaille de toute son énergie pour éviter que l'Espagne se tourne du côté de la Triple Alliance, et l'on peut dire que si l'Espagne n'est pas entrée dans la Triple Alliance, c'est grâce à la Reine Isabelle.

(Le texte de l'entrefilet visé à la page précédente est donné plus haut p. 184.)

Avant de quitter le Commandant, Marquis de Valcarlos, il m'a bien recommandé ceci :

« Dites bien de ma part à M. le « Commandant Henry, qui pourra « le répéter au Colonel, qu'au Minis- « tère de la Guerre il y a lieu de « redoubler de surveillance, car il « résulte de ma dernière conver- « sation avec le Capitaine de Süss- « kind, que les Attachés allemands « ont dans les Bureaux de l'Etat- « Major de l'armée un officier qui « les renseigne admirablement. Cher- « chez, Guénée, si je connaissais le « nom je vous le dirais ».

En terminant ce Rapport nous devons ajouter que le Commandant, Marquis de Valcarlos, nous avait déjà renseigné à cet égard et toujours dans les mêmes termes.

F. Guénée

ANNEXE VI

NOTE DU SERVICE DES RENSEIGNEMENTS
DU 30 AVRIL 1898

« Dossier Secret » N° 35

SECRET

30 avril 1898

Note du Service des Renseignements [1]

Au printemps de 1893, le service des renseignements fut informé par ses agents que des fuites de documents se produisaient au Ministère de la Guerre, et que les attachés militaires d'Allemagne et d'Italie, étaient renseignés sur certains travaux de l'Etat-Major Général de l'Armée — Une surveillance exercée sur le personnel des garçons de bureaux n'aboutit à aucun résultat —.

En Juin 1893, des documents provenant de l'attaché militaire allemand, le Lt Colonel de Schwartzkoppen, tombèrent entre les mains du Service des renseignements, et ne laissèrent plus aucun doute sur les indications données par les agents et dont il est question ci-dessus — Une note rédigée de la main de Mr de Schwartzkoppen, était ainsi conçue :

« Restituerai les feuilles *24* et *17* de Toul, déjà livrées en noir, deman-
« dées en couleur.

« Restituerai également feuille de Reims 102, levé de 1880 déjà livrée,
« demandé une levée (sic) [ce (sic) est dans le texte] plus récente. Demandé
« encore nouveaux levés indicant les fortifications — Toul, Nancy —
« 6, 7, 13... 77-78... 82 - 85 - 86 — Canevas tableaux d'assemblage...
« Langres 27 — Neufchâteau 16, 21... »

Le 18 Juin 1893, Mr le Général de Miribel, alors chef d'Etat-Major Général de l'armée, porteur de la note précitée, et accompagné d'un officier du service des renseignements, fit une démarche personnelle auprès du Directeur du Génie, Mr le Général Mensier, pour lui demander une enquête, qui, d'ailleurs ne donna aucun résultat. Une nouvelle surveillance fut exercée sur le personnel des Bureaux du Ministère mais sans succès.

En Janvier 1894, une nouvelle note également de la main de Mr de Schwartzkoppen, donnait les indications suivantes :

« Vous avez encore 600 frs d'avance. Je prendrai pour les 600 frs
« des plans d'Albertville, Briançon, mais seulement à 10 frs la pièce. Je
« prendrai tous les plans de Mézières, Longwy, Givet, Ayvelles, Montmédy,
« Péronne, ainsi que des feuilles NEUVES des deux rives de la Moselle
« et de la Meurthe, sur lesquelles se trouvent dessinées les fortifications.

« Les nouveaux plans de Verdun, (276 - 450) devraient être finis,
« ainsi que ceux de Mézières. »

Au reçu de cette note, le chef d'Etat-Major général demanda de nouvelles enquêtes à la Direction du Génie et au Service Géographique, mais elles n'aboutirent pas — Il en fut de même de la surveillance exercée à l'égard des bureaux du ministère de la Guerre.

Dans le titre, les mots : du Service des renseignements ont été rajoutés par Gonse.

Quelque temps après, en Avril ou au commencement de mai 1894, un agent du service fit connaître qu'une personne généralement bien renseignée, était d'avis que les enquêtes faites au Ministère de la Guerre, resteraient illusoires, tant que l'on ne se déciderait pas à faire surveiller le personnel autre que les garçons de bureaux et les huissiers. Cette allusion qui semblait viser le personnel officiers causa un sérieux étonnement.

Des ordres furent donnés aux bureaux de l'Etat-Major général pour recommander les plus grandes précautions à l'égard des pièces confidentielles et secrètes, et une surveillance rigoureuse sur le personnel.

Vers le mois de Juin 1984, un officier du Service eut l'occasion de se mettre en rapport avec une personne appartenant au monde diplomatique, et d'amener la conversation sur le personnel des Attachés Militaires Etrangers.

Au cours de cette conversation, la personne en question affirma plusieurs fois, qu'un officier appartenant alors au 2e Bureau de l'Etat-Major de l'Armée, ou, dans tous les cas y ayant appartenu, en mars et avril 1894, renseignait les attachés militaires d'Italie et d'Allemagne.

L'officier du Service insista pour connaître le nom de l'officier visé au 2e Bureau, mais la personne en question répondit « Je suis sûre de ce que je dis, mais je ne connais pas le nom de l'officier. — Du reste, le connaîtrai-je que je ne le dirais point ».

A la suite de cette conversation transmise au colonel Sandherr qui s'empressa d'en rendre compte, de nouveaux ordres furent donnés dans les bureaux, pour qu'une surveillance très-rigoureuse soit exercée — Les choses en étaient à ce point, lorsque, fin septembre 1894, (vers le 25) le Service des renseignements entra en possession du bordereau actuellement au dossier Dreyfus.

Le Ministre de la Guerre réunit les Directeurs qui furent tous d'avis (ainsi que les différents chefs de services et de bureaux) que ce document ne pouvait émaner que d'un officier attaché à l'Etat-Major de l'Armée.

L'enquête, prescrite par le Ministre, amena le 15 Octobre 1894, l'arrestation du capitaine Dreyfus.

Cette note est la
reproduction de la
déposition du Colonel
Henry devant le Conseil
de Guerre de 1894

Le Général, sous-chef d'Etat-Major Gal

A. Gonse

ANNEXE VII

EXPOSÉ SOMMAIRE DES CONDITIONS DANS LESQUELLES ON FUT AMENÉ A SOUPÇONNER DREYFUS D'ÊTRE L'AUTEUR DU BORDEREAU

« Dossier Secret » No 42

Comment sont nés les premiers soupçons de la culpabilité de Dreyfus

Depuis 1870, l'Allemagne a organisé *chez nous* et *contre nous* un service d'espionnage dirigé par ses attachés militaires à Paris.

Ceux-ci se mettaient généralement en rapport personnel et direct avec des personnes qui se chargeaient de les renseigner. Souvent aussi, ils traitaient par l'intermédiaire de quelques-uns de leurs collègues, les attachés militaires étrangers.

Nous avons la preuve que, dès le commencement de l'année 1892, le Colonel Panizzardi collaborait avec le Colonel de Schwartzkoppen à des menées d'espionnage. Cette collaboration s'est continuée pendant tout le temps où les deux Colonels ont été réunis à Paris.

En 1892, les Colonels Panizzardi et Schwartzkoppen ont obtenu la livraison de *plans directeurs de places fortes.* La correspondance saisie indique d'ailleurs que des actes de trahison de même ordre ont été commis antérieurement à 1892.

Une lettre d'un officier du service des renseignements à Berlin (le major Dame), écrite dans les premiers mois de 1893, nous apprend que les plans proviennent du Ministère de la Guerre.

Un télégramme en allemand, adressé de Berlin à Schwartzkoppen, à la fin de cette même année 1893, permet de croire que d'autres documents, provenant également du Ministère de la Guerre, ont été livrés.

Une enquête fut ouverte. On exerça une surveillance sur le personnel subalterne du Ministère, les garçons de bureau et les huissiers, principalement sur ceux du service géographique chargés de l'exécution et du tirage des plans, et sur ceux de la 4e Direction et de la section technique du génie, qui recevaient les plans après tirage. L'enquête ne fournit aucun résultat.

Elle se poursuivit néanmoins, tantôt ralentie, tantôt plus active lorsqu'arrivaient de nouvelles preuves de la trahison. Pendant l'année 1893 et les premiers mois de 1894, elle se limita au personnel subalterne, bien qu'un memento de Schwartzkoppen, saisi au commencement de 1894, semblât indiquer que l'attaché militaire allemand était en relation d'espionnage ou avait l'occasion d'entrer en relations d'espionnage avec un officier français. Mais on était loin de penser que le traître pût être un officier, et le memento de Schwartzkoppen passa, pour ainsi dire, inaperçu lorsqu'il fut saisi en 1894.

Il en fut de même d'une lettre de Panizzardi à Schwartzkoppen, reçue en Avril 1894 et annonçant l'arrivée prochaine de renseignements sur l'organisation du service militaire des chemins de fer. Cependant, seul, un officier appartenant ou ayant appartenu au 4e Bureau de l'Etat-Major de l'Armée pouvait donner, à cet égard, des renseignements ayant quelque intérêt pour les attachés militaires. Mais, au service des Renseignements français, on persistait à ne rechercher le traître, qui existait manifestement au Ministère de la Guerre, que dans le personnel subalterne qui y était employé.

En Avril 1894, arrive la lettre : « Ce canaille de D... » — Schwartzkoppen annonce à Panizzardi que D... lui a donné, pour être remis à Panizzardi, 12 plans directeurs de Nice.

Toujours convaincu que le traître ne peut se trouver que parmi les huissiers ou les garçons de bureau, on recherche, parmi ces derniers quels sont ceux dont le nom commence par la lettre D... Un certain Dacher, dont l'attitude générale paraissait louche à quelques officiers du service des renseignements, fut surveillé d'une façon très étroite ; on ne releva contre lui aucun indice permettant de lui attribuer une part quelconque dans un acte de trahison. On apprit seulement que Dacher était un alcoolique, s'énivrant fréquemment, et ce détail explique suffisamment l'attitude embarrassée de cet homme en présence d'officiers qu'il considérait comme chargés d'une sorte de police permanente et secrète sur le personnel du Ministère.

On surveilla aussi un certain Dubois, qui n'appartenait pas au Ministère et qui avait offert, quelque temps auparavant, à Panizzardi, de lui vendre le secret de la poudre sans fumée. Cette offre avait paru et était, en effet, peu sérieuse ; l'enquête, reprise en 1894, confirma les renseignements que l'on possédait déjà, à savoir que Dubois était un individu peu intelligent, d'une instruction à peu près nulle, et hors d'état de fournir les documents qui, du Ministère, étaient adressés à Panizzardi et à Schwartzkoppen.

En définitive, et c'est ce qu'il convenait d'établir, la découverte de la lettre : « Ce canaille de D... » ne fit pas le moins du monde incriminer ni même soupçonner Dreyfus.

Cependant, quelques jours avant l'arrivée de cette lettre, dans le courant de Mars 1894, un personnage occupant une haute situation mondaine et officielle, que nous désignerons par l'initiale B... fit à un de nos agents une importante déclaration. Mr B... affirma que les enquêtes resteraient illusoires, tant qu'on se bornerait à surveiller le personnel des huissiers et des garçons de bureau du Ministère de la Guerre.

Peu après, Mr B... déclara à ce même agent que Panizzardi et Schwartzkoppen étaient admirablement renseignés par un officier appartenant à l'Etat-Major de l'Armée. Il renouvela sa déclaration à quelques jours d'intervalle, en insistant sur son exactitude et en citant à l'appui un fait facile à vérifier.

Enfin, deux mois plus tard, en Juin 1894, dans une conversation avec un officier du service des renseignements, Mr B... revint sur cette même question ; il renouvela son accusation en la précisant et en spécifiant que le correspondant de Panizzardi et de Schwartzkoppen était un officier appartenant ou ayant appartenu récemment au 2e Bureau de l'Etat-Major de l'Armée.

Ainsi, ce n'est pas le service des renseignements qui, spontanément, a fait porter les soupçons de trahison sur un officier. C'est un étranger au service, un étranger à l'armée, Mr B..., personnage d'ailleurs bien placé pour savoir, qui a indiqué la voie qu'il fallait suivre pour découvrir le traître. Bien que, en raison de sa situation même, Mr B... fût à même de connaître les agissements de Panizzardi et de Schwartzkoppen, ses premières déclarations faites à l'agent en Mars et Avril 1894 ne paraissent pas avoir convaincu pleinement les officiers chargés de rechercher les auteurs des actes de trahison, puisque, en Juin, Mr B... se croit obligé de revenir sur ses déclarations, en les précisant et en insistant sur leur exactitude.

Les dires de Mr B... sont confirmés par une lettre de Panizzardi à Schwartzkoppen, écrite en Janvier 1894.

Les deux attachés militaires s'occupaient ensemble d'une question relative aux appels des réservistes. La question n'avait aucun caractère secret ni confidentiel et Panizzardi écrivit même officiellement au Chef du 2e Bureau pour lui demander, à ce sujet, les renseignements dont il avait besoin, mais, en même temps, il avisa de sa démarche le Colonel de Schwartzkoppen, afin que, dit-il, si ce dernier cherchait à obtenir les mêmes renseignements, non plus comme lui par la voie officielle, mais par l'intermédiaire de son « *ami* », il le fît avec grande discrétion, de telle sorte que le chef du 2e Bureau ne vînt pas à le savoir.

Qu'est-ce à dire, sinon que l' « *ami* » appartient au 2e Bureau, que ses démarches pour obtenir les renseignements que Schwartzkoppen chercherait à se procurer par son intermédiaire risqueraient d'être connues du chef du 2e Bureau ? Et ce dernier ne manquerait pas, selon toute apparence, de s'étonner grandement quand il apprendrait qu'un de ses officiers s'occupe, dans le même temps qu'un attaché militaire, d'une question aussi spéciale et aussi en dehors des attributions ordinaires du 2e Bureau que la question des appels des réservistes.

A la date où a été écrite la lettre de Panizzardi, Dreyfus au était 2e Bureau ; il y fit un stage de six mois, du 1er Janvier au 1er Juillet 1984. Mais ni la lettre ni les déclarations de Mr B... ne furent l'occasion des premiers soupçons contre Dreyfus. A partir de ce moment, on étendit l'enquête aux officiers du Ministère, au lieu de la limiter au personnel subalterne ; quelques officiers furent même l'objet de mesures de surveillance particulières et assez sévères, quoique prises à leur insu et de façon discrète. Mais, fait à noter, aucune surveillance ne fut exercée sur Dreyfus, dont le nom était ignoré au service des Renseignements jusqu'après la découverte du bordereau.

Il y a plus.

Nous avons dit que la lettre de Panizzardi à Schwartzkoppen, où il est question des appels, a été écrite en Janvier 1894. Elle est arrivée au service des renseignements, déchirée en menus morceaux, quelques jours après. L'inspection des premiers fragments fit croire que la pièce était insignifiante, et on résolut de surseoir à la recherche des autres fragments et à la reconstitution de la pièce, pour ne pas retarder des travaux plus urgents et d'importance plus considérable. La lettre ne fut reconstituée qu'en Juin 1894 et même alors, quand on put lire le texte entier, et bien que Mr B... eût déjà fait ses déclarations, l'officier chargé du classement des documents saisis ne remarqua pas l'importance de cette lettre.

Elle ne fut pas retenue comme une charge contre Dreyfus, lors du procès de 1894 ; elle fut complètement perdue de vue par la suite ; son importance et sa gravité n'ont été mises en lumière que tout récemment, il y a deux mois, à l'occasion de l'examen du dossier fait par les ordres et sous la direction de M. Cavaignac, Ministre de la Guerre.

L'enquête ouverte au Ministère depuis le commencement de 1893, limitée d'abord au personnel subalterne, étendue aux officiers depuis la déclaration de Mr B..., n'avait encore donné aucun résultat ni permis d'élever le moindre soupçon contre qui que ce soit, lorsque fut saisi le bordereau, vers le 20 Septembre 1894.

Le bordereau fut, immédiatement après sa reconstitution, montré au Chef de la Direction de l'Artillerie. Trois des documents énumérés, sur cinq, se rapportant à l'artillerie, on crut tout d'abord que la pièce émanait de la Direction de l'Arme. On ne pensa pas tout d'abord à l'Etat-major.

Le chef de la 3e Direction émit l'avis que l'auteur du bordereau ne pouvait être qu'un officier d'artillerie.

On montra alors la pièce saisie au Général Chef d'Etat-Major général, qui la communiqua aux chefs des quatre bureaux de l'Etat-Major. Ceux-ci furent unanimes à déclarer que les documents énumérés au bordereau n'avaient pu être livrés que par un officier de l'Etat-Major, probablement un stagiaire. Mais tous aussi déclarèrent ne pouvoir désigner le coupable parmi les officiers sous leurs ordres, être même dans l'impossibilité de fournir, pour le moment, aucune indication utile permettant de mettre sur sa trace.

Le bordereau fut alors photographié et des photographies furent remises aux chefs des 4 bureaux pour faciliter les recherches que le Chef d'Etat-major leur prescrivit de faire avec discrétion.

Sur ces entrefaites, le sous-chef du 4e Bureau, Lieutt Colonel d'Aboville, qui était en permission lorsque le bordereau fut découvert, vint reprendre son service, sa permission étant expirée. Son chef, le Colonel Fabre, le mit au courant des derniers incidents, de la saisie du bordereau, de la déclaration unanime des Chefs des 4 bureaux, affirmant que le bordereau n'avait pu être écrit que par un officier de l'Etat-major, probablement un stagiaire, et de la difficulté qu'ils éprouvaient à découvrir le coupable. Il montra la photographie du bordereau.

Le Lieutt Colonel d'Aboville émit l'idée de consulter les feuilles de notes établies pour les officiers stagiaires au moment de l'inspection générale. Le recto de cette feuille ne comporte que des renseignements relatifs à l'Etat-civil, aux services, aux différents stages de la vie militaire ; ces renseignements sont généralement écrits de la main même des officiers.

Or, en examinant la feuille de notes du Capitaine d'artillerie Alfred Dreyfus, qui avait fait un stage de 6 mois au 4e Bureau, du 1er Juillet au 31 Décembre 1893, le Colonel Fabre fut frappé de l'identité d'aspect que présentaient certains mots écrits de la main de Dreyfus sur le recto de la feuille et l'écriture du bordereau. Il se fit remettre des spécimens de l'écriture de Dreyfus, classés aux archives de la Commission de réseau de l'Est, service où cet officier avait été employé. Une nouvelle comparaison d'écriture confirma l'impression produite sur le Colonel Fabre par l'examen de la feuille de notes.

Le Colonel Fabre rendit immédiatement compte de ses recherches à ses chefs, qui se firent présenter les documents sur lesquels le Colonel basait son impression. Le résultat de leur examen fut tel qu'ils résolurent de recourir à une véritable expertise d'écriture sur le bordereau et de remettre aux experts, comme pièces de comparaison, les spécimens d'écriture du Capitaine Dreyfus.

— Il résulte de cet exposé qu'aucune idée préconçue de culpabilité n'existait contre Dreyfus. Ce fut à la suite de recherches personnelles, et par une circonstance fortuite, que le Colonel Fabre fut mis sur la trace du coupable, sans que le service des renseignements ait pris une part quelconque dans l'enquête.

Paris, 10 Septembre 1898

signé : Capitaine CUIGNET.

TABLE DES MATIÈRES

Achevé d'imprimer par
les Presses du Palais-Royal
65, rue Sainte-Anne, Paris
3e Trimestre 1977
N° d'impression 5070

Groupement économique France-Gutenberg